세상에 나쁜 악플러는 없다

• **일러두기:** 이 책에 실린 대화와 메시지 내용에는 비속어와 오타가 일부 포함되어 있습니다. 집필 의도를 고려하여 순화하거나 바로잡지 않았으니 양해해주시길 바랍니다.

CONVERSATIONS WITH PEOPLE WHO HATE ME:
12 Things I Learned from Talking to Internet Strangers
by Dylan Marron.

Copyright © 2022 by Dylan Marron
Korean Language Translation copyright © 2025 by Inner World Publishing
Published by arrangement with the original publisher, Atria Books, an imprint of Simon & Schuster, LLC through EYA Co., Ltd. All rights reserved.

이 책의 한국어판 저작권은 EYA Co., Ltd.를 통해 저작권사와 독점계약한 정신세계사에 있습니다.
저작권법에 의해 한국 내에서 보호를 받는 저작물이므로 무단전재 및 복제를 금합니다.

Dylan Marron

탑게이의 공감 토크쇼

세상에 나쁜 악플러는 없다

딜런 매론 지음 / 김정은 옮김

CONVERSATIONS WITH PEOPLE WHO HATE ME

정신세계사

세상에 나쁜 악플러는 없다
ⓒ 딜런 매론, 2022

딜런 매론 짓고, 김정은 옮긴 것을 정신세계사 김우종이 2025년 8월 22일 처음 펴내다.
배민경이 다듬고, 변영옥이 꾸미고, 한서지업사에서 종이를, 영신사에서 인쇄와 제본을,
하지혜가 책의 관리를 맡다. 정신세계사의 등록일자는 1978년 4월 25일(제2021-
000333호), 주소는 03965 서울시 마포구 성산로4길 6 2층, 전화는 02-733-3134, 팩스는
02-733-3144이다.

2025년 8월 22일 펴낸 책(초판 제1쇄)

ISBN   978-89-357-0478-1 03190

- 홈페이지 mindbook.co.kr
- 유튜브 @innerworld
- 인터넷 카페 cafe.naver.com/mindbooky
- 인스타그램 @inner_world_publisher

갈등을 피해 가지 말고
갈등을 향해 걸어가라고 가르쳐주신
우리 엄마에게 이 책을 바칩니다.

>>> 차 례 <<<

작가의 말 >>> 9

1장 인터넷은 부캐들의 게임이다 >>> 13
2장 대화는 함께 추는 춤이다 >>> 70
3장 오만가지 태풍 피하기 >>> 97
4장 혐오의 씨앗들이 자라나는 곳 >>> 131
5장 토론은 점수 내기 스포츠다 >>> 154
6장 공감한다는 말이 곧 인정한다는 뜻은 아니다 >>> 176
7장 공감은 필수품이 아니라 사치재다 >>> 197
8장 심문은 대화가 아니다 >>> 219
9장 극적인 변신이라는 환상 >>> 249
10장 쓰레기 낙인과 조리돌림 군대 >>> 272
11장 재활용을 잊지 말자 >>> 296
12장 유일무이한 눈송이들 >>> 312

감사의 말 >>> 327

작가의 말

 몇 년 전 저는 제 악플러들에게 전화를 걸어 대화하는 사회적 실험을 시작했습니다. 이 콘셉트는 점점 확장되어 곧 저는 온라인에서 격돌한 두 사람 간의 전화 통화를 주선하는 역할을 맡게 되었지요. 이때 한 수많은 통화를 세상에 선보인 것이 팟캐스트 '나를 혐오하는 사람들과의 대화'입니다.
 이 책은 이 사회적 실험에 관한 이야기입니다. 이 실험을 하기까지의 일련의 일들과 실험을 진행하는 과정에서 제가 한 실수들, 실험을 통해 배운 열두 가지 교훈을 책에 담았습니다. 각각의 장은 이 열두 가지 교훈을 하나씩 풀어쓴 것입니다. 물론 제가 배우고 깨달은 것은 열두 가지가 넘고, 제가 배웠음을 아직 인지조차 못 한 부분들 역시 많다고 생각하지만(이 씨앗은 지금 제 마음의 정원에서 한창 발아 중일 겁니다), 우리는 다 바쁜 사람들이니 시간 낭비 없이 각자의 아름다운 삶을 살아갈 수 있도록 가장 핵심적인 내용 열두 개만을 추렸습니다.

이 책에 나오는 대화는 녹음과 메시지 아카이브를 통해 검증되었습니다. 녹음본이 없는 짧은 대화 몇몇은 제가 기억으로 되살려낸 뒤 대화를 나눈 상대와 사실관계를 대조하는 작업을 거쳤습니다.

이 책에는 총 일곱 명의 게스트와 한 대화가 등장합니다. 대중에게 이름이 알려진 한 사람을 제외하면 모두는 가명으로 불립니다. 가명 중에는 게스트가 팟캐스트에서 사용한 이름과 일치하는 경우도 있지만, 그렇지 않은 경우도 있습니다.

책에서 인용된 댓글과 메시지들은 모두 스크린샷 캡처본과 대조해 팩트 체크를 완료했습니다. 오타의 경우 대부분은 그대로 두었습니다. 다만, 좀더 확실한 익명 처리를 위해 의도적으로 변경한 정보도 일부 존재함을 알려드립니다.

이 책을 사람들과 어려운 이야기를 나눌 때 참고해도 좋고, 누군가에게 일어난 먼 이야기로 읽어도 좋습니다. 본인한테 맞는 건 취하고 맞지 않는 건 버리시면 됩니다.

어쩌면 당신은 저를 통해 자신의 모습을 발견할 수도 있습니다. 혹은 저를 '병신', '좆같은 새끼'라고 부르거나 저에게 "나가 뒤이이이이이져라"라고 말한 사람에게서 자신의 모습을 볼 수도 있겠지요. 아니면 그 둘이 섞여 있을 수도 있고요. 아니면 이 책에 나오는 그 누구에게도 전혀 공감할 수가 없어 혹시 나한테 문제가 있는 건 아닌가, 의아해하실 수도 있습니다(전혀 문제없습니다).

  어떤 경우든, 환영합니다. 저는 당신이 이곳에 있는 것만으로도 기쁘거든요. 자, 이제 시작해볼까요.

>>> 1장 <<<

인터넷은 부캐들의 게임이다

"사람들은 나를 싫어해." 내가 의자에 털썩 주저앉으며 말했다.

"아, 내가 먼저 말하려고 했는데. 나도 너 싫어." 이선이 농담으로 받아쳤다.

나는 그것 참 웃기는 농담이라는 의미를 담아 입꼬리만 올려 웃었다. 진심이었다. 매일 인터넷에서 디지털 인간과 만나 교류하는 나로서는 진짜 살아 있는 사람과 대화한다는 것 자체가 그저 기쁠 뿐이었으니. 악플에 호모포비아성 조롱, 거기에 간간이 살해 협박까지 몇 달을 주야장천 받다 보니 모든 게 그냥 너무 벅차게 느껴지던 참이었다.

"진짜 어쩌냐." 이선은 이 진지한 순간의 무게를 조금 덜어보겠다는 듯 코를 찡긋했다.

우리는 미드타운 맨해튼에 위치한 한 건물의 35층 사무실에 앉아 있었다. 이곳은 Seriously.TV의 대표인 이선이 업무를 보는 곳이었고, Seriously.TV는 내가 지난 6개월간 짧은 시사 코미디 영상을 기획하며 직접 대본도 쓰고 제작도 하던 디지털 미디어 회사였다. 이곳은 미디어 스타트업 사무실이라고 하면 흔히들 떠올리는 세련된 곳과는 많이 달랐다. 복도에 나와 있는 프로덕션 장비들이나 이선의 책상 위에 줄지어 놓인 스크립트가 없었더라면, 이곳이 미디어 회사라는 사실을 아예 눈치 못 채고 지나가는 사람들도 많았을 것이다. 사무실에 놓인 고광택 체리목 가구는 어느 대형 은행에서 가져왔을 법하게 절도 있고 단정해서 왠지 개그나 아이디어 회의보다는 투자나 포트폴리오를 논해야 할 것 같은 분위기였다.

핸드폰에서 알림음이 울렸다. 나는 두 번 생각하지 않고 알림을 터치했다.

"페이지에 새 메시지가 있습니다." 메시지가 왔다니 바람직한 사용자답게 나는 내용을 확인했다.

"병신아. 너 같은 놈들 때문에 나라 분열되고 있는 거 안 보이냐? 만드는 영상이라고는 전부 니 대가리에서 나온 너만에 생각인데, 졸라 짜침. 걍 아닥해라. 참고로 게이는 죄다."

악플이 줄줄이 달리는 문제를 상사에게 토로하는 와중에 또 악플을 받는 이 잔인한 모순을 내가 그냥 지나칠 리 없었다. 나는 말없이 핸드폰을 이선 얼굴로 들이밀었다. 핸드폰의 희뿌연 빛이 그의 얼굴을 물들였다. 메시지를 읽은 이선은 의자에 다시 기대앉아 잠시 나를 쳐다보더니 깜짝 놀랐다는 듯 얼굴을 우스꽝스럽게 구기며 소리쳤다. "뭐야…. 너 게이였어?!"

"우리 남편한테는 비밀로 해줘."

이선은 웃었다. 이건 우리가 맨날 하는 농담 따먹기였다. 하지만 지금의 나는 그저 기계적으로 반응할 뿐이었고 이선도 그걸 알았다. 그는 이마를 문지르며 한숨을 쉬었다. "이건 그냥 이쪽 일을 하다 보면 어쩔 수 없이 겪게 되는 어려움이지 싶다."

나는 고개를 끄덕이며 시선을 먼 곳으로 돌렸다.

"진짜 어쩌냐. 무슨 말을 해야 할지 모르겠네."

"괜찮아." 나는 답했다. 이 상황에서 해야 할 말을 아는 사람은 아무도 없었다. 친구도, 남편인 토드도, 내 상사도, 심지어 나조차도.

"그래도 **나는** 네가 멋지다고 생각해."

"고마워, 이선." 나는 머리를 삐딱하게 기울인 채 눈을 한껏 치켜뜨고는, 구연동화 속 손인형이 말하듯 코맹맹이 소리로 말했다. "나도 네가 멋지다고 생각해."

"이제 여기서 당장 꺼져! 그리고 절대 돌아오지 마!" 만화 속 빌런 캐릭터처럼 이를 잔뜩 드러낸 채 이선은 검지로 문을 가리켰다.

나는 하하 웃으며 일어나서 사무실을 나온 다음 문 뒤에 잠시 서서 방금 받은 메시지를 다시 열었다. 그리고 맨날 하는 의식을 거행했다. ─ **스크린샷으로 캡처하고, 계정주의 프로필을 확인하고, 사진을 넘기며 보다가, 다시 프로필을 확인하고, 다시 스크롤하며 게시물 보기.** 나는 이런 메시지를 받으면 언제나 빠지지 않고 이 과정을 반복하는데 최근에는 그 빈도수가 꽤 늘어난 참이었다. 수십 초면 끝나는 이 의식을 끝내고 나면 메시지 작성자의 이름과 고향과 직장 정도는 바로 나왔다. 이번 사람의 이름은 조쉬Josh다. 보아하니 조쉬는 고등학교 졸업반인 듯하다. 직장은 베스트 바이Best Buy. 최근에는 머리를 잘랐다. 키트를 한 그가 "나 어떰?"이라고 묻는 사진이 피드에 올라와 있었다. 또한 그가 올린 밈에 따르면 그와 나는 딱 한 달 전에 있었던 2016년 대선에서 서로 다른 후보자를 지지했던 것으로 보인다. 딱히 놀라운 일은 아니었다.

그 뒤의 일은 뻔했다. 나는 내 데스크톱 컴퓨터의 폴더 파일에 조쉬의 메시지를 저장할 것이다. 그 폴더는 조쉬처럼 나를 싫어하는 게 분명한 수많은 인터넷 유저들의 악플이 끝도 없이 쌓여 있는 저장소였다. 하지만 뻔하지 '않은' 일이 곧 일어나게 되니, 그것은 이 메시지가, 그리고 이 생면부지의 사람이 내 안에 어떤 변화의 불씨를 불러일으켜 내가 지금껏 인터넷에 대해, 갈등에 대해, 대화 그 자체에 대해 생각해왔던 모든 것을 재고하게 된다는 것이었다.

1. 트레이닝

나는 꿈에 그리던 일을 하고 있었다. 나는 내가 중요하다고 생각하는 이슈를 주제로 인터넷상에서 창작활동을 하는 크리에이터였다. 나를 갈아 넣는 작업이기는 해도 내 곁에는 같은 일을 하는 동료들이 있었다. 비록 이 일에 따르는 결과, 소위 혐오의 맹공이 벅찼지만 나는 지금 내 일을 포기할 생각이 추호도 없었다. 절대 그럴 수 없었다. 이런 기회를 손에 넣기 위해 일념으로 노력한 세월이 자그마치 5년인데 이걸 놓칠 수 있을 리가.

4년 전 나는 뉴욕 네오 퓨처리스트$^{\text{New York Neo-Futurists}}$, 줄여서 네오스^{Neos}라고 불리는 다운타운 행위예술 집단의 정규 단원이 되었다. 네오스의 대표작은 한 시간 남짓한 시간 동안 30편의 짧은 극을 연이어 올리는 주간 공연이었다. 극 한 편당 2~3분밖에 되지 않는 길이 때문에 어떤 관객들은 이 극을 '꽁트'라고 부르기도 했는데, 우리는 그때마다 이 오해를 푸는 데 열심이었다. 이것은 꽁트가 아니라 **극**이었다. 꽁트는 캐릭터들이 정교하게 짜인 개그를 연기하는 장르인데, 우리가 하는 건 절대 미리 짠 개그가 아니었다. 우리의 코미디는 배우가 어쩔 수 없이 억지로 무언가를 할 때 자연스럽게 터져 나오는 것이었다. 게다가 우리는 캐릭터를 연기하지 않았다. 우리는 그냥 원래 그대로의 본모습으로 무대에 올랐다. 이건 우리가 철칙으로 지킨 한 가지 규칙, 바로 '거짓말을 해서는 안 된다'는 전제 때문이었다. 우리가 쓴 모든 대사와 우리가 무대 위에서 한 모든 행동은 반드시 진실이어야만 했다. 만일 이 짧은 극의 제목이 **헤어진 애인에게 전화를 걸어 왜 보고 싶은지 말하기**라면 그 극의 주인공은 무대에 올라 실제로 헤어진 애인에게 전화를 건 다음 관객이 눈뜨고 지켜보는 가운데 왜 네가 보고 싶은지를 말해야 했다. 거미 공포증을 직면하는 것에 대한 독백 역시 솔직해야 했다. 공연자가 이제 거미를 피하지 않고 매일 밤 똑바로 쳐다보겠다고 결심했다면, 무대 위에 오르는 그 거미는 실제 거미여야 하는 것이다. 물론 솔직해야 한다고 해서 매사 진지할 필요는 없으므로 어떤 공연에서는 지하철 플랫폼에서 녹음한 온갖 소리를 엇박자 비트로 리믹스한 음악에 맞춰 배우들 전체가 일사불란하게 군무를 추기도 했다(물론 이때 녹음한 소리 자체는 실제 소리여야 한다).

매주 쉬지 않고 새로운 극을 써야 했던 나는 그 과정에서 주변의 모든 것을 소재로 삼고, 그것에 대해 느끼는 내 감정을 집요하게 파고들고, 그 느낌을 예술로 승화하는 법을 배웠다. 나는 곧 내 일상을 일련의 모티브로 여기게 되었고, 모티브를 마주할 때마다 질문을 던졌다. — **이것으로 무엇을 만들 수 있을까?** 이 렌즈를 통과하면 모든 경험이, 관찰이, 흐느낌이, 승리가 좋은 글감이 되었다. 레스토랑 웨이터 일을 하다 진상 고객을 만났다? **이것으로 무엇을 만들 수 있으려나?** 레스토랑 저녁 아르바이트가 끝난 뒤 집으로 가는데 갑자기 브루클린 거리의 소음이 귀에 들어왔다? **이것으로 무엇을 만들 수 있으려나?** 짝사랑을 하고 있다? **이것으로 무엇을 만들 수 있으려나?**

나는 이 일이 너무 좋아서 낮에는 레스토랑에서 서빙하고 밤에는 극장으로 달려가는 일을 수년간 반복하며 내 모든 것을 일에 쏟았다. 밤늦은 시각, 공연이 끝나면 집으로 가는 지하철을 타고 도시 아래 묻힌 땅속 터널을 질주하며 그날 수십 명의 관객과 나누었던 교감의 순간을 음미했다. 나는 한 사람의 예술가로서,

작가로서, 그리고 한 사람의 인간으로서 성장했다. 실제 관객 앞에서 공연할 때 온몸으로 느껴지는 관객과의 호흡. 무대의 마법은 이 직접적인 교감에서 나왔고, 나는 매일 밤 이 마법을 목도하며 짜릿함을 느꼈다. 하지만 이 직접적인 교감은 동시에 제약으로 작용하기도 했다. 매주 올라가는 우리 공연이 매진 행렬을 보이며 대성공을 거둬도 공연을 보는 사람은 99명이 전부였다. 내가 쓰는 데만 반년이 걸린 긴 형식의 극을 3주간 무대에 올렸을 때 그것을 본 관객은 1,000명이 조금 넘었을 뿐이다. 좋은 예술이 언제나 대중적 인기를 담보하는 건 아니지만, 관객 수가 어느 정도 받쳐줘야 이 일을 안정적으로 할 수 있다는 사실 역시 진실이었다. 게다가 나는 창작 활동만으로 온전히 생계를 꾸리며 사는 것을 간절히 소망했는데, 그러자면 나를 봐줄 관객을 찾는 게 급선무였다. 나는 그저 그 방법을 모를 뿐이었다. 하지만 다행히도 내 주변에는 똑같은 목표를 향해 달려가는 동료 예술가들이 많았다.

  네오스는 정규 단원과 그들의 친구, 파트너 및 외부 협업자들로 이루어진 일종의 커뮤니티였다. 이곳 사람들은 일을 벌이는 데 언제나 진심이어서 어떤 이는 광란의 모닝 댄스 페스티벌을 주최하고, 어떤 이는 단편 실험영화를 만들었다. 그리고 그중, 새로운 형식의 미디어를 과감하게 개척하는 두 명이 있었다. 조지프 핑크[Joseph Fink]와 제프리 크레이너[Jeffrey Cranor]가 그 주인공이었는데, 두 사람은 동료 단원인 세실 볼드윈[Cecil Baldwin]이 내레이터로 분한 팟캐스트를 사부작거리며 제작하고 있었다. 그런데 가상의 사막 마을을 배경으로 한 가상 라디오 프로그램의 형식을 띠고 있는 이 쇼가 2013년 여름, 아이튠스^{iTunes} 팟캐스트 차트에서 1위를 달성하는 누구도 예상치 못한 기염을 토했다. 우리 모두는 그들의 성공에 기쁨을 감추지 못했다. 나는 구글 문서도구(Google Docs)로 쓴 스크립트에 40달러짜리 마이크와 무료 소프트웨어를 사용하여 녹음한 이 프로그램이, 무엇보다 내가 사랑하는 그 치열한 사람들이 제작한 이 쇼가, 미국에서 가장 유명한 팟캐스트가 되었다는 사실에 좋은 의미로 큰 충격을 받았다. 나는 세상에 도전해서 안 되는 일은 없구나 하는 깨달음을 얻었고 제3자로서 그들이 이룬 성공에 큰 박수를 보냈다. 그러던 어느 날 내가 그들의 무대에 초대받는 일이 벌어졌다. "우리 프로그램 같이하지 않을래?" 제프리가 이메일을 보낸 것이다. "카를로스 역할을 맡을 생각이 있어?" 이게 얼마나 큰 영광인지 나는 바로 알 수밖에 없었다. 주인공의 애정 상대인 카를로스는 점점 늘어나는 팟캐스트 애청자들의 사랑을 듬뿍 받아 텀블러^{Tumblr}에 올라오는 팬 아트에 자주 등장하곤 하는 캐릭터였다. 무엇보다 주인공인 세실과 카를로스는 SF 이야기에서 아주 드물게 등장하는 퀴어 커플이자 다인종 커플이었다. **"당연하지??!!"** 나는 다급한 마음을 담아 답메일을 보냈다. 몇 달 후 나는 팟캐스트의 첫 번째 서해안(West Coast) 투어에 합류했다. 그곳에서 나는 쇼가 시작되기 한 시간 전 극장 문이 열리는 시간에 맞춰 무대 뒤로 가서 가만히 서 있곤 했다. 입장하는 관객들의 희미한 말소리가 공간을 꽉 채우는 시끌벅적함으로 커져가는 것을 듣기 위해서였다. 직접 만나는 건 처음인 디지털 친구들의 모습을 나는 커튼 사이로 지켜보았다.

'나이트 베일 마을에 오신 걸 환영합니다'(Welcome to Night Vale)의 인기가 높아지면서 투어 기간도 늘어났다. 그리고 쇼가 끝난 뒤에 이어지는 배우들과의 만남에서 나는 아직 자기들 부모님에게도 말하지 못한 진실을 내게 조용히 털어놓는 어린 팬들을 만났다. 한번은 내게 "꼭 하고 싶은 말이 있는데요"라며 속삭이는 팬이 있었다. 몇 미터 떨어진 곳에서 인내심 있게 서 있는 아버지를 뒤로 한 채 그는 "세실과 카를로스는 저한테 정말 중요한 사람들이에요. 무슨 말인지 아시죠"라고 말했다. 말끝을 흐리며 뒤에서 기다리는 부모를 몰래 가리킨 그는 "어쨌든, 고맙다고요"라는 말을 남기며 자리를 떠났다. 투어가 열리는 도시에서마다 이런 비밀스러운 고백은 이어졌고, 우리는 지금 하고 있는 이 팟캐스트가 단순히 청취자들을 가상의 남서부 마을로 초대하는 것 이상의 의미를 지니고 있을지도 모른다는 생각을 점점 하게 되었다. 어떤 이들에게는 우리가 '그래도 괜찮다'라는 어떤 가능성을 제시하고 있는 셈이었다. 이러한 만남이 있는 날에는 나는 공중에 붕 뜬 기분으로 호텔 방에 돌아와 이 쇼가, 이 순간이 모두 인터넷이 있었기에 가능했다는 사실에 새삼 경이로움을 느끼곤 했다.

매 회차 전석 매진 행렬이 이어진 가운데 수천 명 앞에서 공연을 하고 나면 언제나 굉장한 희열을 느꼈지만, 이 성공은 내 것이 아니었다. 다른 사람이 이룬 성공 앞에서 나는 내가 과연 이 찬사를 누릴 자격이 있는 사람인지 의심했다. 나는 내 손으로 직접 유명한 작품을 만들고 싶었고, 당시 내 생각으로는 그러기 위해 에이전트를 잡아야 했다. 그래서 전국 투어를 마치고 돌아오자마자 모든 연줄을 동원해 에이전트들과의 미팅을 주선했다.

 이런 미팅은 이전에도 했었다. 10년 전 내가 아직 고등학생이었을 때 에이전트들은 한번 만나자며 나를 사무실로 불러 내가 가진 재능을 한참 칭찬해놓고는 결국엔 내가 일을 잡기가 어려운 사람이라며 난색을 표했다. "당신은, 뭐랄까"라며 나에게 걸맞은 단어를 더듬거리며 찾던 그들이 결국 내뱉는 단어는 한결같이 "튄다"였다. 이건 에둘러 말하기 좋아하는 이쪽 업계에서 '다양성이 지나친' 사람을 의미할 때 쓰는 용어로, 보통 소수자 정체성을 동시에 여러 개 가진 사람에게 붙이는 말이었다.

 하지만 지금은 그로부터 10년이 지난 2015년이었다. 나는 내가 바로 에이전트를 구하게 될 것이라고 확신했다. 안 구해지는 게 더 말이 안 되지 않나? 나는 유명 팟캐스트의 출연자로 전국 투어를 성황리에 마쳤고, 몇 개월 전에 쓴 연극으로 유명 연극상에 후보로 지명된 사람이었다. 다들 나를 데려가지 못해 안달할 게 분명하다고 생각했다. 그런데 정말 이상하게도 아무도 나서는 사람이 없었다. 10대 때야 그들의 의견이 객관적인 진실이라고 생각해 그대로 수긍했지만, 성인이 되어서조차 사실상 똑같은 말을 들은 것이나 다름이 없는 상황이 되니 이건 아니라는 생각이 들었다. 에이전트들은 나보다 경력이 훨씬 적은 친구들과 계약했다. 그 이유를 제발 알고 싶었던 나는 캐스팅 공고를 들어다 보기 시작했고, 그때야 비로소 왜 그들이 나와는 그렇게 계약을 머뭇거렸는지 알 것 같았다.

한 영화의 캐스팅 공고를 보자. "라이언, 30대 초반. 수줍은 성격. 대학에서 문학을 전공했지만 지금은 디지털 스타트업에서 근무. 방황 중이지만 자기 자신을 찾기 위해 노력 중. 초민감자."

같은 영화의 또 다른 캐스팅 공고는 이렇다. "식품점에서 근무. 중동계, 아프리카계, 라틴계, 아시아계 중 하나. 중요한 회의를 앞두고 있는 라이언에게 샌드위치를 판매한다. 대사 다섯 줄."

내 개인의 실패라고 생각했던 것이 실은 훨씬 더 큰 구조적 문제라는 사실에 눈을 뜬 순간이었다. 백인이 아닌 사람들에게 돌아가는 역할 자체가 애초에 너무 적었다. 에이전트 입장에서는 나와 계약을 맺는 게 비즈니스적으로 수지가 안 맞는 일이었던 거다. 그렇게 나는 에이전트는 없이 화만 잔뜩 난 채 언제나 믿고 쓰던 질문을 다시 꺼내 들었다. **이것으로 무엇을 만들 수 있을까?**

1년 전 네오스의 주간 공연에 올린 짧은 극 하나가 있었다. 거기서 나는 유명 로맨틱 코미디에 나오는 한 유색인종 캐릭터의 모든 대사를 연기했다. 한 줌에 불과했던 그 대사들은 조연 캐릭터의 가정부로 나온, 등장하는 장면이 턱없이 적었던 라틴계 여배우가 말한 대사였다. 그야말로 순식간에 끝나버리는 극에 관객들은 와르르 웃음을 터트렸다. 하지만 웃음은 잦아들었고, 관객들은 이것이 의미하는 어두운 현실을 곱씹으며 당혹스러워했다. 맨 처음 폭소를 터트린 그들은 이후 나지막이 신음을 내뱉었다가 끝내 말문이 막혔다. 나는 이것이야말로 어떤 아이디어를 알리기 위한 완벽한 방법이라는 생각이 들었다. 쓴 약을 꿀떡 삼킬 수 있게 겉면에 설탕을 바르듯, 아이디어를 웃음으로 포장하는 것. 나는 이것을 '설탕물 입힌 케일' 전략이라고 부르기 시작했다. 설탕을 입힌 필수영양소, 재미로 포장한 교훈. 이제 내가 할 일은 그 아이디어를 확장하는 것이었다. 그때 떠오른 생각이 이 아이디어를 다른 영화에 적용해보되 대사를 내가 직접 연기하는 게 아니라 유색인종 배우가 직접 말한 대사만 따로 편집해보자는 것이었다. 시간은 많이 걸리겠지만 어차피 여름 내내 할 일도 없고 계약 의사를 타진해보는 에이전트 역시 하나 없는 마당에 내가 잃을 게 뭐냐 하는 생각이었다.

그 이후로 나는 매일 침실에 앉아 노트북에 고개를 파묻은 채 최소 두 시간짜리 장편영화를 몇십 초짜리 영상으로 깎아내는 작업에 몰두했다. 총 558분에 달하는 〈반지의 제왕〉(The Lord of the Rings) 3부작을 편집하니 전체 러닝 타임의 0.14퍼센트에 불과한 46초만 남았다. 〈잠자는 숲속의 공주〉(Sleeping Beauty)의 파생작이자 디즈니 실사판 영화인 〈말레피센트[Maleficent]〉에는 이름 없는 선장이 단 한 명 나왔고, 그마저도 대사 길이는 다 합해 18초가 다였다. 유명 뮤지컬 영화 〈숲속으로〉(Into the Woods)의 경우 대사 있는 유색인종 배우가 하나도 없었다. 내 방식은 간단했다. ― 보편적인 이야기를 다루고 있지만 출연 배우는 백인이 기본값인 영화를 선정한다. 〈반지의 제왕〉은 반지를 찾는 여정을 다룬 대서사시이고, 〈말레피센트〉는 오해받는 대모에 관한 얘기다. 〈숲속으로〉는 제빵사 부부가 마녀의 말에 따라 마법에 걸린 숲속으로 들어가 유명한 동화 속 인물들의 물건을 하나씩 찾는 이야기다. 이중 그 어떤 영화도 인종 그 자체를 다루지 않고 백인에게만 통용되는 이야기를 하는 것도 아니건만, 그 이야기를 전달하는 모든 배우는 한결같이 백인이었다.

나는 이 시리즈에 '모든 말들'(Every Single Word)이란 제목을 붙이고 MS 워드 파일로 로고를 만든 뒤 내 유튜브 채널에 올리기 시작했다. 단 몇 주 만에 이 영상들은 조회수가 급상승했다. 처음에는 〈슬레이트Slate〉 매거진에 관련 기사가 올라오더니 그다음에는 〈버즈피드BuzzFeed〉, 다음에는 〈워싱턴포스트Washington Post〉, 그다음에는 뉴스 프로그램인 〈올 씽스 컨시더All Things Considered〉에 소개되었다. 이 시리즈는 순식간에 온 사방으로 퍼졌다. 나는 내가 골방에서 만든 영상을 수백만 명의 사람들이 보고 그들이 내 의도를 실제로 알아봐주었다는 걸 믿을 수 없었다. 사람들은 영화 속 인종 재현의 극심한 불균형에 대해 내게 말했다. "지금까지는 한 번도 의식하지 못했던 문제인데, 이렇게 눈이 뜨인 이상 그 이전으로 돌아갈 수가 없어요."

내 손으로 만든 프로젝트가 드디어 더 많은 대중에게 가닿는데 성공했다. 게다가 그 창작물은 나라는 개인을 넘어 훨씬 더 큰 문제를 조명하는 것이었다. 나는 인터넷이 지닌 이 민주화적 특성에 전율했다. 소셜미디어는 진입 장벽이 없기 때문에 나 같은 보통 사람들도 이제는 누구의 허락을 기다릴 필요 없이 마음껏 자기 생각을 개진할 수 있었다. 평범한 일반인이 공적 인물과 대적해 자기 생각을 관철하는 게 가능해졌다. 나는 이 일을 평생 하고 싶어졌다. 사회적 문제를 누구나 쉽게 볼 수 있는 형식으로 만들어 인터넷상에서 계속 이야기하고 싶었다. 설탕물 입힌 케일을 계속 만들고 싶었다.

아이러니하게도 에이전트들의 무관심이 계기가 되어 만든 영상 덕에 나는 수없이 많은 러브콜을 받게 됐다. 그래서 나의 새 에이전트인 케이틀린의 주선으로 최신 뉴스에 대한 실시간 논평을 짧고 공유 가능한 동영상으로 제작해 매일 송출하는 디지털 텔레비전 회사에 오디션을 보게 됐을 때, 나는 이때다 하고 뛰어들었다. 이보다 내게 딱 맞는 프로젝트는 없었다. 이 자리는 내가 네오스 활동을 하며 갈고닦은 글솜씨를 뽐내기에도, '나이트베일'에서 보고 배운 인터넷 기술을 써먹기에도, '모든 말들'을 계기로 눈 뜬 '사회적 문제에 목소리 내기' 미션을 실천하는 데도 안성맞춤이었다. 케이틀린이 내게 합격 소식을 전해주었을 때 나는 울고 말았다. 그리고 2주 후, 나는 이 일에 몸과 마음을 온전히 바칠 각오를 한 채 Seriously.TV로 첫 출근을 했다.

출근 첫째 날, 회사 사람들이 내부 시설을 소개해줬다. 창고를 개조해 만든 스튜디오는 방송국 출신의 새 동료들에게는 작았을지 모르지만 실험예술극 판에서 온 나 같은 사람에게는 거대한 운동장 같아 보였다. 나는 잔뜩 신이 난 채 프로덕션의 기술 부문을 맡아줄 재능 있는 편집자와 카메라 감독들과 만나 악수했다. 그리고 이제 매일 아침, 간밤에 나온 뉴스를 훑으며 **이것으로 무엇을 만들 수 있을까** 스스로에게 물으면서 그 질문에 대한 답을 함께 궁리할 수 있는 전문가팀이 내 뒤에 있는 것이 얼마나 큰 복인지를 곱씹었다.

2. 규칙들

나는 새롭게 발 디딘 이 영토를 정복하기로 마음먹었다. Seriously.TV가 주력으로 삼는 플랫폼은 페이스북이었다. 아는 사람들만 아는 덕후 프로그램이었던 '나이트 베일 마을에 오신 걸 환영합니다'와 주로 텀블러의 진보적 성향 사람들 사이에서 인기몰이를 한 '모든 말들'과는 달리, 이제 나는 이런 특정 집단뿐만이 아닌 인터넷 세상 전반의 사람들을 향해 말할 수 있게 된 것이다. 때는 바야흐로 2016년 4월, 대선 예비선거가 한창 진행 중이던 시기로 문화 전쟁이 뉴스 매체의 소재로 막 등장하고, 소셜 미디어가 민중의 새로운 광장으로 등극하던 때였다. 그만큼 이 플랫폼은 일종의 특권이었고, 나는 기왕이면 그 특권을 좋은 일에 쓰고 싶었다. 게다가 나에게는 확실한 목표도 있었다. ― '사회적 이슈와 관련해 꼭 필요한 대화의 물꼬를 트고, 대중을 일깨우고, 지식을 통해 갈등을 완화한다.' 그리하여 나는 대본 마감일과 점심시간, 지하철 통근 시간 사이에 틈틈이 짬을 내어 어떻게 하면 내 영상을 최적화해 가능한 한 많은 사람들에게 노출시킬 수 있는지 눈에 불을 켜고 인터넷을 연구했다.

관건은 대중과의 접점을 파악하는 일이었다. 하지만 매일 소셜미디어에서 터져 나오는 말들은 형상이 끊임없이 바뀌는 무정형의 액체 괴물, 어디로 튕길지 모르는 로데오 황소 기계와도 같아서 웬만한 재능과 정밀함 없이는 제대로 쥐어 잡지도, 그 위에 타지도 못할 지경이었다. 인터넷은 세상만사 모든 일에 대해 할 말이 있는 것처럼 보였고, 그 모든 할 말은 동시에, 똑같은 크기의 소리로 출력되었다. 사적인 불만과 정의 구현을 향한 열띤 호소가 나란히 게시됐고, 자신의 속살을 드러내는 고백과 평범한 일상 얘기가 한데 섞였으며, 나머지 사이버 세상은 웃기는 밈과 세심하게 연출된 무관심, 지저분한 갈등을 요란스레 떠벌리는 난장들로 채워졌다. 이런 세상과 접점을 만들기 위해서는 그 날 인터넷상에서 가장 많이 화제가 된 이슈를 찾아 거기에 집중해야 했다.

 나는 우선 내가 누구를 대상으로 말하는 것인지 파악할 필요가 있었다. 하지만 소셜미디어의 디지털 고속도로와 샛길 위에서 내 곁을 쌩 지나는 사람들의 행렬은 끝이 없었고, 나를 스치는 이 픽셀 하나하나를 한 명의 개인이라고 생각하는 건 너무 버거운 일이었기 때문에, 나는 그 작은 프로필 사진들을 하나로 뭉뚱그려 '모든 사람'이라고 생각하기 시작했다. 내 말이 향하는 곳은 더 이상 극장의 희미한 불빛 속에서 얼굴을 볼 수 있는 구체적인 개인들의 집합이 아니었다. 언제든 영상을 볼 수 있는 모든 사람이었다. 한없이 펼쳐지는 강당과도 같은 이곳, 나는 이곳에 서기를 아주 오래도록 간절히 바라왔다.

 하지만 한량없는 이 강당은 꽤 시끄러운 곳이어서 내 말이 사람들 귀에 들리려면 어떻게 해야 하는지 연구가 필요했다. "더 노력하세요!" 인터넷 활동가들은 블로그 포스트에서, 댓글창에서 이렇게 소리쳤고, 가끔은 저 말 그대로를 트위터에 올리기도 했다. 대문자 볼드체로 쓰인 이 두 단어는 세심하게 편집된 사설이나 탄탄한 연구에 기반한 책보다 그 두터운 소음을 훨씬 빠르게 꿰뚫는 것처럼 보였다. 모든 단어를 대문자 볼드체로 강조하며 크게 소리 지르면 기득권이 그 말에 귀 기울이는 것 같았다. "이건 무조건 보셔야 합니다"라는 말은 소소한 동네 뉴스부터 구조적인 부정의에 이르기까지 어떤 것에든 관심을 집중시킬 수 있는 효율적인 방법처럼 보였다. 볼드체로 쓰인 단정적이고 직설적인 명령문이 예의 바른 질문이나 여러 층위를 고려한 사려 깊은 생각보다 훨씬 더 멀리, 더 빨리 퍼졌다. 특정 주제의 복잡성에 대해 이런저런 관점을 고려하며 살펴보는 것도 좋고 바람직한 일이지만, 알고리즘을 뚫고 하늘 높이 날기 위해서는 **이것**은 좋고, **저것**은 나쁘다, **이것**은 옳고, **저것**은 틀렸다는 흑백논리식으로 말하는 게 제일 잘 먹혔다.

    인터넷에서 진정한 승자가 되려면 그 세계가 요구하는 조건에 맞춰 나를 바꿀 필요가 있었다. 나는 사람들이 온라인상에서 신나게 자기 얘기를 하고 자기 의견을 치열하게 주장하는 게 너무나 좋았다. 마침내 누구나 제 목소리를 낼 수 있는 세상이 왔고, 그 목소리는 하나로 모여 합창이 되었다. 트위터, 블로그 포스트, 동영상은 그 하나하나가 기회이자 내 모든 감정과 생각을 세상에 드러낼 수 있는 개인 언론 채널이나 다름없었다. 설탕물 입힌 케일을 만들겠다고 이곳에 온 이상 나는 이 플랫폼을 기득권에 대항하는 소수자의 목소리를 대변하는 데 사용하기로 결심했다. 나는 진보주의와 사회정의 편에 서 있는 사람이었으므로 자연히 문제의 기득권은 보수주의, 그리고 사회정의의 강령에 반하는 모든 것이었다.

  나는 나 자신을 다윗이라고 생각했다. 나보다 더 작은 다른 다윗들을 위해 골리앗 군대와 싸우는 다윗. 다행스럽게도 인터넷에서는 새로운 골리앗, 무찔러 싸워야 할 새로운 적이 매일 탄생했다. 그것이 부패한 시스템이든 부정을 저지른 개인 시민이든, 나와 내 다윗 동료들은 언제나 이에 맞서 싸울 준비가 되어 있었다. 평생을 딱히 어느 곳에도 속하지 못한 채 떠돌던 나는 마침내 나보다 더 큰 어떤 흐름에 합류하는 데 성공했다. 나와 같은 편, 팀, 집단이 생긴 것이다. 변화, 진정한 변화가 마침내 가시권에 들어왔다.

  이제 적이 누구인지 명확히 규정되었으니 정신없이 쏟아지는 뉴스는 더 이상 불협화음을 일으키는 재앙이 아니었다. 끝없이 제공되는 모티브, 내가 뜯어고칠 수 있는 부정의를 계속해서 공급해주는 화수분이나 다름없었다. 도널드 트럼프가 힐러리 클린턴이 가진 건 "여성카드"가 전부라는 발언을 했을 때 나는 내 동료 메리와 함께, 존재하지 않는 이 가상의 제품에 대한 풍자 광고를 만들었다. 배우 커크 캐머런Kirk Cameron이 〈크리스천 포스트Christian Post〉와의 인터뷰에서 "아내란 자고로 남편의 말을 순종하고 존중해야 한다"라는 발언을 했을 때는, 진짜 꼭두각시 인형을

아내로 둔 커크 캐머런 지지자를 연기했다. 그러던 중 팻 맥크로리Pat McCrory 노스캐롤라이나 주지사가 트랜스젠더가 자기 젠더 정체성에 맞는 화장실을 사용하지 못하도록 하는 반트랜스젠더 법안에 서명하는 사건이 벌어졌다. 나는 스스로에게 물었다. **이것으로 무엇을 만들 수 있지?**

두려움에 기반한 많은 법이 그러하듯 노스캐롤라이나의 화장실 법안 역시 겉으로는 여성과 아이들을 보호한다는 그럴듯한 명분으로 포장되어 있었다. 하지만 특정 대상에 대한 혐오가 깔려 있는 법은 두려움에 기반해 있고, 이 두려움은 무지에서 자란다. 나는 이 공식을 뒤집고 싶었다. 그래서 생각해낸 게 매주 내 트랜스젠더 친구들을 그들의 젠더 정체성에 맞는 화장실로 초대해 인터뷰하는 시리즈였다. '트랜스젠더와 화장실에서 하는 대화'(Sitting in Bathrooms with Trans People)라는 제목의 이 시리즈 영상은 우리 사무실 층에 있는 두 개 화장실 중 하나를 스튜디오로 꾸며 진행되었다. 나는 게스트들에게 예상되는 질문을 던졌다. 언제 전환(transition)을 결심하게 됐냐, 본인 정체성을 어떻게 이해하기 시작했냐 등등. 하지만 동시에 제일 좋아하는 간식, 지루한 취미, 남한테는 절대 얘기 못 하고 혼자 몰래 숨어서 보는 리얼리티 쇼는 뭐냐 같은 일상적인 질문도 물었다. 나는 모든 인터뷰를 이 법안이 야기하는 피해를 조금씩 벗겨낸다는 마음으로 임했다. 그래서 이 시리즈의 첫 번째 에피소드가 처음으로 10만 뷰를 달성한 Seriously.TV 영상이 되어 미디어의 주목을 받게 되었을 때 내 눈에는 조회수 하나, 언론보도 하나가 트랜스젠더 혐오 그 자체에 흠집을 내는 시도로 보였다. 높은 조회수는 이제 내가 세상에 불러온다고 생각한 선함의 물리적 양과 직접적으로 연결되어 있었다.

내 영상의 조회수가 사회 진보와 직접적으로 연결되어 있다면 나는 이 지표를 더 높이 끌어올리고 싶었다. 그리고 그러기 위해서는 결국 내 아킬레스건인 '진정성'을 포기해야 했다. 그때까지 내가 한 모든 작업은 전부 내 진짜 목소리, 뼛속까지 솔직하고 진지한 내 진심을 담은 것이었다. '나이트 베일' 팬들을 대상으로 커밍아웃이나 혼혈 정체성 수용을 주제로 쓴 텀블러 게시물, 영화 속 인종 재현의 불균형과 관련된 '모든 말들' 연설, 심지어 훨씬 가볍고 코믹한 분위기의 '트랜스젠더와 화장실에서 하는 대화'마저 모두 그랬다. 하지만 알고 보니 안타깝게도 이건 일반 인터넷 세상에서는 절대로 해서는 안 되는 짓이었다. 실제로 어떤 책이 감명 깊다거나 사랑하는 사람과 함께 있는 게 즐겁다와 같은 단순한 감상을 공개적으로 고백하는 영상에는 많은 경우 '오글거림 주의!'라는 경고가 붙었다. 여과되지 않은 솔직한 감상이 영상에 나올 것이라는 일종의 사전 고지였는데, 나는 그 이유가 정말 이해되지 않았다. 뉴스매체를 지배하는 나쁜 뉴스의 맹공에 대처하기 위해서는 무관심, 신랄한 비판, 냉소가 더 적합해서 그런 걸까? 기쁨을 공개적으로 드러내면 현재 벌어지고 있는 사회정치학적 불안의 심각성이 흐려져서 그러는 걸까? 이유가 무엇이든 나는 어딜 감히 네 진짜 모습을 드러내냐고 막아서는 이 플랫폼에서 계속 성공하는 방법을 모색해야 했다. 이곳에서 허용되는 유일한 긍정성은 내가 '섬뜩한 긍정성'이라고 명명한 종류뿐이었다. 주말에 가족과 단란한 시간을 보냈다고 말하는 건 너무 간지러운 일인 반면, 철천지원수와 즐거운 주말을 보냈다고 말하는 건 봐줄 만한 반항적 태도였다. "세상에! 이 배우 너무 멋지잖아"라고 얘기하는 건 그게 아무리 맞는 말일지라도 너무 단순하게 들린다. 반면, "내 목을 졸라줘, 대디"는 거칠게 다루어 달라는 사도마조히즘적인 욕망을 겉으로 내세워 진짜 즐거운 감정을 위장하는 말로 쓰였다. 역설적이게도 인터넷에서는 진심이 진심으로 받아들여지지 않고, 냉소가 더 솔직한 마음의 표현으로 들렸다. 이런 곳에서 내가 정말 성공하고 싶다면 나는 내 세 치 혀를 좀더 현란하게 놀리고, 지금까지 입고 있던 보드라운 모직 스웨터 대신 가시철사로 만든 갑옷을 온몸에 둘러야 했다. 그래서 어느 5월의 늦은 오후, 젊은 여성 보수주의자가 우리 세대를 싸잡아 비판하는 영상이 인기 동영상으로 올라왔을 때 나는 지금이야말로 날카로운 공격 어투를 실험해볼 기회라고 생각했다.

널리 퍼진 이 영상의 주인공은 알렉시스 블루머Alexis Bloomer라는 여성이었다. 그녀는 주차된 차의 운전석에 앉아 밝은 녹색 눈으로 카메라 렌즈를 똑바로 쳐다보며 그녀와 내가 속한 세대인 밀레니얼들이 왜 윗세대보다 못한지에 대한 이유를 늘어놓았다. "우리 세대는 예의 바른 인사 같은 기본 매너가 없어요. 레이디 퍼스트라고 문을 잡아주지도 않죠. 노인분들에게는 말할 것도 없고요." 귀가 번쩍 뜨이는 기분이었다. '옛날이 좋았지'라며 과거를 그리워하는 정서는 도널드 트럼프의 '미국을 다시 위대하게'(Make America Great Again) 슬로건과 궤를 같이하는 암묵적 신호 아닌가. 친히 납신 골리앗에게 내 서슬 퍼런 혓바닥 공격을 날리고 싶었던 나는 디지털 싸움에 참전하는 마음으로 그녀의 주장을 하나하나 반박하는 대본을 재빠르게 써 내려갔다.

"우리는 '베bae' 같은 근본 없는 단어로 사랑하는 사람을 부른답니다"라는 그녀의 주장에는,

"그러는 **우리**는 '베bae'라는 단어가 유럽 백인 중심의 토착어에서 기인하지 않았다는 이유로 근본이 없다고 깎아내리는 사람을 가리켜 '인종차별주의자'라고 부른답니다"라고 맞받아치고,

"왜 사람들이 우리를 'Y세대'라고 부르는지 알 것 같네요"라고 그녀가 카메라에 대고 한 말에는,

"왜냐하면 알파벳 Y는 X 뒤에, Z 앞에 오는 문자니까요. 알파벳 순서를 모르시나"라고 똑같이 되돌려줄 계획이었다.

다음 날 아침, 나는 핸드폰 카메라를 똑바로 응시한 채 알렉시스에게 직접 말한다는 상상을 하며 내 대사를 녹화했다. 평소보다 훨씬 냉소적이고 젠체하는 톤으로 말했는데, 이건 마치 싱크대에 쌓여 있는 한 무더기 접시를 보며 부모가 자녀를 향해 "너 정말 설거지한 거 맞아?"라고 물을 때 낼 법한 목소리였다. 나와 맞짱 뜰 보수주의자를 머릿속에서 떠올리며 응수하니 그녀가 내 바로 앞에 있었으면 절대 하지 못했을 법한 날 선 말들이 과감하게 나왔다.

이 영상은 업로드된 지 24시간도 채 지나지 않아 100만 뷰가 넘었다. Seriously.TV 영상 중 처음으로 100만 뷰를 달성한 영상

이었다. 나는 화면 맨 왼쪽 하단에 찍힌 어마어마한 숫자에서 눈을 떼지 못했다. 계속 올라가는 숫자를 보고 있자니 내가 알렉시스 블루머만이 아닌, 보수주의 그 자체에 일격을 가한 것처럼 느껴졌다. 내 마음속에서 그 둘은 하나가 되었다. 알렉시스가 곧 보수주의였고, 보수주의가 곧 알렉시스였다.

빠르게 증가하는 조회수 바로 옆에는 댓글창이 있었다. 나를 지지하는 사람들은 그녀를 한 방 먹인 것에 대해 잘했다고 칭찬하며 환호했다. 어떤 사람은 댓글로 "이거지, 나서줘서 고마워요. 그 여자 영상 완전 쓰레기임! ㅋㅋㅋ 누가 제대로 반박해주길 기다렸는데 이제야 올라왔네"라고 쓰기도 했다. 하지만 생전 처음 나를 비판하는 사람들도 나타났다. 그것도 엄청 많이. 어떤 사람은 "이 새끼 정신 차리려면 빠따 좀 맞아야 해"라고 썼고, 나를 "징징대는 년"이라고 부른 사람도 있었다. 내 영상을 리뷰하며 "이 사람은 그야말로 암적인 존재"라고 말한 사람도 봤다. 하지만 나로서는 이런 악평이 완전 처음이었기 때문에 기분이 상한다기보다는 이런 미움을 받을 만큼 내가 중요한 사람이 된 건가 싶어 오히려 좀 으쓱했다.

조회수 측면에서 이 영상이 성공했다는 사실은 누구도 부인할 수 없었기 때문에, 나는 이 영광을 앞으로도 똑같이 재현해내기 위해 이번 영상의 어떤 점이 이전과 달랐는지를 꼼꼼하게 검토했다.

일단 훨씬 냉소적인 톤으로 말한 것이 인터넷의 소음을 뚫고 인터넷의 언어를 구사할 수 있게 된 비결이었다. 이미 입소문을 탄 영상에 응수하는 형식을 취함으로써 독자들과의 접점을 확보하는 데도 성공했다. 알렉시스 영상 클립을 같이 넣어서 편집했기 때문에 맥락을 모르는 사람 역시 내 영상을 얼마든지 이해할 수 있었다. 또한 '밑밥 깔기'와 '펀치라인으로 빵 터트리기'가 반복되는 단순한 구조 덕분에 진입 장벽이 낮았다. 하지만 이 영상이 성공할 수 있었던 가장 결정적인 요인은 적이 아주 명확했다는 점이었다. 나는 내 구독자들에게 볼거리를 제공했다. 알렉시스와 나는 외양부터가 정반대였다. 알렉시스가 전통적인 금발 미녀, 공화당의 포스터 걸로 나서도 손색이 없을 '전형적인 미국' 백인 여성이었다면 나는 모히칸 헤어스타일에 진주 귀걸이를 하고 누가 봐도 '피구 경기에서 맨 꼴찌로 뽑힐' 상체가 드러난 탱크톱을 입은 유색인종 게이였다.

이 영상이 인기 동영상이 될 수 있었던 여러 요인을 꼽다 보니 향후 영상 제작 시 따라야 할 몇 가지 규칙이 자연스레 만들어졌다. ― 공격적일 것, 트렌디한 주제를 잡을 것, 내용 이해에 필요한 모든 맥락을 제시할 것, 형식은 최대한 심플하게 갈 것, 적을 상정할 것. 이런 강령을 규칙이라고 생각하니 인터넷을 일종의 게임으로 보는 게 가능해졌다. 일단 이걸 이해하자 모든 게 맞아떨어졌다.

좋아요, 공유하기, 조회수는 내가 모을 수 있는 일종의 포인트였고, 인터넷에서 만나는 새로운 이야기는 반드시 완수해야 하는 도전이었다. 영상 하나하나는 새 레벨을 뜻해서 하나가 성공하면 다음 레벨로 나아갈 수 있었다. 내가 부캐를 연기하고 있다는 사실도 비디오 게임과 비슷한 점이었다. 훨씬 냉소적이고 입에 칼을 문 이 부캐는 나와 생김새도 같고 이름도 같지만 나와 완전히 똑같은 건 아니었다. 그가 하는 말은 대본에 기반한 것이고 그의 문장은 편집된 것이어서 군더더기 하나 없이 깔끔하기만 했다. 또한 내 부캐는 자비가 없었는데 이건 바람직한 일이었다. 이기거나 지거나 둘 중 하나인 게임에서 나는 이기고 싶었기 때문이다.

무엇보다 나는 숭고한 목표를 추구하고 있었다. ― 사방에 퍼져 있는 불의를 무찌르는 게 내 사명이었다. 시간이 생명인 관계로 나는 생각을 많이 해야 하는 **이것으로 무엇을 만들 수 있을까?** 질문 대신 훨씬 효율적인 **어떻게 하면 지금 당장 이걸 가장 재미있게 깨부술 수 있을까?**를 물었다. 이 장애물 경기에서 매일은 새로운 '도전'이었고, 어제의 점수를 깰 수 있는 새로운 기회였다. 그리고 나는 그 과정에서 엄청난 환희를 느꼈다.

2016년 여름 내내 나는 연승행진을 이어 나갔다. 쓸 만한 뉴스거리를 골라서 풍자 영상을 만들었고, 영상이 올라갈 때마다 보상을 쓸어모았다. 보수주의 진영의 가짜 논리를 조롱하는 짧은 공익광고를 만들고, 카메라에 대고 말하는 영상 에세이로 갖가지 위선을 폭로하고, 특파원으로 공화당 전당대회와 민주당 전당대회를 다녀왔다. 8월이 얼마 남지 않았을 때 나는 매주 업로드될 정규 시리즈 영상을 혼자 만들어보기로 했다.

당시 나는 언박싱 영상의 인기에 특히 매료되어 있었다. 언박싱은 카메라 앞에서 새 기기를 포장부터 풀어가며 그 속에 든 것을 하나하나 소개하는 유튜브 장르였다. 나는 이것을 풍자하기로 마음먹었다. 최신 스마트폰이나 게임 콘솔을 언박싱하는 대신, 손에 잡히지 않는 추상적인 이데올로기를 하나의 상품인 양 열어젖혀 보여주기로 한 것이다. 예를 들어 '아메리카 원주민 학대'를 언박싱하면 그 안에 백색 수정액(Wite-Out)과 지구본이 들어 있는데, 그 이유는 "원래 잘 살고 있는 지역을 싹 지워버리고 그 땅에 가서 그곳에 대한 소유권을 주장하고 자기네들 이름을 따서 지역명을 새로 만들기" 위해서임을 드러내는 식이다. '남성성'을 언박싱했을 때는 상자에서 뿜어져 나올 게 뻔한 독성물질을 피하기 위해 먼저 방호복과 방독면을 꺼내 들었다. 그리고 '폭력적인 경찰' 상자를 열었을 때는 아무리 찾아도 그 안에 기소장이 없음을 발견하고는 꼭 포함되어 있어야 할 부품이 없는 것처럼 깜짝 놀란 표정을 지었다.

주에 2~3회 주기로 영상을 자주 올리게 되면서 나는 게임에 더욱 능숙해졌고, 매주 쌓이는 좋아요, 공유, 댓글, 조회수로 내 포인트 점수는 점점 더 올라갔다. 하지만 모든 게임이 그러하듯 포인트를 잃을 때도 있다는 사실 역시 알게 되었다.

내 영상이 인기를 얻을수록 그와 비례해 나를 싫어하는 사람도 늘어났다. 레벨을 깨고, 적을 무찌르고, 새 팔로워가 생길 때마다 내가 무슨 말을 하든 일단 공격하고 보는 악플러들이 모든 댓글창 구석구석으로 숨어들었다. 처음에는 신기하다 정도로 넘어갔던 일이 곧 무슨 수를 써도 박멸되지 않는 벌레 떼처럼 골치 아픈 일이 되었고, 나는 두 번 생각 안 하고 이런 혐오 가득한 악플들을 가능한 한 많이 스크린샷으로 캡처해 '악플 폴더'라고 이름 붙인 데스크탑 휴지통에 저장하기 시작했다.

이 악플 폴더 속 스크린샷 중에는 꽤 웃긴 것들도 있었다. 내 남성성을 후려치는 유형이 대표적이었는데 나를 '호모'라고 부르는 댓글은 언제나 내 마음에 쏙 들었다. 이건 마치 고래를 고래라고 부르는 것과 똑같은 것이었다. 물론, 고래라고 불리기를 싫어하는 어떤 포유류는 이런 말을 들으면 상처 입을지도 모르겠지만 일반적인 고래라면 '그래, 그게 나다, 뭐 보태준 거 있냐?'라고 나올 것이다. '뻐꾸기'란 단어 역시 내가 자주 듣는 말이었다. '뻐꾸기'란 다른 남자와 바람피우는 부인의 남편을 속되게 지칭하는 말인데 나는 이게 어째서 나를 공격하는 말로 쓰이는 건지 알 수가 없었다. 나로 말할 것 같으면 혹시라도 부인이 있다면 어서 빨리 다른 남자를 만나서 나와 할 수 없는 육체관계를 맺으라고 부추길 사람이기 때문이다. 나에게 '베타남'이라는 꼬리표를 다는 사람도 많았다. 이건 알파남이 되지 못하는 약한 남성을 얕보듯 까내리는 말이다. 하지만 나는 사실 베타라는 말조차 황송하다. 사회가 요구하는 남성성의 기준에 한참 못 미치는 삶을 충분히 수긍하며 살아온 나라는 사람에게는 감마남이나 델타남 정도가 맞지 않을까. 내가 농구공을 던질 때마다, 못을 박을 때마다, 2.5킬로그램이 넘는 물건을 들 때마다 나라는 존재가 남성성에 도전하는 한 편의 행위예술 같다는 생각이 입증되는 것 같았는데 말이다.

물론, 이러한 유희는 악플에 상처받지 않은 것처럼 행동하기 위한 일종의 방패막이에 불과했다. 이런 혐오적인 말들과 마주칠 때 나는 순발력 있고 재치 있게 쏘아붙이며 넘기지 못했다. 발렌틴이라는 사람이 나를 '인류의 수치'라고 불렀을 때는 가슴이 무너져 내렸다. 익명의 트위터 계정에서 "척도가 1부터 그리즈^{GRIDS} — 에이즈^{AIDS}의 옛날 명칭인 게이 관련 면역결핍증(gay-related immunodeficiency)에 강조의 의미로 's'를 붙인 단어 — 까지 있다고 할 때 @dylanmarron의 게이스러움은 몇 점?"이라는 트윗을 봤을 때는… 어떤 농담도 차마 할 수 없었다. 이런 말을 하는 사람이 있을 수 있다는 것 자체가 그저 슬프고 공포스러울 뿐이었다. 달랑 '멍청한 호모'라고 쓰인 두 글자 메시지를 받았을 때도 어떻게 반응해야 하는지 전혀 알 수 없었다.

온라인 혐오는 상대적으로 새로운 현상이었고, 이 문제의 대처 방법을 제대로 아는 사람이 그때까지는 딱히 없었기 때문에 내게는 이걸 소화할 수 있는 도구가 많지 않았다. 처음에는 이 일에 대해 일절 얘기하지 않는 쪽을 택했다, 배부른 투정이 아닐까 하는 생각에 그냥 무시하는 게 제일 좋겠다고 판단했다. 하지만 도저히 혼자 감당할 수 없게 되면서 나는 누구라도 들어주는 사람이 있으면 끊임없이 얘기하는 쪽으로 경로를 완전히 틀어버렸다.

내 남편 토드는 당시 세 개 주를 사이에 둔 먼 타지에서 로스쿨 1학년을 막 시작한 상태였다. 그래서 매일 늘어나는 악플 폴더 파일에 대해 남편과 터놓고 얘기할 수 있는 시간은 남편이 쉬는 시간에 맞춰 겨우 하는 짧은 통화나 얼굴을 보는 주말이 다였다.

그는 내가 분통을 터트릴 수 있는 시간과 공간을 충분히 주었고, 했던 얘기를 처음 하는 것처럼 하고 또 하더라도 내 모든 복잡한 이론과 관찰을 주의 깊게 들어주었으며, 언제나 "너무 안타깝다, 자기야. 내가 어떻게 도와주면 될까?"라며 나를 응원했다. 하지만 나는 답을 알 수 없었다.

친구들과 한잔하는 자리에서는 악플 폴더에 쌓인 파일 중 제일 웃긴 것들을 골라 크게 소리 내 읽었다. 이건 일종의 치료이자 유희였는데, 그럴 때마다 친구들은 글 쓴 사람을 욕했다. "꺼지라고 해, 씨발 악플러들." 그들은 내 편을 들며 말했다. "걔네들은 그냥 외롭고 불쌍한 인생들이야." 그리고 친구들이 내놓은 해결책은 하나같이 똑같았다. "그냥 컴퓨터를 꺼버려!" 하지만 이 처방은 말하기는 쉬워도 실제로 행하는 건 쉽지 않았다. 인터넷은 사실상 내 직장이었다. 컴퓨터를 꺼버리는 게 그렇게 쉬울 리 없었다. 나는 한창 게임을 하는 중이고 게다가 이기기까지 하고 있었다. 그런 상황에서 어떻게 멈출 수 있담?

역설적이게도 나는 악플 폴더의 존재를 경멸하면서도 거기에서 눈을 떼지 못했다. 이 문제에 대해 입을 다물고 있는 건 전혀 도움이 안 됐다. 하지만 작정하고 이야기하는 것 역시 도움이 안 됐다. 그렇게 둘 사이에 끼어 이도 저도 못 하던 와중, 나는 내게 위안을 주는 단 한 가지 방법을 찾아냈다. 바로 악플 뒤에 숨은 사람들의 가장 친절한 모습들을 상상해보는 것이었다.

대부분의 악플이나 부정적인 메시지는 페이스북으로 몰렸기 때문에 나는 클릭 한 번이면 악플 작성자의 개인정보, 사진, 글

등을 모두 볼 수 있었다. 그 사람들이 이 사실을 알았을까? 나를 **좌파 병신**이라고 부른 사람은 자기가 영어 교사로 재직 중인 고등학교 이름을 내가 볼 수 있다는 사실을 알았을까? 너 같은 거 뒈져버리라고 말한 사람은 내가 세 페이지만 넘기면 그의 이모의 최애 밴드를 찾을 수 있다는 사실을 알았을까? 소셜미디어, 그중에서도 페이스북으로 악성 메시지를 보내는 행위는 악플 편지 위에 자기 얼굴이 나온 모든 사진을 붙이고 직장 주소와 족보 일부분까지 기재해 종이 우편으로 보내는 것이나 다름없다. 내가 악플 폴더 입주자 한 명 한 명의 뒷얘기를 입체적으로 자세히 구성할 수 있었던 건 이 정보들 덕분이었다.

나는 알아낼 수 있는 정보를 바탕으로 정교한 서사를 만들어 그들의 프로필에 공란으로 남겨진 부분을 내 식대로 채워 넣었다. 가령 어떤 사람이 올린 사진 중에 한 장은 가족 모임 사진이고 다른 한 장은 최근 손수 복원한 중고차 사진이라면, 나는 머릿속으로 이 두 사진을 연결해 그 사람이 새롭게 개조한 차를 타고 가족 모임에 나가는 모습을 상상하는 거다. 그가 차를 타고 도착한 곳에는 차 복원이 진행되는 내내 SNS 게시물에 '좋아요'를 누른 사촌들이 모두 모여 환호를 하고 있다. "드디어 완성했구나!" 최신 게시물에 태그된 삼촌 한 명이 소리친다. 이 가상의 장면을 떠올리고 있노라면 내 얼굴을 두고 한 대 치고 싶게 만드는 면상이라고 댓글을 단 사람의 이미지가 조금은 부드럽게 바뀌었다.

나는 프랑켄슈타인 같은 괴물을 만드는 마음으로 악플러가 남긴 많은 디지털 흔적들 속에서 서로 이질적인 조각들을 주워 이어 붙여가며 그들이 살고 있는 삶의 장면들을 생생하게 그려보았다. 허구적 일상의 작은 순간들, 바로 이런 장면들 덕에 나는 제정신을 유지할 수 있었다. 상상할 수 있는 가장 사랑스러운 뒷얘기를 떠올리며 그들도 감정을 지닌 인간임을 스스로에게 주지시키고 나면 그나마 무서움이 조금은 가셨다.

이것이 내가 지금 상사 사무실 밖에서 조쉬라는 생판 남의 프로필을 훑어보고 있게 된 경위였다.

3. 일시정지

나는 내 책상으로 돌아가 바퀴 달린 의자에 털썩 앉은 뒤 컴퓨터에서 조쉬의 프로필을 열었다. 그가 보낸 메시지를 몇 번이나 읽었는지 그 구체적인 숫자는 잊어버렸지만 어쨌든 몽땅 외워버릴 정도는 되었다. "병신아. 너 같은 놈들 때문에 나라 분열되고 있는 거 안 보이냐? 만드는 영상이라고는 전부 니 대가리에서 나온 너만에 생각인데, 졸라 짜침. 걍 아닥해라. 참고로 게이는 죄다." **너만에**, 나는 이 말을 중얼거리며 이 오타를 발견한 게 혹시나 그의 악플로 받은 상처를 없던 일로 해줄 수 있으려나 생각했다. 하지만 소용없었다.

그런데 이 조쉬라는 사람에게는 뭔가 다른 점이 있었다. 악플 폴더 속 다른 사람들은 개인정보가 여기저기 흩어져 있어서 내가 그 사이의 공란을 메우려면 꽤 많은 품을 팔았어야 했는데 조쉬는 글을 워낙 자주 올려서 내가 딱히 소설을 써 내려갈 필요가 없었다. 나는 상상 속 인물을 만드는 게 아니라 그냥 내 코앞에 있는 인물에 주의를 기울이기만 하면 됐다.

가령 그가 올린 밈 중 하나에는 민주당 전당대회에 참석한 힐러리 클린턴이 허공에 휘날리는 색종이 조각에 황홀해하는 모습 위로 "이게 색종이 조각인가, 아니면 3만 조각으로 갈린 이메일인가?"라는 문장이 적혀 있었다.

화면을 더 내리니 그가 최근 공유한 성경 구절이 나왔다. "속지 말라. 동성애 하는 자와 남색 하는 자 모두… 하나님의 나라를 상속받지 못하리라."

그런데 한 포스트에서 그는 지금 재학 중인 고등학교의 연극 제작을 위해 기금을 모으고 있었다.

또 다른 포스트에서는 생일 케이크를 들고 포즈를 취하고 있었다.

"내가 만든 축하 점심"이라고 쓴 글에는 그가 직접 만든 요리 사진이 올라와 있었다. 댓글을 보니 학교 뮤지컬에 캐스팅되었다고 했다.

세 번째 포스트에는 극장 위치정보가 태그되어 있었는데 픽사 영화 〈도리를 찾아서〉(Finding Dory)를 본 모양이었다. "엄청 웃김. 너무 좋았어!" 토드와 나 역시 그해 여름에 이 영화를 보러 가서 내내 울다 왔다.

조쉬에게는 친절한 면이 있었고 다가가기 쉬운 솔직함도 있었다. 그는 진정성을 거부하는 인터넷 강령에 과감히 저항하며 자기가 느끼는 바를 바로 솔직하게 표현하는 사람 같았다.

"오늘 밤 나랑 놀 사람? 금요일 밤을 침대에 누워 TV나 보면서 보내고 싶지는 않은데"라고 쓴 글을 보면서는 내가 그 나이 때 집에서 보낸 수많은 금요일 밤을 떠올렸다. 같이 나가 놀자는 누군가의 말을 기다렸으나 한 번도 들어본 적 없었던 그때를.

또 다른 글에서 그는 "외롭다"라고 썼다. 내가 10대 때 내 생각을 인터넷에 시시콜콜 기록했더라면 거의 똑같은 말을 썼을 것이다.

핸드폰을 터치해 시간을 확인하니 조쉬의 프로필을 들여다보는 데 오후를 통째로 썼다는 걸 알게 됐다. 악플이 짜증 나는 또 다른 점은 엄청나게 많은 시간을 뺏긴다는 것이다. 두어 시간 후면 코미디 무대에 올라야 하는데 아직 준비된 게 아무것도 없었다.

나는 스탠드업 코미디언이 아니었기 때문에 정통 코미디언들 사이에 끼려면 대개 창의력을 발휘해야 했다. 직접 쓴 에세이를 읽을 때도 있었고, 로봇 목소리를 프로그래밍해 관객들의 댄스 파티를 유도한 적도 있었다. 하지만 이런 무대는 모두 상당한 준비와 시간이 필요했고, 그 둘 모두 지금 나에게는 없는 것들이었다. 마지막에 그냥 빠질까 하는 생각을 안 한 것도 아니었으나 오늘 무대의 프로듀서인 내 친구 니콜에게 못 할 짓이다 싶었다. 최대한 빨리 아이디어를 생각해내야 했다.

이번 무대는 영상으로 공개되는 것이 아니었다. 즉 수백만 명의 사람이 보는 게 아니라 주중 밤 11시에 코미디 쇼를 보러 시내까지 온 수십 명가량의 관객들이 볼 예정이었다. 오늘 밤 내가 무슨 짓을 하든 어차피 게임의 다음 레벨로 넘어가지는 못할 터였다. 오늘은 포인트를 모으지 못한다. 그런데 이상하게도 이 사실에 은근히 고무되었다. 뉴욕 네오 퓨처리스트 단원 시절 무대에 올릴 짧은 극을 썼던 게 생각나면서 창작의 자유로움에 대한 아련한 향수가 나를 휩쓸었다. 지금은 더 이상 그때처럼 느긋하게 준비하는 사치를 부리지 못하는데, 당시에는 생각나는 것을 충분히 들여다보고, 그것이 내게 어떤 영향을 미치는지 살펴본 뒤 거기서부터 창작을 시작하곤 했다. 일단 지금 내 머릿속에서 떠나지 않는 생각이 하나 있다는 건 분명했다. 나는 조쉬의 프로필을 보고 그의 메시지를 들여다본 뒤 다시 그의 프로필로 돌아갔다. 악플 폴더를 열어 계속 늘어나기만 하는 그 안의 파일을 스크롤했다. 그러자 질문 하나가 오랜 친구처럼 내 어깨를 툭툭 치는 게 아닌가. **이것으로 무엇을 만들 수 있을까?**

    나는 인터넷 악플러들이 직장에서 해고당한 이야기들을 여럿 보았다. 겉으로는 언제나 정의 구현처럼 보이는 이 일이 내게는 이상한 뒷맛을 남겼다. 악플러들을 해고당하게 만들면 피해자가 괴롭힘으로 받은 상처가 사라지나? 그리고 그렇게 일자리를 잃었다고 해서 그 사람이 또 악플을 안 단다는 보장이 있나? 그럴 수도 있을 것이다. 나는 모른다. 하지만 시간은 흐르고 있고 나는 곧 무대에 올라야 하므로 얼른 준비를 시작해야 했다.

    다시 조쉬의 프로필을 클릭했다. 프로필에 "베스트 바이$^{\text{Best Buy}}$에서 근무 중"이라는 말이 적혀 있었다. 그가 사는 동네 바로 아래에 있는 정보였기 때문에 구글 검색 한 번이면 그가 정확히 어느 지점에서 근무하는지 바로 알 수 있었다.

마침내 아이디어가 떠올랐다.

"안녕하세요!" 나는 무대 반대편에 설치된 노트북 쪽으로 가면서 관객들에게 인사했다. 간단한 자기소개 후 관객에게 질문을 하나 던지며 극의 포문을 열었다. 인터넷에 의견을 개진하면 우리가 얻게 되는 건 뭘까요? 노트북의 오른쪽 화살표 키를 누르자 다음 슬라이드가 나타났다. 괴물 떼가 몰려오는 이미지가 뒤쪽 화면에 떠오르는 것에 맞춰 나는 "악플러들이죠!"라고 소리쳤다. 극장 여기저기서 사람들이 고개를 끄덕이며 내 말에 동조했다.

좋았어. 출발이 좋아. 이제 나는 악플 폴더에서 가져온 스크린샷을 하나씩 클릭해가며 악플을 큰 소리로 읽었다.

"에이즈에게 목소리가 있다면… 그리고 그게 촌스러운 헤어스타일을 하고 있다면…." 나는 댓글을 읽고는 관객들에게 내가 에이즈의 목소리가 된다면 그것이야말로 가문의 영광이 될 것이며, "내 머리는 내 남편이 직접 잘라주는 것이니 그냥 엿이나 쳐드시라"고 일갈했다. 관객들이 환호성을 질렀다. **클릭.**

"씹게이 호오오오오오모"라는 두 글자만 적힌 스크린샷이 화면에 떴다. 나는 도노반이라는 사람이 보낸 이 두 글자 메시지를 큰 소리로 읽었다. 특히 그가 질질 끌며 발음한 다섯 개의 모음

'오'를 강조하면서. 관객은 낄낄대며 웃었다. **클릭.**

 조쉬의 메시지가 화면에 등장했고, 나는 그가 까먹고 안 쓴 아포스트로피, 오타, 게이의 g를 굳이 대문자 G로 쓴 그의 결단을 하나하나 짚어가며 메시지를 읽었다. 이걸 지적할 때마다 관객은 웃음을 터트렸다. **클릭.**

 "좆같은 게이 새끼. 현피 뜨자 하면 바로 잠수 탈 놈이 방구석 여포짓하고 있네. 찐따 같은 년." 나는 케빈이라는 사람이 보낸 이 메시지를 과장되게 재현하면서 '찐'으로 시작되는 마지막 단어를 찰지게 발음했다. **클릭.**

 슬라이드를 계속 넘기면서 나는 모든 오타, 'their'과 'there'를 헷갈린 모든 실수, 쉼표나 마침표가 생략된 모든 문장, 모든 거짓 논리를 하나하나 호명했다. 관객은 내가 생각했던 것보다 이런 걸 훨씬 더 좋아했고, 그들이 좋아하니 나도 좋았다.

 "너는 원래 쌍년으로 태어난 거냐 아니면 자라면서 그렇게 된 거냐? 이 호모야." 나는 브라이언이라는 사람이 쓴 메시지를 낭독했다. 그러고는 브라이언의 손가락이 잠깐 미끄러진 모양이라고, 이 문장 바로 다음에 쌍따봉 이모티콘이 나온다고 지적했다. 관객은 이 실수를 보고 즐거워했다. 악플 폴더를 누구나 볼 수 있는 슬라이드쇼로 변환하자 왠지 모르게 힐링되는 느낌이 있었다. 나를 향해 날아온 화살을 주워다가 놀잇감으로 만든 느낌이랄까. **클릭.**

 "악플러들 정말 짜증 나죠?!!" 무슨 집회 사회자인 양 내가 관객들에게 물었다.

"맞아요!" 성실한 관객들이 맞장구쳤다. **클릭.**

나는 슬슬 분위기 전환에 나섰다. "그래서, 저는 조쉬의 페이스북을 살펴보기 시작했습니다." **클릭.**

누가 조쉬였는지 떠올릴 수 있게 조쉬의 메시지를 다시 한번 화면에 띄웠다. **클릭.**

힐러리를 조롱하는 밈이 화면에 떴다. 갑자기 말소리가 하나도 들리지 않았다. **클릭.**

동성애를 단죄하는 성경 구절이 나왔다.

"그런데 말입니다…." 나는 놀리는 말투로 말을 이었다. **클릭.**

이제 화면에는 〈도리를 찾아서〉를 보며 울었다는 조쉬의 고백이 나왔다. 관객은 와락 웃음을 터뜨리며 환호했다. **클릭.**

"나랑 얘기할 사람? 심심해"라고 쓰인 글이 등장하자 분위기가 갑자기 바뀌었다. 많은 사람이 가엾다는 듯 아이고 탄성을 내질렀다. **클릭.**

다음 화면으로 "외롭다"라고 적힌 포스트가 나오자 관객은 이제 완전히 조쉬 편이 돼버렸다. 나는 잠시 멈춰 분위기가 바뀐 것을 확인한 뒤 진행을 계속했다. **클릭.**

"지금 조쉬는 우리가 페이스북 친구가 아님에도 그가 내게 메시지를 보냈기 때문에 내가 그의 글을 전부 볼 수 있다는 사실을 알지 못합니다." 나는 서서히 관객을 반전 포인트로 이끌었다. "조쉬가 자기 프로필에 별생각 없이 넣은 정보가 뭔지 아세요?" **클릭.**

"그는 현재 베스트 바이에서 근무 중이랍니다." 내가 콕 집어 말했다. "그래서 제가 그 베스트 바이를 좀 찾아봤어요." **클릭.**

다음 슬라이드에 해당 베스트 바이 지점의 전화번호가 나왔다. 내가 핸드폰을 꺼내자 다음 행보를 예상한 관객 몇 명이 헉하고 놀랐다. 나는 전화번호를 누르고 소리를 스피커폰으로 돌린 후 핸드폰을 마이크에 가까이 댔다.

"베스트 바이에 전화 주셔서 감사합니다." 녹음된 목소리가 전화를 받았다. "지금은 영업시간이 아닙니다."

나는 상담원과 통화하기 위해 0을 눌렀다. "베스트 바이에 전화 주셔서 감사합니다. 지금은 영업시간이 아닙니다." 이 슬라이드쇼를 너무 급하게 준비하느라 해당 지점이 문을 열었는지, 보이스메일은 남길 수 있는지 확인하지 못한 게 실수였다.

"상황이 이러하니 제 다음 작전은 진행하지 못하겠군요." 나는 약간 뻘쭘한 목소리로 관객에게 말했다. "제가 원래 하려고 했던 건 베스트 바이의 보이스메일에 우리가 다 같이 다음과 같은 메시지를 남기는 거였어요." 다음 화면에 뜬 건 내가 관객과 함께 낭송하여 베스트 바이의 자동응답기에 남기려고 했던 메시지였다. 친절한 관객들은 내 장단에 맞춰주었고, 우리는 한목소리로 그 메시지를 읽었다.

"안녕하세요, 베스트 바이의 직원인 조쉬에게 사랑을 보냅니다! 그는 좋은 사람이에요. 조쉬에게 자기와 생각이 다른 사람에게 감사를 표현해서 이 칭찬 릴레이를 이어가달라고 얘기해주세요."

나는 관객에게 감사하다고 인사하며 무대를 마무리했다. 관객들의 환호 속에 나는 가슴이 벅차오르는 걸 느끼며 무대를 내려왔다. 이때의 벅참은 좋아요와 공유 숫자가 대박을 칠 때의 벅참과 달랐다. 몸과 마음이 훨씬 차분해지고 하나된 듯한 느낌을 주는, 전혀 다른 종류의 벅참이었다. 이건 내가 과거에 맛보았던 감각이었다. 훨씬 솔직하고 진지한 '나'로 되돌아가자 내 안의 진정한 감정과 연결된 것이었다.

내일이 되면 나는 다시 게임에 임할 것이다. 유행이 빠르게 바뀌는 이슈에 발맞추고자 전력 질주할 것이고, 뉴스에 실시간으로 반응할 것이다. 냉소적이고 불만 많은 부캐로 변신해 카메라 렌즈를 노려보며 매번 새롭게 모습을 드러내는 골리앗들을 박력 있게 처단할 것이다. 하지만 그건 다 내일의 일이었다. 오늘 밤은 이 깊은 만족감을 충분히 누리고, 옛날에 그랬던 것처럼 늦은 밤 집으로 가는 지하철을 타고 도시 아래 묻힌 터널을 질주하며 내가 방금 수십 명의 사람과 나누었던 교감을 곱씹을 것이었다.

4. 승리

10월이 지나가는 동안 도전은 끊임없이 생겨났고, 나는 그것들을 정면 돌파할 만반의 준비가 되어 있었다. 슬라이드쇼를 공연하며 예전의 부드럽고 진중한 목소리를 잠시 되찾은 건 당연히 좋았지만, 좋은 건 좋은 거고 나는 다시 이기는 데 초점을 맞췄다. 곧 다가오는 11월 대선에 처단해야 할 끝판왕이 있는 만큼 나는 반격에 필요한 모든 것을 동원해야 할 판이었다. 다행히 나는 점점 더 능숙해졌다. 글은 더 탄탄해졌고, 논지는 날카로워졌으며, 대응하는 데 걸리는 시간은 점점 더 짧아졌다. 심지어 인터넷판을 읽는 눈도 더 좋아지고, 계속해서 유행이 바뀌는 주제를 해석하는 능력도 커졌다. 마치 주식 폭락장이 오기 몇 달 전에 미리 악재를 예견하는 베테랑 주식 애널리스트가 된 듯한 기분이었다. 뉴스는 여전히 어느 방향으로 움직일지 예측할 수 없는 로데오 황소 기계와도 같았고, 나는 그 위에 점점 더 오랜 시간 매달려 있을 수 있게 되었다. 뉴스 기사를 보고 내 입장을 정리해 의견을 개진하는 속도 역시 훨씬 빨라졌다.

하지만 제일 중요한 건 내가 만드는 모든 영상의 조회수가 계속 늘어났다는 것이다. 좋아요, 팔로워, 공유의 숫자가 늘어날수록 나는 내가 기발한 유머와 볼만한 콘텐츠로 대중을 일깨우고, 보수주의 진영 논리의 확산을 저지하고, 점점 늘어나는 내 구독자를 역사의 옳은 편으로 인도한다는 생각을 갖게 됐다. 부캐 목소리로 글을 쓰는 건 이제 제2의 천성이 되어서 부캐가 거의 본캐처럼 느껴질 정도였다. 그의 목소리가 내 목소리였다. 강력한 한 방을 날리는 기술을 마스터한 나는 사람들이 외치는 짜릿한 환호성에 맞춰 정의의 북을 위풍당당하게 두들겼다.

새로운 분기점에 도달할 때마다 한가득 쌓인 코인 무더기 위에 또 다른 코인이 짤랑 떨어지는, 도파민 자극하는 소리가 들렸다. 슬롯머신의 차임벨 소리 같다고나 할까. 세 개의 동영상이 연달아 100만 뷰를 달성했다, **띵**. 페이스북 페이지에 좋아요

30,000개가 달렸다, **띵**. 농담 하나에 좋아요 1,000개가 달렸다, **띵**. 권위 있는 상에 후보로 올랐다, **띵띵**. 그리고 마침내 나는 인터넷 피라미드의 꼭대기까지 올라가야만 손에 넣을 수 있는 최종 보스, 파란색 인증 배지를 받았다. 내가 오래도록 갈망했던 지위인 파란색 버튼이 내 페이스북, 트위터, 인스타그램 계정 옆에 마침내 푸른 왕관처럼 달렸다. **새로운 레벨 잠금해제.**

하지만 코인이 쌓여갈수록 내 악플 폴더 역시 커졌다. 악플러들의 발언 수위가 어찌나 세졌는지 그전에 받았던 메시지들이 비교적 온건하게 느껴질 정도였다. 조쉬의 메시지만 해도 처음 받았을 때는 꽤나 심난했었는데 이제는 "니 엄마처럼 차려입고 니 엄마처럼 남들 좆이나 좀 빨아볼까", "넌 니 아빠한테 더 뒤지게 맞아야 돼" 같은 더 심한 말들이 악플 폴더에 수두룩했다. 이럴수록 내가 받은 혐오의 조각들을 상쇄해주는 코인들이 훨씬 더 소중하게 느껴졌지만, 어쨌든 나는 이 상황을 차분하게 잘 해결하려고 노력했다. 10월이 가고 11월이 됐을 때, 나는 이 모든 게 참을 가치가 있는 거라고, 나는 지금 더 훨씬 더 큰 대의를 위해 이 혐오를 견디고 있는 거라고, 11월 8일 화요일에 그 보상을 모두 받게 될 것이라고 확신했다.

5. 패배

마침내 대선 주간이 왔다.

일요일. 컴퓨터에서 이메일 알람이 울렸다. 상사 이선이 보낸 메일이었다.

"네가 겪는 이 상황이 정말 안타까워." 그의 이메일은 이렇게 시작했다.

"쉬운 답이 있었으면 좋겠지만 현실은 그렇지 않지. 너는 지금 특정 사람들이 듣기 싫어하는 무언가를 대변하는 얼굴이 되었어. 사람들의 반응으로 미루어 짐작할 때 그들은 자기들이 개인적으로 공격당한다고 생각하는 것 같아. 그러니까 너를 개인적으로 공격하는 거지. 어떻게든 네가 대화를 시작할 수 있는 방법을 찾았으면 좋겠는데 말야."

그의 사무실에서 나눈 대화 뒤로 이선은 적극적으로 내 상태를 확인하려 들었다. 부하 직원이 인터넷에서 조리돌림을 당할 때 상사가 취해야 하는 대처 방안 같은 건 존재하지 않았다. 너무 새로운 문제여서 선례가 없었기 때문에 그는 자기가 그 선례를 만들겠다는 마음으로 최선을 다하고 있었다.

화요일. 결전의 날이 도래했고, 나는 그날 내 하루를 SNS에 촘촘히 올렸다.

먼저 엄마와 투표를 한 뒤 투표 완료 스티커가 보이게끔 엄마와 셀카를 찍었다. **새로고침, 새로고침, 새로고침.** 좋아요 1,065개. **땡.**

대선의 밤(Election Night) 라이브스트림 준비를 하며 트위터를 훑어보다가 도널드 트럼프와 내가 같은 투표소에서 투표했다는 사실을 알게 됐다. 콘텐츠 신이 내린 거야 뭐야. 나는 트위터에 "트럼프와 제가 같은 투표소에 갔네요. 우리들 표 모두 똑같은 한 표. 플러스마이너스 제로로 상쇄되겠군요. 민주주의 만세"라고 올린 후 스크린샷을 캡처해 인스타그램과 페이스북에도 올렸다. **새로고침, 새로고침, 새로고침.** 좋아요 1,800개. **땡.**

초기 개표 결과가 속속 발표되기 시작했고 텍사스가 일단 푸른색으로 표시되었다. "텍사스, 푸른색이 잘 어울리는데요. 찰떡이니 계속 푸른색 하시죠. #대선의밤." 트윗을 올렸다. **새로고침, 새로고침, 새로고침.** 좋아요 490개. **땡.**

나는 내가 받은 좋아요 수가 공식 개표 집계 결과인 것인 양 그것을 다 더했다. 내 소셜미디어 반응을 대선 결과를 가늠하는 지표로 받아들인 나는 확신했다. **우리가 이길 거야.** 하지만 밤이 깊어지면서 생각지도 못한 일이 벌어지기 시작했다. 도널드 트럼프가 치고 올라온 것이다. 몇 시간 전에 트윗한 예측이 빗나갔다. 혼란과 짜증이 스멀스멀 올라왔지만 나는 가까이에 있는 주변 사람들과 얘기하는 대신, 나만의 디지털 단상에 올라가 내가 하는 말을 간절히 기다리고 있을 게 분명한 수많은 사람들을 차분한 어조로 달랬다. "누가 이기든 꼭 기억하세요. 우리가 할 일은 내일부터 시작된다는 것을." 나는 이 트윗 역시 스크린샷으로 찍어서 인스타그램과 페이스북에 올렸다. **새로고침, 새로고침, 새로고침.** 좋아요 1,498개. **띵.**

수요일 새벽. 오전 2시 29분(EST 기준) 도널드 트럼프가 2016 대선 승리를 선언했다.

"어떻게 됐어요?" 기운 빠지고 우울한 마음을 안고 택시 뒷좌석에 오르는 나에게 운전기사가 물었다.

"트럼프가 이겼어요." 나는 침울하게 대답했다.

"오." 그 역시 나와 같은 목소리로 답했다. 우리는 차를 타고 가는 내내 아무 말도 하지 않았다.

나는 트위터를 열었다. 차가 맨해튼 브리지를 건너는 동안 핸드폰 키보드 위에 두 엄지를 올린 채 가만히 있었지만, 쓸 말이 도통 생각나지 않았다. 좋아요 0. 코인 떨어지는 짤랑 소리 대신 공허한 침묵과 택시 엔진 돌아가는 소리만이 가득했다.

수요일 오전. 아침에 일어나서도 나는 이 믿기지 않는 결과가 우리의 새로운 현실이라는 사실에 여전히 어안이 벙벙한 상태였다. 이런 결과를 왜 예상하지 못했던 걸까? 나는 별생각 없이 악플 폴더를 열어 스크린샷을 무심하게 스크롤했다. 그중 하나를 선택한 다음 표시된 화살표를 손가락으로 꾹 누르자 내가 그동안 받은 메시지와 댓글들이 플립 북처럼 차르르 넘어갔다. 내가 작성자 한 명 한 명에 대해 지어낸 뒷얘기들이 눈앞을 스쳐 지나갔다. 새롭게 복원한 중고차, 가족 모임, 학교, 친구 그룹.

나는 생각했다. 어쩌면 이 폴더가 미국이라는 나라를 훨씬 더 정확하게 대변하는 것일 수도 있겠어. 여기 있는 대부분의 사람은 분명 트럼프를 뽑았을 것이다. 이 사람들을 하나의 집단으로 생각했을 때 나는 화가 나고 상처받았지만 이들을 한 명의 개인으로 봤을 때는, 그래서 이리저리 흩어져 있던 소소한 신상 정보들을 씨실 날실 삼아 한 편의 소설을 썼을 때는 그들이 나와는 그저 매우 다를 뿐인 한 명의 인간으로 보였다. 이 두 가지 진실 사이에서 생각이 왔다 갔다 했다. 그들을 섬뜩한 트럼프 지지자 집단으로 여길 것이냐, 나와 똑같이 권력과 영향력으로부터 자유로울 수 없는 개인으로 여길 것이냐. 이렇게 생각하는 게 도움이 될까? 확실치 않았다.

금요일. 나는 남편 토드를 깜짝 방문하기 위해 하루 휴가를 내고 그가 재학 중인 로스쿨로 향했다. 기차 좌석에 푹 파묻혀 내다보는 창문 밖으로 뉴잉글랜드의 늦가을이 스쳐 지나갔다. 기차가 보스턴에 가까워질수록 나무는 제 옷을 벗고 점점 더 헐벗은 상태가 되어갔지만 내 머리는 딱히 명료해지지 않았다. 오히려 엉뚱한 기억 하나가 자꾸 떠올랐다.

중학교 때 한번은 아버지와 함께 로스앤젤레스로 여행을 간 적이 있었다. 오랫동안 준비하고 잔뜩 기대하며 떠난 그 여행의 목적은 영화 스튜디오 투어였다. 투어가 진행되면서 우리는 열정 넘치는 여행가이드들로부터 영화 촬영의 속임수 같은 것을 들을 수 있었는데, 그중 하나가 화면 속에서 내리는 비가 사실은 물과 우유를 섞은 액체라는 사실이었다. 물은 투명해서 화면상으로 잘 보이지 않기 때문이라고 했다. 대본 한 페이지 분량을 찍느라 꼬박 하루가 걸릴 때도 많고, 등장인물 집의 외관은 내부 세트로부터 몇 킬로미터 떨어진 곳에 있기도 하다는 점 역시 그때 알게 된 업계 지식이었다. 하지만 현재 상황에 특별히 시사하는 바가 있다고 느껴진 속임수는 따로 있었다.

어떤 장면이 엄청난 인파 한가운데서 벌어지고 있다는 착시효과를 주고 싶다면(예를 들어 시위 장면처럼), 감독은 그 장면을 찍기 위해 20,000명의 엑스트라를 동원하지 않아도 된다. 시각 특수효과까지 갈 것도 없다. 스무 명 정도의 사람을 프레임 하나에 꽉 차도록 바짝 붙여놓으면 나머지는 보는 사람들이 상상으로 다 채운다. 스무 명 남짓한 사람이 모두 시위 팻말을 든 채 빈 공간 하나 없이 빽빽하게 서 있는 장면을 보면 우리 뇌는 그들 주위에 무수히 많은 사람들이 더 있을 것이라고 자연스레 넘겨짚는다. 지금 인터넷이 똑같은 짓을 한 게 아닐까? 나는 10,000개의 좋아요가 세상 전부라는 착각에 빠져 있었던 건 아닐까? 지금껏 나는 내가 **모든 사람**들과 대화하고 있다고 생각하며 일을 해왔는데 사실은 **일부** 사람들을 향해 독백을 하고 있었을 뿐이라면?

나는 내가 설명 동영상(explainer video)을 통해 활동하는 활동가라고 생각해왔지만, 만일 그 영상을 보는 사람이 이미 내 의견에 동의하는 사람들뿐이라면 그건 사실 활동이라고 보기 어려운 것이다. 나는 지금까지의 생각과는 달리 내가 영향력 있는 사람

근처에도 가지 못한다는 사실을 겸허하게 깨달았다. 내가 영상, 트윗, 사진에서 말을 건다고 생각했던 그 모든 사람은 한정 없는 강당이 아닌 문 닫힌 방 안에 있는 것이나 다름없었다. 내가 처음으로 물꼬를 틔웠다고 생각한 대화는 사실 내 의견에 이미 동의하는 사람들끼리 하는 대화일 뿐이었다. 인터넷은 할리우드가 그러하듯 정확한 앵글로 비추기만 한다면 작은 것도 무척 크게 보일 수 있는 곳이었다. 잘 설계된 프레임 안에 스무 명 정도의 엑스트라를 바짝 붙여놓으면 그 주변은 분명 인산인해일 것이라고 사람들이 착각하는 것처럼, 팔로워 30,000명에 공유 수 200개도 세상 전체를 대변하는 것처럼 보일 수 있는 것이다. 이렇듯 그 실체를 정확하게 보게 된 이상 내가 게임판으로 되돌아가는 게 무슨 소용이 있을까? 그 코인들은 과연 어떤 가치가 있었던 걸까?

내 영상만으로 진보적 사상을 전파하는 데는 절대적으로 한계가 있었다. 말로는 대화에 더 많은 사람들을 끌어들이고 싶다고 했지만, 특히 내가 자주 다루었던 경찰 과잉진압, 트랜스젠더 혐오, 미세차별(microaggressions)과 같은 이슈에서 아직 뭐가 문제인지 잘 모르는 사람들까지도 모두 포용하고 싶다고 했지만, 과연 나는 그 일을 제대로 해내고 있던 게 맞나? 아니면 내가 골리앗을 처단하고 있다는 착각 속에 내 작은 골방에서 펼쳐지는 유명세를 즐기고 있을 뿐이었나? 사실은 스스로를 다윗이라고 정체화한 내 동료들과 전투 장면을 코스프레한 것에 지나지 않았던 걸까?

나는 이제 일부 사람들이 내게 수여해준 '활동가'라는 타이틀조차 받을 자격이 있는지 의심스러웠다. 영상에서 다룰 이슈를 결정하는 내 기준은 지금껏 인터넷에서 가장 많이 화제가 된 문제가 무엇이냐였다. 이런 나는 활동가인가, 아니면 코인 대박을 위해 유행 타는 주제의 파도를 이리저리 넘나드는 또 한 명의 플레이어에 지나지 않는가? 섬세한 논리 대신 쉽게 딸 수 있는 코인을, 복잡성 대신 단순함을 택한 나는 과연 내가 생각했던 대로 사회정의의 옹호자였나 아니면 그냥 온라인에서 그런 사람을 연기한 것뿐이었나?

내 부캐는 사고방식이 지나치게 이분법적이고 발언하는 내용 역시 너무 단순한, 캐리커처 같은 인물로 전락해서 실제 나라는 사람과는 너무 동떨어져 있었다. 하지만 이 캐릭터는 내가 어떻게 손쓸 수 없을 만큼 많은 인기를 얻었다. 이 부캐를 어찌나 오래 뒤집어쓰고 있었던지 진짜 나와 부캐는 이미 혼연일체가 된 상태였다. 나는 그의 날카로운 혀와 촌철살인이 인터넷의 소음을 뚫는다고 생각했으나, 사실은 그와 내가 그 소음에 일조하고 있었을 뿐이라는 현실을 깨달았다.

그렇다면 이제 나는 어떤 방식으로 작업해야 하는가? 이전까지 내 작업이 승리를 확신한 군대의 포효하는 함성이었다면, 이렇게 진 마당에는 무슨 소리를 내야 하는가? 정말로 아이디어가 전혀 없었던 나는 노트 앱을 열고 머릿속에 떠오르는 설익은 생각들을 일단 다 써 내려갔다.

이선이 보낸 이메일의 문장 하나가 자꾸 생각났다. **어떻게든**

네가 대화를 시작할 수 있는 방법을 찾았으면 좋겠는데 말야. 제일 먼저 시대정신으로 자주 등장하는 **공통 기반**(common ground)이란 단어가 떠오르길래 그 단어를 적으며 트럼프 지지자들과 게임을 하면서 서로의 공통 분모를 찾아가는 가벼운 웹 시리즈 같은 걸 상상해봤다. 하지만 그건 너무 단순한 감이 있었다. 그래서 다음으로 공화당원들이나 호모포비아 교회의 신자들을 찾아다니며 얘기를 나누는 라이브 투어 쇼를 생각해봤다. 나는 **나를 혐오하는 사람들**이라는 제목을 노트 앱에 입력했다. 일단 오늘은 여기까지가 내 상상력이 도달할 수 있는 전부였다.

    토요일. 일단 어떻게든 시작해봐야겠다는 생각에 나는 내 친구들 중 가장 보수주의자 축에 속하는 매트에게 전화를 했다. 여기서 '가장 보수주의자 축에 속하는 친구'라 함은 매트가 무소속을 기본 바탕으로 가끔씩 공화당 후보를 찍는 친구라는 뜻이다.

    "딜러어어어어언." 그는 대학교 1학년 때부터 내내 그러했듯 내 이름 끝 자를 부드럽게 끌며 내 전화를 받았.

    맷과 내가 마지막으로 대화를 나눈 건 예비선거가 한창이던 1년 전쯤이었다. 같이 맥주를 마시던 자리에서 그는 나와 토드에게 목에 칼이 들어와도 자기는 절대로 힐러리 클린턴을 뽑지 않을 것이라고 단언했다. 그래서 나는 그에게 물어보면 왜 트럼프를 찍기로 결심한 건지 그 이유를 들을 수 있으리라 기대했다.

    "설마 지금 진심으로 물어보는 거야? 내가 트럼프를 찍었을 리 없잖아." 그는 오히려 내가 그런 질문을 한 게 더 충격이라는 듯 답했다. 나는 안도하는 한편 실망했다. 내심 그의 답변을 통해 내 모든 의문이 정리가 되고, 또 그 과정에서 좁디좁은 일방통행로처럼 보였던 내 이념적 네트워크가 그래도 생각했던 것보다는 좀더 넓다는 믿음을 갖고 싶었기 때문이다.

매트와 인사하며 통화를 마무리하는데 문득 이런 정치 관련 대화를 게임판이 아닌 곳에서, 불특정 대중 앞이 아닌 곳에서 한 게 거의 처음이 아닌가 하는 생각이 들었다. 나는 이 느낌이 마음에 들었다.

전화를 끊고 얼마 안 있어 내 페이스북 페이지에 새 메시지가 온 것을 확인했다.

"여보쇼. 나는 트럼프 지지자요. 댁 영상을 봤는데 혹시 나랑 대화해볼 생각 없어요? 서로 큰소리 내지 않고 차분히 대화하는 게 우리 둘 모두에게 정말 좋을 것 같아서."

뭔지는 모르지만 분명 어떤 변화가 일어나고 있었다. 그래서 나는 이 남자를 스튜디오로 초대해 인터뷰해보면 어떨까 하는 생각을 머릿속에서 굴려보았다. 하지만 그의 프로필에 공개된 정보가 거의 없음을 확인하자 두려움이 몰려왔다. **이게 함정이면 어떡해?** 상대편 진영의 사람과 대화한다는 이 아이디어는 어쩌면 판타지에 불과한 것일 수 있어.

일요일. 뉴욕 시로 되돌아가는 기차 안에서 나는 매트와 얘기를 나눈 게 얼마나 기분 좋았는지, 하지만 동시에 나에게 메시지를 보낸 트럼프 지지자와 실제 교류한다는 생각에 내가 얼마나 겁을 집어먹었는지 되새겼다. 이념이 '다른' 사람과 평소에 교류도 없어, 그런 사람이 먼저 연락을 해왔는데도 모르는 사람이라 겁먹어서 대화도 못 해, 이런 내가 무슨 수로 '반대편 진영'과 대화를 할 수 있을까? 나는 주변 지인 중에 같이 얘기해보고 싶은 트럼프 지지자가 있는지 곰곰이 생각해봤는데, 머릿속은 그저 백지장이었다.

6. 오류

대선 이후 두 달 동안 나는 계속 영상을 만들었다. 그 과정에서 계속해서 코인도 모으고 악플 폴더도 착실하게 불려 나갔다. 한편으로는 여전히 노선을 틀고 싶어하는 내가 있었지만, 다른 한편으로는 고장 나지 않은 걸 왜 고치나 하는 나도 있었다. 코인은 착착 쌓이고 있었고 내가 하는 일도 순탄하게 진행되는 듯 보였다.

12월 30일, 오늘 밤은 다른 무대에 출연하는 날이었다. 이번에는 내 친구 조쉬가 연출하는 무대였다. 나는 오늘 올릴 공연의 주제를 정하기 위해 그가 보낸 초대 메일을 다시 한번 읽었다. "올해 일어난 '좋은' 일에 대해 코미디언들이 얘기하거나 발표하는 무대야. '올해의 긍정적인 일 회고' 같은 거라고나 할까. 길이는 5~7분 사이. 생각 있어??? 잘 지내, J."

좋은 일이라. 이 무대에 적합한 소재로 무엇이 있을지 내 무기고를 머릿속으로 훑으면서 나는 생각했다. 하지만 어떤 아이디어가 떠오르든 결국엔 모두 조쉬로 귀결됐다. 다른 조쉬. 악플 폴더에 있는 조쉬. 이번이야말로 그 슬라이드쇼를 마지막으로 공연할 완벽한 기회 같았다. 그러자면 이번에는 실제로 베스트 바이 직원에게 반드시 전화를 걸어야 했다. 그리고 이게 정말 슬라이드쇼로 하는 마지막 공연이라면 무대 실황을 영상으로 남기는 게 좋겠다고 생각했다.

슬라이드쇼의 소셜미디어 데뷔를 위해 나는 조쉬의 파일을 꼼꼼하게 검토하고, 그의 성을 지우고, 개인정보를 숨기고, 모든 얼굴을 블러 처리했다. 다만 그가 베스트 바이에서 일한다는 정보는 그대로 두기로 했다. 전국에 직원만 125,000명인 기업에 다닌다는 사실을 공개하는 게 크게 무리라고는 생각되지 않았기 때문이었다. 나는 그가 일한다는 베스트 바이 지점의 매니저에게 실제로 연락하는 방법을 생각해냈는데, 그건 바로 영업시간에 전화를 거는 천재적인 발상이었다.

"베스트 바이에 전화해주셔서 감사합니다!" 백주 대낮에 누군가 전화를 받았다.

"아, 안녕하세요." 드디어 진짜 사람 목소리에 대고 말을 한다는 사실에 살짝 놀란 나는 말을 더듬었다. 지금 이 상황을 오늘밤 관객들에게 들려주고 싶었던 나는 대화가 잘 녹음되고 있는지 확인했다. "음, 거기 직원 중 한 분에게 그냥 메시지를 남기고 싶어서요. 어, 이름이 조쉬라고 했던 것 같은데요? 음, 그러니까, 그분이 지난번에 매장에서 저를 도와줬거든요. 아주 친절하셨는

데, 그분에게 계속 그렇게 사람들을 친절하게 대해달라고 전해주셨으면 좋겠습니다."

"너무 좋은 말씀 감사합니다." 직원이 답했다.

그렇게 매장에 연락을 하고 나니 이상하게 시원섭섭한 느낌이 밀려왔다. 이런 전화를 하는 건 이번이 마지막일 텐데, 내가 심지어 알지도 못하는 이 사람, 나를 '병신'이라고 부르고 내 섹슈얼리티를 '죄'라고 알려준 이 사람이 왠지 모르게 벌써부터 그리운 느낌이었다.

나는 무대에 올랐고, 슬라이드쇼는 이번에도 똑같이 히트를 쳤다. 관객들은 내가 의도한 지점에서 웃었고, 내가 의도한 지점에서 깜짝 놀랐으며, 내가 조쉬의 프로필을 넘기며 보여줄 때는 귀엽다는 듯 탄식했다. 1월 2일, 나는 이 영상을 페이스북과 유튜브에 올렸다.

영상의 제목은 '내 트롤*들에게 공감을'(Empathy for My Trolls)이라고 지었다. **게시. 이젠 안녕, 조쉬.** 나는 생각했다. **네 매니저가 이 메시지를 전해줄 때 네 표정을 볼 수 있었으면 좋았으련만.**

그날 저녁 핸드폰 알림이 울렸다. "페이지에 새 메시지가 있습니다." 나는 성실한 사용자답게 바로 메시지를 확인했다.

"내 페이스북을 뒤져서 내가 우울할 때 쓴 글들을 그렇게 다 떠벌린 게 정말로 좋은 아이디어라고 생각한 건가? 평화와 사랑

---

* 북유럽 신화에 나오는 괴물로 미국에서 악플러를 지칭하는 말. 이하 각주는 모두 역자가 덧붙인 것이다.

을 추구한다는 사람이? 이건 그냥 당신이 위선자라는 걸 보여줄 뿐이야."

조쉬가 보낸 메시지였다. 나는 얼어붙었다.

영상을 어떻게 본 거지? 나는 생각했다. 그리고 내가 놀랐다는 사실에 놀랐다. **당연히 영상을 봤겠지! 어떻게 안 봤을 거라고 생각한 거야?**

그 순간 내가 발견한 건 게임의 작은 오류, 게임 설계자들이 예상하지 못한 허점이었다. 지금껏 내내 나는 조쉬가 감정을 지닌 살아 숨 쉬는 인간이라는 사실을 잊고 있었다. 조쉬가 감정을 지닌 살아 숨 쉬는 인간임을 보여주는 슬라이드쇼를 공유하면서도 말이다. '내 트롤들에게 공감을'을 공연하느라 정신이 팔려서 실제로 공감하는 걸 잊고 있었다. 하지만 애초에 조쉬가 그런 메시지를 보낸 것 역시 **내**가 감정을 지닌 살아 숨 쉬는 인간임을 잊어서 그랬던 거 아닌가? **그 애도 내가 인간이라는 생각을 까먹은 거 아니냐고?**

이 작은 오류를 통해 나는 드디어 그전까지 보지 못했던 것을 보게 됐다. 내가 대선 이후 씨름하고 있던 모든 게 지금 눈앞에서 분명하게 드러나고 있었다. — 바로 인터넷은 현실을 왜곡한다는 사실이었다. 이건 나만이 아닌 모든 사람에게 통하는 진실이었다.

우리는 상대를 있는 그대로 본다고 생각하지만, 실제로는 그렇지 않다. 매일 스쳐 지나가는 사람의 수가 절대적으로 많다 보니 모든 사람을 아주 단순하고 납작한 존재로 압축시킬 수밖에 없다. 프로필 사진과 소개 글에 나와 있는 정보 몇 개를 보고 그 사람을 안다고 생각한다.

우리는 우리가 온라인에서 만나는 사람을 잘 안다고 생각하지만, 사실은 그렇지 않다. 프로필 사진 너머에 존재하는 그 사람의 진짜 삶을 보지 못한다. 그 삶을 상상하는 데 아무리 오랜 시간을 바친들 그러하다.

우리는 자기 자신을 있는 그대로 드러내고 있다고 생각하지만, 사실은 그렇지 않다. 우리는 실제보다 더 유명한 사람인 것처럼 부풀려질 수 있고, 속마음과는 달리 공격적인 사람처럼 비칠 수 있으며, 본심은 그렇지 않아도 겉으로는 무관심해 보일 수 있다. 인터넷에서 우리는 일부 특징만 과장되게 강조되고 나머지는 죄다 생략되는 일종의 캐리커쳐로 존재한다.

우리는 우리가 모든 걸 보고 있다고 생각하지만, 사실은 그렇지 않다. 우리가 보는 대부분의 콘텐츠는 '이게 당신이 보고 싶은 것이지' 하며 알아서 먹을 것을 떠먹여주는 신비한 알고리즘에 의해 좌우되며, 이 알고리즘 자체는 SNS상에서 실제 활동한 개인의 기록과 기득권 세력이 주입하고 싶어하는 내용이 서로 복잡하게 얽힌 수식을 바탕으로 한다.

우리는 우리가 모든 사람을 보고 있다고 생각하지만, 사실 우리가 보는 건 할리우드 스튜디오에서 촬영된 눈속임 군중 신이다. 몇 명 안 되는 사람을 프레임 하나에 빼곡히 세워두기만 하면 나머지는 우리 뇌가 자동으로 채워 넣는다.

나는 내가 게임에 직접 참여하고 있으므로 이 왜곡을 꿰뚫어볼 수 있다고 생각했으나 실은 왜곡을 증폭시키는 데 일조하고 있었다. 내가 무턱대고 따랐던 모든 규칙은 인터넷 세계의 뒤틀림을 더 강화했고, 유행하는 주제를 강박적으로 좇는 건 집단사고를 굳히는 데 한몫했다. 이 짧은 영상들을 만들 때 나는 자주 필요한 맥락을 지우고 내용을 가장 단순하고 공유하기 쉬운 형식으로 앙상하게 축소시켰다. 내 진짜 목소리는 꼭꼭 숨긴 채 훨씬 공격적이고 날 선 목소리를 흉내 내 못된 부캐, 거짓 나를 만들었다. 나와 의견이 다른 사람을 '적'으로 상정하고 그들을 몇 개의 단순한 특징으로 납작하게 규정했다. 하지만 더 최악인 것은 그렇게 그들을 배척하다 보니 꼭 같이 대화해보고 싶었던 주제들에 대해 정작 얘기할 기회가 없어졌다는 것이다. 또한 나는 끊임없이 무언가에 대한 의견을 개진했으나 사실 제대로 귀 기울여 듣는 건 하나도 없었다. 소음만 웅성웅성 울리는 강당에 또 하나의 소음을 얹고 있을 뿐이었다. 결국 이 모든 것은 미묘하고 복잡한 차원을 대화와 인간관계에서 제거해버리는, 이분법적이고 지나치게 단순화된 세계관을 고착화시키는 데 일조했다. 우리는 더 이상 한 개인이 아닌, 현금화할 수도 없는 가짜 포인트를 얻기 위해 전쟁에 나선 실체 없는 홀로그램이었다.

  나는 인터넷의 목적이 갈등 완화가 아니라는 사실을 그제야 깨달았다. 오히려 인터넷은 갈등을 더 끌어내기 위해 만들어진 시스템 같았다. 나는 게임에서 이기면 대화를 본격적으로 시작할 수 있으리란 생각으로 게임에 깊이 몰두했다. 하지만 게임판 자체의 비정한 생리에 이 게임을 향한 나의 맹목이 더해지면서 나는 내가 대립각을 세우며 싸우는 상대가 인간임을 잊게 됐다. 내가 인간이라는 사실 역시 잊었다. 부지불식간에 나는 내게 상처 줬던 사람을 상처 주고 말았다. 내가 골리앗이 된 것이다.

그리하여 나는 스스로에게 물었다. **이것으로 무엇을 만들 수 있을까?**

> >> 2장 <<<

대화는 함께 추는 춤이다

안돼 안돼 안돼 안돼 안돼 안돼 안돼. 그 순간 든 생각은 오로지 '안 돼'뿐이었다.

미세하게 떨리는 두 손이 노트북 키보드 위에 명령 대기 자세로 굳어 있었으나 정작 명령을 내려야 할 지휘 본부인 뇌는 얼이 빠진 상태였다.

저리 가! 네가 날 아는 체하면 안 되지!

뇌에서 조리 있는 지침이 내려오지 않자 내 손가락은 지들끼리 알아서 움직였다.

"안녕하세요, 조쉬." 손가락들이 달각거리며 키보드를 두드렸다.

몇 초 후, 조쉬의 입력중 말풍선이 떴다. 나는 작은 점 세 개가 부드럽고 리드미컬하게 위아래로 오르내리는 걸 지켜봤다. 이건 마치 그의 다음 메시지를 '기대하시라'며 흥을 돋우는 바람잡이 같았다. 드디어 입력중 표시가 사라지고 그의 메시지가 화면에 나타났다.

"안녕하세요, 딜런. 반갑습니다."

여기서 사실 나는 반갑지 않다고 솔직하게 말해야 하나? 내 악플 폴더에 얌전히 봉인돼 있던 사람이 갑자기 받은메시지함에 다시 등장해서 내가 지금 살짝 공황이 온 것 같다고 말해야 하나? 물론 내가 그 영상을 인터넷에 올린 건 맞지만 그래도 그가 그걸 진짜 볼 것이라고는 추호도 생각하지 못했다는 걸 말해야 하나? 그러나 감사하게도 내 손가락들은 다시 한번 자기들끼리 알아서 움직였다.

"저도요. 이렇게 연락해줘서 정말 기쁘네요." **전송.**

"연락받고 놀라긴 했는데, 그래도 반가요." **전송.**

오타가 있었지만 그냥 무시했다.

"영상 보고 기분 나빴어요?" **전송.**

"절대 기분 나쁘라고 만든 게 아니거든요." **전송.**

입력중 말풍선이 다시 나타나 특유의 촐랑거리는 움직임으로 나를 조롱했다.

"다행이에요." 조쉬가 답했다. "메시지 보내주셔서 감사합니다. 영상에 대해 얘기하고 싶었거든요. 기분이 나빴다기보다는 좀 쪽팔렸다고나 할까."

"조쉬라는 걸 알아볼 수 없는 영상인데도요?" 이제는 내가 혹시 그의 개인정보 중에 블러 처리를 빼먹은 게 있나 싶어 걱정되기 시작했다.

"아닌 거 알아요. 하시는 일 멋지다고 생각해요."

나는 이 말이 대체 무슨 뜻인지 해독에 나섰다. **지금 무슨 소리야? 뭐가 아닌 걸 안다는 거지? 자기인 걸 알아보지 못하는 게 아니라는 거야? 말이 안 되는데.** 그러다 그가 보낸 메시지들을 거슬러 올라가던 중 이 말이 "절대 기분 나쁘라고 만든 게 아니었다"는 내 말에 대한 답임을 알게 됐다.

"그리고 제가 그 영상에서 완전히 못 알아볼 정도는 아닌 듯요." 조쉬가 계속 메시지를 보냈다. "이 영상 다른 사람이 저한테 보내준 거예요. 누군가 동영상 속 사람이 저라는 걸 알아보고 메시지를 보냈어요. 그런 사람이 한둘이라는 보장이 없잖아요?"

"내가 영상을 내리는 게 좋겠어요?" 나는 머릿속에 떠오른 유일한 해결책을 제시했다.

"솔직히 저도 잘 모르겠어요. 하신 지적들이 꽤 일리가 있어서 저도 생각이 좀 바뀌긴 했거든요. 전 그냥 제가 받았던 메시지 같은 게 더 오지만 않으면 좋겠어요. 찐 악플이어서."

진한 죄책감이 가슴에 내려앉았다. 악플을 다룬 내 영상 때문에 이제는 조쉬 본인이 악플을 받고 있었다. 죽지도 않고 또 오는 악플 같으니.

"조쉬가 악플을 받아서는 안 되죠. 설마 당신을 알아보는 사람이 있을 거라고는 진짜 상상도 못 했어요." 그런 다음 나는 영상을 내려주길 원하냐는 주제로 되돌아가서 "답은 천천히 생각한 다음에 알려줘도 됩니다"라고 메시지를 보냈다.

"뭐에 대한 답이요?" 그가 어리둥절해하며 물었다.

서로 문자를 보내는 속도가 너무 빨라 상대의 질문에 대한 답을 하기도 전에 다음 질문이 올라오며 생긴 혼선이었다.

"내가 영상을 내렸으면 좋겠는지에 대한 답이요. 이 문제는 조쉬에게 맡길게요. 어떤 결정을 내리든 존중하겠습니다." 메시지를 입력하는 손가락이 잠시 버벅댔지만 점차 다시 뇌와 동기화되었다.

"제안 하나 해도 돼요?" 그가 물었지만 나는 그가 악플을 받았다는 데 꽂혀 내 할 말만 계속했다.

"아이러니한 게 조쉬도 내 영상 보면 알겠지만 나도 악플을 많이 받았거든요. 그래서 당신은 악플 같은 거 안 받았으면 좋겠어요. 그거 기분 더럽거든요." 그러다 제안을 하고 싶다는 그의 말을 보고 "그럼요, 얼마든지요"라고 답했다.

"알아요." 그가 답했다.

'안다'니 뭐를? 제안해도 되는 걸 안다고?

"제가 했던 말 엄청 후회돼요. 제 잘못이에요." 그제야 나는 그가 영상을 보고 내가 악플을 많이 받는다는 걸 알았다는 뜻으로 한 말임을 이해했다. 이 메시지 교환에는 실시간 해독기가 필요했다.

"너무 자책하지 말아요. 조쉬가 사과한다면 저는 전적으로 그 사과 받겠습니다." 타이밍 엇박자로 서로 무슨 얘기를 하는지 점점 헷갈리는 상황을 바로잡기 위해 나는 방금 얘기하던 주제를 다시 끌어왔다. ㅡ"(어떤 제안이든 환영요.)"

입력중 말풍선이 다시 나타났다. **뭘 제안한다는 걸까? 나한테**

베스트 바이에 다시 전화해달라고 하려나? 내 직원 평이 좀 건성이었나? 혹시 해고당했나?

"그 영상 내리는 대신 혹시 (스카이프로) 저랑 같이 영상 하나 더 만드는 거 어때요? 그러면 내가 하고 싶은 말을 할 수 있을 것 같은데."

"100퍼센트 가능하죠"라는 말이 그냥 자동으로 튀어나왔다. 어떻게, 언제, 어디서 같은 문제는 일단 제쳐두고 나는 일단 가능하다고 말했다. 내가 2016년 대선 후폭풍에 시달리며 '반대편' 사람들과 대화해보면 어떨까 하고 머릿속으로 대강 생각해본 설익은 토크쇼 콘셉트가 갑자기 눈앞에서 구체화되고 있었다.

"그리고 할게요." 그가 말했다. **뭘 한다는 거야?** "그런 말 했던 거 죄송합니다. 당신은 정말 좋은 사람이에요." **아하, 사과한다는 거군. 착한 사람이네.**

그가 또 메시지를 보냈다. "정말요?" 이제 이 메시지 스레드는 공식적으로 상급자 레벨의 퍼즐이 되었다.

"조쉬 당신도 좋은 사람이에요." 나는 일단 그가 먼저 보낸 메시지에 대한 답을 하고, 두 번째 말에 응했다. "네, 정말로요."

"언제 했으면 좋겠어요?" 그가 물었다.

"이번 주 어때요." 영상 거리가 될 만한 것이면 무엇이든 낚아채고 보는 사람으로서 나는 이 영상을 최대한 빨리 찍고 싶었다.

"저는 좋아요. 5시 이후면 언제든 가능합니다(뮤지컬 리허설이 있어서요)." 나는 **'그쪽 뮤지컬 리허설 있는 거 알아요'**라고 말하고 싶어 손이 근질근질했지만 거기까진 참았다.

"영상 찍기 전에요, 스카이프든 전화로든 먼저 같이 얘기해볼 수 있나요. 아무 대화도 없이 바로 영상 찍기가 좀 그래서."

"하하하 당연히 되죠. 내가 올리는 영상은 전부 게스트랑 사전 인터뷰를 진행한 다음에 만든 거예요."

시간을 정하기 전에 조쉬가 물었다. "그런데, 그 많고 많은 악플 중에 왜 제 것이 눈에 띈 건가요?"

"나는 악플을 받으면 보통은 꼭 보낸 사람을 확인하거든요. 수위가 정말 말도 못 할 때가 있어서." 나는 대답을 하면서도 악플 폴더에 있던 사람과 악플 폴더 작성 방식에 대해 얘기하는 이 상황이 어찌나 비현실적인지 어이가 없었다. "근데 조쉬가 메시지를 보냈을 때는 당신이 학교 뮤지컬을 한다는 걸 알고(나도 뮤지컬 했거든요), '어, 그런데 이 친구는 꽤 쿨하고 멋지네'라고 속으로 생각했던 게 기억나요."

"내 페이스북에서 굳이 그 글을 고른 이유는 뭐예요?" 그가 가리킨 건 내 슬라이드쇼의 마지막을 장식했던 게시물들, 즉 같이 놀 사람을 구했던 글, 극장에 간 글, 외로움을 토로한 글이었다.

"예전의 내가 떠올랐거든요. 당신이 정말 진솔하고 진정성 있는 좋은 사람이라는 게 보였어요."

"이 말은 해야겠어요. 〈도리를 찾아서〉는 정말 눈물 없이 볼 수 없는 영화였다고요." 그가 말했다.

"조쉬, 나도 그 영화 보고 정말 눈알이 빠지도록 울었어요. 딱 그거 보고 우리가 꽤 비슷한 사람들이라고 생각했어요."

"그러면 우리 내일 몇 시에 할까요?"

✥

저녁 5시 55분. **딱 5분 남았네.** 나는 내 컴퓨터 모니터의 디지털시계를 뚫어져라 쳐다보면서 마지막 동료가 퇴근하기를 초조하게 기다리고 있었다. 노트에서 북 찢어낸 눈앞의 종이 한 장에는 조쉬의 전화번호가 적혀 있었다. 혹시나 그의 메시지가 삭제되는 만일의 사태에 대비해 마커로 급하게 휘갈겨 쓴 것이었다.

"내일 봐요!" 마지막 퇴근자를 향해 인사하는데 긴장을 숨기느라 목소리가 살짝 갈라졌다. 내가 조쉬와 통화할 예정이라는 걸 토드 말고는 아무도 몰랐다. 오프라인에서 만난 그가 어떤 사람일지 몰라 무서운 마음이 반, 이 대화의 향방이 기대돼서 신나는 마음이 반이었다. 지난 대선 이후 나는 내가 공개적으로 드러내는 목소리와 일에 접근하는 방식을 의식적으로 다시 생각해보는 시간을 가졌다. 나는 옛날부터 나와 생각이 다른 사람들에게 다가가고 싶었다. 그저 그 방법을 찾지 못했을 뿐이다. 어쩌면 이것이 첫 번째 발걸음이 될지도 몰랐다.

저녁 5시 59분.

나는 책상에서 일어나 이번 통화를 위해 예약한 작은 회의실로 향했다. 나는 박진감 넘치는 영화 클라이맥스에서 헬리콥터 추격을 피하려고 고층빌딩을 기어오르는 액션 스타가 된 마음으로 벽에 바짝 붙어 회의실까지 갔다. 물론 나는 핵무기 폭발로부터 인류를 구하라는 임무를 받지 않았다. 그냥 전화하러 가는 길일 뿐이었다.

딜런, 진정해.

마침내 회의실에 도착했다. 작은 부스처럼 생긴 이 공간의 맞은편에는 영상, 조쉬가 '너만에 생각'이라고 부른 바로 그 영상을 찍는 스튜디오가 있었다.

푹신한 소파에 자리를 잡고 앉자 걱정이 밀려왔다. **나 지금 속고 있는 건가? 조쉬가 사실은 내가 알고 있는 그 사람이 아니라면?** 덜컥 엉뚱한 생각이 비집고 들어왔다. **이 사람이 진짜 사람은 맞나?** 당시는 봇[bot]이라는 개념이 막 등장해 공론장에서 서서히 언급되고 있던 때였다. 이제 내 머릿속은 조쉬가 사실은 인간이 아니고, 감쪽같이 인간처럼 보이도록 전문가가 짠 복잡한 코딩 프로그램이며, 그 프로그램이 자연스러운 오타며 감정까지 다 흉내 내고 있는 것일지도 모른다며 요동쳤다. 하지만 대선 이후 내게 먼저 메시지를 보내온 그 트럼프 지지자와 차마 대화를 못 했던 건 바로 이 두려움 때문이었고, 내가 나만의 골방 밖으로 과감히 나갈 결심을 한 이상 오늘은 그때와 똑같은 두려움에 져서는 안 됐다.

다시 한번 나는 손가락을 억지로 움직여 전화번호의 첫 세 자리를 눌렀다. 이 지역코드는 내가 한 번도 눌러본 적이 없는 숫자였는데, 이 말은 곧 그가 지금 사는 지역이 내가 한 번도 가본 적이 없는 곳이라는 뜻이었다. 나는 나머지 번호를 다 입력하고 통화 버튼을 눌렀다.

따르릉. 심장이 목구멍으로 튀어나올 것 같았다.

따르릉. 그의 번호가 적힌 종이가 식은땀으로 젖은 손안에서 구겨져 있었다.

따르-

"여보세요?" 목소리가 내가 예상했던 고3 목소리보다 훨씬 더 굵었다.

"안녕하세요, 전화 받으시는 분이 조쉬 맞나요?" 혹시 내가 전화를 잘못 건 게 아닌가 싶어 물었다.

"네, 맞습니다."

"아, 안녕하세요. 다행이네요. 반갑습니다, 조쉬. 어. 저는 딜런 매론이라고 합니다. 아, 지금, 지금 통화 괜찮으신 거 맞나요? 그러니까 시간 괜찮으세요?"

"네, 괜찮습니다." 그가 지금까지 소리 내어 말한 건 달랑 세 문장에 불과했는데도, 나는 그의 차분하고 성숙한 면모를 벌써부터 알아차릴 수 있었다.

잠시 정적이 흘렀다. **네가 말할 차례야.** 침묵이 나를 떠밀었다. 하지만 무슨 얘길 꺼내야 할지 도통 알 수가 없었기 때문에 나는 이게 맨날 하던 대화인 척, 친구들끼리 흔히 하는 안부 인사인 척 말을 꺼냈다.

"오늘 어떻게 지냈어요?" 나는 조쉬가 학교에서 돌아온 뒤 대화하는 게 우리의 평소 일과인 양 물었다. 여기서 나는 그가 숙제하기 전에 먹을 간식을 뚝딱 만들어주는 역할인 거다. 나는 순간 내가 너무 나갔다는 생각에 움찔 놀랐다.

"괜찮았어요."

"다행이네요. 당신이랑 이렇게 얘기할 수 있어서 좋아요."

스몰 토크로 서로를 탐색한 우리는 한결 편해진 마음으로 천천히 말을 이어 나갔다. 그의 고등학교 뮤지컬 얘기가 나왔을 때는 나 역시 고등학교 때 연극부 활동을 했다는 걸 털어놓았다. 나는 내가 뮤지컬 재능이 전혀 없는 사람이었기 때문에 뮤지컬이 언제나 좀 어려웠다고 고백하면서, 그래도 노래 실력은 없는 대신 근거 없는 자신감과 중급 정도의 탭 댄스 실력이 있어 버틸 수 있었다고 말했다. 우리는 〈도리를 찾아서〉가 진정 눈물 빼는 영화라는 데 다시금 동의했고, 나 역시 토드와 극장에서 그 영화를 봤을 때 눈이 빠지게 울었다는 사실을 다시 한번 언급했다.

우리가 완전히 새로운 얘기를 한 건 아니었다. 우리는 어젯밤 페이스북 메신저로 나눈 얘기를 또 했다. 하지만 오늘은 키보드가 아닌 우리의 진짜 목소리로 대화를 나눴고, 덕분에 나는 그가 멈칫하며 주저하는 모든 순간을 알아차릴 수 있었다. 이건 사람을 왠지 불안하게 만드는 입력중 말풍선보다 훨씬 더 그에 대해 많은 걸 알려줬다. 나는 조쉬가 언제 긴장하는지, 언제 자신 있어 하는지를 느낄 수 있었다. 그의 남부 악센트를 듣고 있으면 내가 그의 고향에 서 있는 것 같았고, 모음을 길게 끄는 말투는 그가 사는 지역을 바로 떠올리게 했다. 천천히 또박또박 말하는 그의 억양은, 훨씬 빠르고 톤이 높아 초조한 기색이 다소 묻어나는 내 말투와 극명히 대조됐다. 그는 말이 느긋한 반면 나는 급하고 빨랐다. 이제 우리는 상대의 **음**과 **어** 같은 소리나 말을 더듬는 순간을 포착할 수 있었는데, 이건 모두 지금까지 백스페이스키를 몇 번 누르면 지워지는 것들이었다. 무엇보다 중요한 건 우리가 더 이상 타이밍이 맞지 않는 질문과 답으로 서로 어리둥절하지 않아도 된다는 점이었다. 이제는 함께 리듬을 찾아갈 수 있었다.

조쉬의 목소리를 듣자 그가 어떤 사람인지 훨씬 정확하게 그려졌고, 이렇게 이미지가 뚜렷해지자 그는 더 이상 저 멀리 떨어져 있는 적이 아닌, 이건 좀 이상하게 들릴 수 있는데, 새로 사귄 친구같이 느껴졌다. 내가 악플 폴더 세입자들을 떠올리며 지금껏 써왔던 뒷얘기에서 빠져 있던 요소가 사람 목소리였을까? 2년 묵은 프로필 사진과 일련의 게시물들을 하나로 연결할 수 있는 고리가 사람 목소리일까?

얘기를 하다 보니 생물 인류학자 레슬리 셀쳐$^{\text{Leslie Seltzer}}$ 박사의 연구를 읽었던 게 생각났다. 스트레스 호르몬인 코르티솔^{cortisol} 수치를 낮추는 데 전화 통화와 포옹이 동일한 효과를 내며, 역시 통화와 포옹 모두가 '사랑의 호르몬'인 옥시토신을 나오게 한다는 내용이었다. 물론, 셀쳐 박사의 이 실험은 사춘기 전 여아와 그들의 엄마를 대상으로 실시된 것이었다. 하지만 지금 조쉬와 통화를 하다 보니 우리가 이 연구에 새로운 실험군을 하나 제시한 것 같은 기분이 들었다. 당연히 개인적인 일화에 불과한 것이긴 하지만 한때 인터넷 적이었던 사람에게도 똑같은 현상이 일어난다는 걸 입증할 수 있을 듯했다.

"고등학교 다니는 거 좋아요?"

"욕해도 돼요?" 그가 거꾸로 질문했다.

처음에는 이게 농담인 줄 알았지만 그가 전혀 웃음기를 보이지 않길래 그제야 그가 정말 내 허락을 구하고 있다는 걸 알아차렸다. "그럼요."

"존나 짜증 나요." 기가 한풀 꺾인 슬픈 목소리로 그가 말했다. 메시지를 교환하며 그를 글로만 만났다면 절대 듣지 못했을 목소리였다.

"이런." 여기서 마가 뜨면 안 된다는 생각에 말이 본능적으로 나왔다.

"제가 괴롭힘을 많이 당하거든요." 잠시 뜸을 들인 조쉬가 고백했다.

"그거 어떤 기분인지 잘 알아요." 이렇게 말하는데 스페인어 수업에서 필기 중이던 나를 향해 머리 쪽으로 책을 던졌던 상급생 남자애가 생생하게 떠올랐다. 책을 던진 게 누군지 확인하려고 뒤돌아보자 그 아이는 웃음을 참느라 광대가 솟은 얼굴을 하고 옆자리 친구와 명중을 자축하며 책상 아래에서 하이파이브를 하고 있었다. 나는 다시 조쉬에게로 주의를 되돌렸다.

잠시 정적이 흘렀고 나는 이 기회를 빌려 조쉬가 보낸 메시지의 마지막 문장을 꺼냈다. "근데, 게이인 게 죄라고 생각하나요?"

"네. 저는 그렇게 믿어요. 다만 기독교인으로서 그런 식으로 얘기하면 안 되는 거였는데. 기분 상하셨다면 죄송합니다."

내가 여기에 뭐라고 답해야 하나? 아마 영상에 등장하는 부캐 딜런이었다면 그의 이런 생각을 가차 없이 공격했을 것이다. 날카로우면서도 논리정연한 반박을 통해 조쉬와 그의 호모포비아적인 발언 모두를 뼈도 못 추리게 잘근잘근 밟아줬을 것이다. 하지만 나는 지금 카메라 렌즈를 노려보며 내 많은 팬들을 향해 애기하고 있는 게 아니었다. 내 말이 향하는 곳은 조쉬 한 사람이었고, 그가 마침 한 말이 내가 잘근잘근 밟아버리고 싶은 유의 발언이었을 뿐이었다. 그는 더 이상 추상적인 개념도 아니고, 보수주의 혹은 호모포비아 혹은 시대에 뒤떨어진 기독교의 대변자도 아니었다. 그저 그렇게 배운 한 개인에 불과했다.

지금 이 자리에는 구독자도 없고, 녹화도 없었다. 이건 그냥 우리 둘만을 위한 단독 공연이었다. 나는 인기 많고 냉소적인 부캐가 아니었고, 조쉬 역시 나를 병신이라고 부른 프로필 사진이 아니었다. 이제 그는 살아 있는 목소리, 자기가 고등학교에서 괴롭힘을 당하고 있다고 방금 고백한 목소리, 그래서 옛날의 나를 떠올리게 하는 목소리였다. 서로 비슷한 구석이 있다고 해서 그의 행동이 용인되는 건 아니었지만 그래도 나는 이제 그가 인간임을 안 본 셈 칠 수 없었다. 그를 둘러싼 이 모든 사실, 즉 그가 내게 한 말 외에도 그가 어떤 사람이고 어떤 걸 경험한 사람인지까지도 모두 참작해야 했다.

내가 뭐라고 대답해야 해?

"아." 운을 뗀 나는 말했다. "그렇게 말해줘서 고마워요." 그리고 덧붙였다. "우리 남편이 신학대학을 나왔어요. 한동안 목사가 될 생각을 했었죠. 기독교이면서 퀴어인 사람들도 무척 많아요."

"아까 말씀드린 게 제 믿음이에요."

"그래요." 나는 부드러운 말투로 대답했다. 영상 속 딜런이라면 내가 조쉬를 한 대 쥐어박지 않는다고 열받아야 할 게 틀림없었다.

"저기, 잊어버리기 전에 물어보고 싶은데." 내가 화제를 돌리며 물었다. "베스트 바이에서 당신 매니저가 내 메시지 전해줬어요?"

조쉬가 막 웃더니 한숨을 쉬었다. "실은요, 저 베스트 바이에서 일 안 해요. 프로필 만들 때 베스트 바이가 그냥 좀 멋져 보여서 쓴 것뿐이에요."

"뭐라고요?" 나는 폭소를 터트리며 내 전화를 끊은 뒤 머리를 긁적였을 그 불쌍한 매니저를 생각했다.

이 대화는 내게 뜻밖의 놀라움을 안겼다. 그래서 여기에서 그치지 않고 다음 레벨로 넘어가고 싶었다. 조쉬와 서로 얼굴을 보며 얘기해보고 싶어진 것이다. 그리고 그 대화를 영상으로 만들고 싶었다. 포인트를 모을 수 있어서가 아니라, 지금 이 순간 무슨 일이 벌어지는지 다른 사람들에게 진심으로 보여주고 싶었기 때문이었다. 이게 그렇게 무서운 일이 아니라는 것, 이 통화에 실제로 희망찬 무언가가 있다는 사실을 알려주고 싶었기 때문이었다. 지난밤 조쉬와 페이스북 메시지를 주고받을 때 같이 영상을 만들자던 조쉬의 제안에 내가 본능적으로 그러자고 동의하기는 했으나, 사실 그 그림이 구체적으로 떠오르지는 않았었다. 하지만 드디어 그 그림이 보였다.

"조쉬, 그 영상 만들고 싶은 마음 여전히 유효해요?"

✦

"안녕하세요, 딜런 매론입니다. 오늘 저는 제게 악플을 달았던 사람과 함께 헛소리를 격파할 예정입니다." 카메라를 정면으로 바라보고 있는 내 머리 위로 녹화 스튜디오의 환한 조명이 강하게 떨어졌다. Seriously.TV의 영상 제작 스태프인 더스틴은 카메라 뒤에 조용히 서서 카메라 모니터의 색상 레벨에 눈을 고정하고 있었고, 제작 보조인 앨리슨은 스튜디오의 의자에 꼿꼿하게 앉아 모든 게 잘 진행되고 있는지 매의 눈으로 살폈다.

때는 2017년 3월, 조쉬와 내가 처음으로 통화를 한 지 두 달도 훨씬 지난 지점이었다. 원래 이 영상은 통화를 마친 뒤 며칠 안에 찍을 예정이었으나 내가 제작 준비에 박차를 가하고 있던 사이 그가 겁을 먹어버렸다. "저희 영상 찍는 거 한 1, 2주만 미뤄도 될까요? 좀 다각도로 생각해보고 싶어서요." 그가 내게 메시지를 보냈을 때는 스튜디오 예약이 이미 완료된 상태였다. 나는 내가 불도저처럼 밀어붙인 게 혹시나 그를 주춤하게 만들었나 싶어 그가 준비될 때까지 기다려주었고, 몇 달 후 그가 오케이 사인을 보냈을 때 다시 바로 준비에 착수했다.

통상적인 영상 제작 준비 외에 나는 훨씬 더 중요한 결정을 하나 내려야 했다. — 바로 대화의 포맷을 정하는 일이었다. 처음에는 일회성 인터뷰로 갈까 하는 생각도 잠깐 했지만(제목은 '딜런, 악플러와 대화하다'로 정하고), 내 기존 인터뷰 시리즈 중 하나로 내보내는 게 조회수가 훨씬 많을 것 같았다. 매주 금요일에 업로드되는 '헛소리 격파하기'(Shutting Down Bullsh*t)는 내가 진보적 활동가, 예술가, 공인들과 마주 앉아 소위 '퇴행적'이라고 간주되는 사회적 이념들을 낱낱이 해체하는 인터뷰였다. 여기서 '퇴행적' 이념이란 대개 보수주의적 논점을 의미했다. 논바이너리 nonbinary* 게스트를 초대한 한 회차에서 "대명사는 중요하지 않다"라고 내가 운을 뗐을 때 그는 재치 있는 대답으로 대명사가 사실은 중요함을 유려하게 입증했다. 진보적 목사에게 내가 "하느님은 이성애자 백인 남성이다"라고 말하자 그는 웃음을 터트리고는 포용적이고 긍정적인 기독교가 어떤 모습을 띨 수 있는지 청사진을 제시했다. 한 활동가에게 "모든 생명은 중요하다"(All Lives Matter)라고 말을 던졌을 때는 그 역시 웃으며 유토피아에서라면 그 말이 진실이겠지만 우리는 아직 그 유토피아에 살고 있지 못함을 진지하게 설명했다. '헛소리 격파하기'라는 제목 자체가 이 시리즈에 내포된 주관성을 고스란히 드러냈다. 나와 생각이 같은 게스트들과 내가 '헛소리'라고 꼬리표 붙인 것을 다른 사람들은 그렇게 생각하지 않을 터였다. 그렇다면 나는 애초에 무엇을 '헛소리'라고 간주할 것이냐는 질문에서부터 나와 생각이 다를 게 분명한 조쉬 같은 게스트들에게 어떤 문장을 던져야 할 것인가. 결국 나는 내가 가진 가장 단순한 패를 선택하기로 했다. 그의 메시지를 문장 하나하나 끊어가며 왜 그런 말을 썼는지를 조쉬에게 설명하도록 시키는 것이었다. 이후 몇 번의 일정 조

---

* 이분법적 성별 구분을 거부하는 다양한 종류의 젠더 정체성을 지칭하는 용어. 그러한 성 정체성을 지닌 사람을 통칭.

정 끝에 드디어 내가 스튜디오에 앉아 있는 날이 왔다. 이제 곧 조쉬에게 전화를 걸고 완전 처음으로 그의 얼굴을 직접 보게 될 것이라는 생각에 마음이 두근두근했다.

영상 앞부분의 소개 멘트를 끝낸 뒤 나는 앞에 놓인 테이블 위의 노트북으로 가서 그의 사용자 이름을 선택하고 전화를 걸었다. 화면 위 모양이 맥박치듯 움직이며 지금 전화가 걸리고 있음을 알리다가, 갑자기 멈췄다.

전화 연결 실패 문구가 화면에 떴다.

"오오오오~케이." 나는 곡조를 붙여 노래하듯 가볍게 말했다.

더스틴이 카메라 뒤에서 웃으며 렌즈를 다시 세팅했고, 앨리슨도 미소 지으며 와이파이에 문제가 없는지 확인했다. 다행히도 이건 라이브가 아니니 이 부분은 편집으로 잘라내면 그만이었다.

나는 다시 전화를 걸었고 또 한 번 화면 위 모양이 맥동하기 시작했다. **전화 연결 실패.**

그 즉시 나는 고장 난 장난감을 살려보려는 세 살짜리 아이처럼 충동적으로 통화 버튼을 다시 눌렀다. **전화 연결 실패.**

걱정이 된 나는 페이스북을 열었다.

"안녕하세요! 방금 전화 걸었었는데. 준비됐나요?" 조쉬에게 메시지를 보냈다.

"카메라 컷." 더스틴이 소리치고, 앨리슨은 벌떡 일어나 에어컨을 다시 켰다.

조쉬의 입력중 말풍선이 나타났다가 사라졌다. 나는 생각했다. **아 이런, 마지막에 발 뺀다고 하는 거 아니야?**

"잠시만요, 문제가 생겨서 고치는 중요." 드디어 조쉬가 답장을 보내왔다.

"다행이에요. 준비되면 알려줘요."

몇 분이 지났다.

"계속 먹통이에요."

"괜찮아요. 도움이 필요한가요? 나한테 전화 걸어볼래요?"

"잠깐만요."

나는 앨리슨에게 초조한 미소를 보냈다. 더스틴은 카메라 옆에서 촬영이 재개되기를 차분히 기다렸다.

몇 분이 또 흘렀다.

"잘 되고 있나요?"

"아 쌍, 잘 안 돼요." 그가 답했다. 그러고는 "요"를 연이어 써서 오타를 바로잡았다.

"지금 핸드폰으로 스카이프 영상통화 가능해요?"

"젠장!" 그가 답했다. 메시지의 타이밍이 안 맞아 질문과 답이 서로 엇갈렸던 예전 채팅 상황이 다시 재현되는 순간이었다.

"스카이프 되는 컴퓨터 있어요?"

"아니요."

"알겠어요." 나는 일단 답을 보낸 뒤 실망한 채 최후의 보루를 제안했다.

"그러면 그냥 오디오로만 하면 어떨까요?"

이번 촬영을 아예 취소해버려야 하는 건 아닌지 잠시 고민이 됐다. 조쉬의 얼굴을 보지 못한다면, 우리가 서로의 얼굴을 마주 보고 있는 걸 구독자들이 보지 못한다면, 이걸 계속해야 할 이유가 있을까 하는 생각이 들었다. 우리는 이미 통화를 한 번 했는데 오디오로만 또 대화하는 게 무슨 소용이 있을까? 게다가 그때까지 내 모든 인터뷰는 직접 얼굴을 맞대고 하는 형식이었다. 조쉬처럼 수천 킬로미터나 떨어져 있는 사람을 인터뷰하려면 사실상 영상통화가 유일한 선택지이니 영상통화까지는 그럴 수 있다 쳤는데, 이제는 그것조차 불가능하게 생겼다. 하지만 내가 가장 두려운 것은 우리의 대화에 출몰할 침묵이었다. 나를 내 게임에서 이탈시킬 정적, 침묵의 시간. 그런데 촬영을 막 접으려고 하던 그 순간 퀘이커 교도들(Quakers)이 생각났다.

퀘이커교는 안타깝게도 예전이나 지금이나 미국에서 점점 사라지고 있는 종교다. 퀘이커교라는 종교 그 자체가 딱히 인기를 끌었던 적은 없지만, 그래도 18세기에는 지금보다 훨씬 더 많은 사람들이 믿는 종교였다. 내가 퀘이커교 학교에 입학했던 2000년에도 인기 없는 종교라는 사정은 마찬가지였다(뻔하지만 퀘이커 오트밀 농담을 많이 들었다). 오리엔테이션 때 나는 퀘이커교 의식의 핵심인 침묵 모임, 공식 명칭으로 '예배를 위한 모임'(Meeting for Worship)이라 불리는 기도 방식을 처음으로 알게 됐다. 이 이름만으로 이것이 정확히 무엇을 하는 모임인지 파악이 될 텐데,

바로 사람들이 다 함께 모여 침묵 속에 앉아 있는 의식이다.

막 10대가 된 우리들은 침묵 모임 시간만 되면 모두 입이 댓 발은 나와서 한 번에 무려 20분씩이나 꼼짝없이 앉아 있어야 하는 부당함에 짜증을 냈다. 이보다 더 최악인 게 있을 수 있나? 호르몬 때문에 미쳐 돌아가는, 빠르게 변하는 육체를 한시도 가만두지 못하는 사춘기 10대 청소년들더러 좀 가만있어 보라고 강요하다니. 이건 고문이나 다름없었다. 하지만 학년이 올라갈수록 나는 이 시간의 성스러움을 서서히 음미할 수 있게 됐다. 수백 명에 달하는 집단 구성원들이 한 공간에 앉아 의도적으로 아무것도 하지 않은 채 모두 침묵 속에 앉아 있는 건 그 누구도 쉽게 경험하지 못할 귀한 선물이었다.

그러나 이 모임에 침묵만 있는 건 아니었다. 누구든 그 순간 머릿속에 떠오르는 말이 있으면 일어서서 얘기하며 침묵 속으로 입장할 수 있었다. 이때의 말은 공※에 바치는 일종의 제물이었다. 이 의식을 훨씬 종교적으로 설명하는 쪽에서는 '하나님이 영감으로 말하게 하실 때 참가자들은 말해야 한다'고 얘기하지만, 우리는 그냥 말하고 싶으면 말하면 된다는 세속적 지침이 다였다. 아름답게도 이 의식은 두 가지 해석이 다 공존할 수 있을 만큼 품이 넓었다.

이 제물은 마음속에 떠오르는 무엇이든 될 수 있었다. 한 사람이 일어나 아침 등굣길에 있었던 특별한 것 없는 일을 얘기하면, 그다음 사람은 수년간 남몰래 견뎌왔다가 드디어 입 밖에 내어 말할 준비가 된 특히나 고통스러운 이야기를 털어놓고, 세 번째 사람은 그 순간에 떠오른 어떤 깨달음을 즉석에서 설명하는 식이었다. 침묵이 자아내는 불편함은 누군가 자리에서 일어나 입을 열어 그 침묵 속으로 입장하는 순간 자취도 없이 사라졌다. 이러한 제물은 예외 없이 아름다웠다. 일순간의 침묵을 인내할 때 어느 순간 마주하게 되는 깨달음이라는 빛나는 다이아몬드, 일순간의 불편함을 견뎌내면 주어지는 보상. 이런 경험을 할 때면 마치 우리가 우주적 차원의 도미노 현상을 겪고 있는 것 같았다. 한 사람의 생각이 영감으로 작용해 다른 사람이 전혀 관계없어 보이는 생각을 하게 되는 연쇄. 이러한 제물들이 모여 생각과 경험과 이야기의 별자리가 만들어졌다. — 각각의 별이 모여 은하계를 형성하듯이. 그리고 퀘이커교 예배소에서 그러한 순간을 경험할 때면, 즉 고요함에 사로잡혔을 때, 누군가 침묵 속으로 입장했을 때, 그가 누구인지 모른 채 그의 이야기를 듣고 있을 때면 우리 모두가 연주되고 있지는 않으나 왠지 모르게 다 들리는 음악에 맞춰 조용히 움직이고 있는 듯한 기분이 들었다.

✤

이걸 침묵 모임이라고 생각하자. 스카이프의 다이얼 패드에 조쉬의 전화번호를 입력하면서 나는 스스로를 다잡았다. 그리고 통화 버튼을 누르고 기다렸다.

신호가 울렸다.

"여보세요?" 조쉬가 전화를 받았다. **할렐루야.**

두 달 전 첫 통화 이후 그의 목소리를 듣는 건 이번이 처음이었다. 그의 얼굴을 보지 못한 채 인터뷰를 진행해야 한다는 실망감은 그를 침묵 속으로 입장하는 퀘이커교 예배소 내 사람이라고 생각하니 사라졌다. 그는 나보다 몇 줄 뒤에 앉아 있는 사람인지라 얼굴은 보지 못해도 우리가 완전히 연결되어 있다는 사실은 변하지 않았다.

"안녕하세요, 조쉬, 잘 지냈어요?"

"네, 당신은요?"

"저도 잘 지냈습니다. 저기 조쉬, 당신이 저한테 보낸 그 첫 번째 메시지를 쓴 계기가 된 영상이 뭐였는지 기억나요?"

"그거 분명 무슨 언박싱 영상이랑 관련 있는 거였는데요."

"내가 그때 뭘 언박싱했는지 알아요?"

"경찰 폭력이었어요."

"맞아요, 좋습니다." 그런 뒤 나는 분위기를 전환해 내가 매 에피소드를 시작할 때마다 던지는 오프닝 멘트를 외쳤다. "조쉬, 헛소리를 격파할 준비가 됐나요?"

"됐습니다."

계획했던 대로 우리는 그의 메시지를 문장별로 살펴나갔다. 각각의 문장은 예배소에서 울려 퍼지던 그 보이지 않는 음악의 마디 하나하나가 되었다.

병신아. 우리는 경찰을 비판했던 영상에 왜 그가 그토록 분개했는지를 얘기하며 발언의 철회와 해명, 탐색을 이어 나갔다.

너 같은 놈들 때문에 나라 분열되고 있는 거 안 보이냐? 침묵의 음악에 맞춰 우리는 언론 편향에 대한 논의부터 확증편향에 관한 생각까지 여러 주제를 넘나들었다.

걍 아닥해라. 이 주제를 두고 이런저런 대화를 나누던 중 좀 웃기는 순간이 있었다. 조쉬가 자기는 내가 '열 배는 더 유명한' 사람인 줄 알았다는 것이다. "나는 당신이 할리우드 셀럽 뭐 이런 건 줄 알아서 설마 그 메시지를 실제로 읽을 거라고는 생각을 못 했어요."

게이는 죄다. 대화의 초점이 그가 이해하는 성경과 호모포비아로 전환됐다.

"그냥 다른 사람의 생각을 존중하고, 그 사람들 생각이 어떻든 그게 당신 인생과는 아무 상관 없다는 사실을 받아들이면 되잖아요." 조쉬가 말했다.

"하지만 당신은 내 존재의 아주 근본적인 부분이 잘못됐다고 얘기하고 있어요. 이런 상황에서 우리가 어떻게 서로를 존중할 수가 있을까요?"

"당신은 정말 이런 어려운 질문을 잘하는 사람이군요?" 그의 목소리가 노트북에서 흘러나왔다.

"저는 그냥 진심으로 궁금할 뿐이에요."

"그래요. 게이인 건 당신이 한 인간으로서 내린 선택이니까 내가 그걸로 당신을 혐오해서는 안 되죠." 조쉬가 위로하듯 말했다.

"게이인 게 내 선택이라고 생각해요?"

"그렇게 생각해요." 우리는 서로 의견이 다르긴 했어도 어떻게든 음악의 박자에 맞춰 계속 나아가고 있었다.

이제 마지막으로 나는 지난번 통화 때 나왔던 얘기를 다시 한 번 짚고 넘어가고 싶었다. 나는 그 주제를 여기에서 다루는 것에 조쉬가 불편하지 않기를 바라면서, 이것이 우리의 리듬을 망치지 않기를 기도하면서 말을 꺼냈다.

"마지막 질문이에요. 당신은 당신이 내게 보낸 악플과 같은 형태로 똑같이 괴롭힘당한 적이 있나요?"

순간 정적이 흘렀다. 고요함이었다. 대답하기 싫으면 안 해도 된다고 물러날 뻔한 순간, 나는 말을 삼켰다. 그리고 그가 말했다.

"평생이요."

더 많은 침묵.

"어디서요?"

"저는 혼자서 학교, 집만 왔다 갔다 해요. 같이 놀 친구가 없어요. 실제로 저는 '게이'라고 불린 적이 많아요. 락스나 마시라는 소리도 듣고요. 뭐 그런 소리들요."

"그럼, 그런 취급받는 거 기분 나쁘죠?" 이건 다음 질문을 위한 빌드업이었다.

"네 맞아요. 지금 나한테 그렇다면 왜 그런 짓을 했냐고 물어보려고 하는 거죠?" 그런데 조쉬가 주도권을 잡고 앞으로 나아갔다. "내가 거기에 너무 익숙해져서 그런 것 같아요. 그런 말을 들으면서도 어찌저찌 살아내는 거에 너무 익숙해져서 세상에 화가 났고, 그걸 당신한테 다 푼 것 같아요."

이 대화는 내가 지금껏 카메라 앞에서 진행했던 그 어떤 인터뷰와도 같지 않았다. 부캐 딜런이 낄 자리가 아무 데도 없었는데, 그가 온몸에 두르고 있던 갑옷이 없으니 내가 카메라를 응시하며 독백할 때 놀리던 독한 혀로 평소처럼 조쉬의 생각, 심지어 극도로 모욕적이었던 그의 발언에마저 응수하는 게 불가능했다. 조쉬와의 이 통화와 비교하면 '헛소리 격파하기'의 다른 에피소드들은 그저 느긋한 핑퐁 게임, 서로 동의하는 생각을 편하게 주고받는 것 정도에 지나지 않았다. 조쉬와 내가 하고 있는 건 그보다 훨씬 더 복잡한 작업이었다.

이것은 게임이 아니었다. 여기서는 이기고 자시고 할 게 없었다. 이 대화에서 성공의 지표는 지배가 아닌 연결감이었다. 조쉬는 더 이상 나의 적이 아닌, 나와 같은 목표를 향해 같은 박자에 발맞춰 나가는 협력자였다. 우리는 서로를 이해해보겠다는 마음으로 하나되었기 때문에 잠시나마 갈등 구도에서 벗어나 같은 위치에 서서 그 갈등을 바라볼 수 있었다. 이것은 진정한 대화, 또 다른 버전의 퀘이커 모임처럼 느껴졌다. 다시 말해 이건 게임의 정 반대편에 있었다. 춤이었다. 그리고 이제 나는 그 춤의 마지막 스핀을 앞두고 있었다.

"우리의 이번 대화를 계기로 누군가에게 악성 메시지를 쓰고 싶다는 마음이 달라질 것 같아요?"

"당연하죠." 그가 답했다. "아무래도… 그런 충동이 생길 때마다 당신한테 그런 메시지를 보내서 생긴 이 모든 일을 떠올리고 다시 생각해볼 것 같아요."

"세상에, 멋지네요." 이보다 더 적합한 말을 찾지 못한 채 내가 답했다. "너무 감사하고요, 우리는 이제 인터넷에서 만나요."

"잘 지내요."

"안녕." 나는 전화를 끊고 잠시 앉아 호흡을 골랐다.

더스틴이 아무 말 없이 카메라를 껐다.

앨리슨은 내 쪽을 쳐다보며 내 표정을 확인했다.

우리 모두 침묵의 순간을 공유했다.

마침내 더스틴이 그 침묵 속으로 입장했다. "미쳤다."

"올라갔어요?" 이틀 후 조쉬가 메시지를 보냈다.

지금 시각은 오후 2시 53분, 우리 영상이 업로드될 거라고 내가 조쉬에게 말한 지 한 시간은 족히 지난 시간이었기 때문에 그의 조바심이 이해됐다.

"하하, 아니요. 렌더링 문제가 생겨서. 올라가면 바로 링크 보내줄게요."

나는 핸드폰을 내려두고 편집 프로그램 문제로 골머리를 썩이고 있는 더스틴과 다시 머리를 맞댔다. 계속된 소프트웨어 오류로 영상을 렌더링하는 데 몇 시간을 허비하는 바람에 이미 촉박한 편집 일정이 더 빡빡해져 정신이 나갈 지경이었다.

97퍼센트, 98퍼센트, 99퍼센트, 완료.

"됐다." 테이블을 쾅 내려치며 완료를 선언한 더스틴이 입술을 달싹이며 편집 소프트웨어를 저주했다. "나는 담배 한 대 피우고 올게."

더스틴이 코트를 집는 순간 영상이 업로드됐고 나는 즉시 링크를 조쉬에게 보냈다.

"와우." 그가 영상을 본 후 메시지를 보냈다.

"앞으로도 계속 대화하길 바라요." 내가 말했다. "당신은 좋은 사람이에요, 조쉬."

"저도 당신이랑 얘기해서 좋았습니다. 그럴 기회가 많았으면 좋겠네요."

다행히 그에게는 그럴 기회가 많이 생길 것 같았다. 우리의 대화는 내 안에도 씨를 뿌렸다. 그래서 나는 내 책상으로 돌아가 악플 폴더를 연 뒤 스크롤을 내리며 그곳의 사람들에게 조용히 물었다. **나랑 또 춤출 사람?**

>>> 3장 <<<

오만가지 태풍 피하기

"안녕하세요, 딜런 매론입니다. '나를 혐오하는 사람들과의 대화'에 오신 걸 환영합니다. '나를 혐오하는 사람들과의 대화'는 제가 온라인에서 받은 가장 혐오적이고 부정적인 메시지 뒤에 있는 사람과 직접 대화하며 서로 알아가는 시간을 갖는 인터뷰 시리즈입니다."

나는 숨을 들이쉬었다.

"오늘 우리가 함께 얘기를 나눌 사람은 프랭크입니다."

나는 지금 연회색 윙백 암체어에 앉아 있다. 그 옆으로 원래는 토드의 침대 사이드테이블이었던 빨간색 이케아 테이블이 자리하고 있고, 그 위에는 스카이프 화면이 띄워진 노트북이 내 쪽을 바라보며 놓여 있다. 그리고 키보드 바로 위, L자형 스탠드에 거치된 마이크가 내 쪽을 향해 기울어져 있다. 노트북과 임시 오디오 컨트롤러 사이에는 이리저리 뒤엉킨 케이블이 국수 가닥처럼 늘어져 있는데, 이 오디오 컨트롤러가 설치된 다이닝 룸 테이블은 원래 토드와 내가 룸메이트인 샬롯 그리고 요시와 함께 식탁으로 사용하던 것이었다. 아직 로스쿨에서 공부 중인 토드는 기말시험 중이고 샬롯과 요시는 고맙게도 오늘 나를 위해 아파트를 비워주었다. 내가 지난 5년간 살았던 이 집은 몇 시간 전만 해도 우리 네 명이 쉐어하던 방 세 개짜리 아늑한 브루클린 아파트였고, 몇 시간 후면 다시 그 아파트로 돌아올 테지만, 지금 이 순간만큼은 내 녹화 스튜디오였다. 그리고 오늘은 내 새로운 팟캐스트를 녹음하는 첫 번째 날이었다. 일종의 사회 실험인 이 팟캐스트를 만들기 위해 나는 직장까지 그만둔 참이었다.

조쉬와 찍은 영상이 공개된 지 한 달 정도 지났을 즈음 나는 Seriously.TV를 퇴사하겠다는 어려운 결심을 했다. 어떤 면에서 그것은 인터넷이라는 게임판 그 자체를 떠나겠다는 결심이기도 했다. 혹은, 조금 더 정확히 말하자면, 그 판에서 파생된 작은 방 하나를 따로 만들겠다는 마음이었다. 나를 크게 뒤흔든 조쉬와의 대화 이후 악플 폴더 안의 다른 사람들과도 얘기해보면 어떨까 하는 상상이 머릿속에서 떠나지 않았다. 내가 적으로 치부했던 생판 남들과 새로운 춤을 출 기회. 그때 떠오른 것이 한 에피소드당 악플 폴더 속 사람 한 명과 심층 대화를 나누는 형태의 팟캐스트였다. 이 사회 실험의 가제를 '나를 혐오하는 사람들과의 대화'라고 지은 나는 다음 댄스 파트너로서 누가 적합할지 여러 선택지를 두고 하루하루 고심을 거듭했다.

나는 수없이 많은 후보자를 거르고 걸렀다. "내 평생 인터넷에서 너같이 한심한 인간은 본 적이 없다"라고 쓴 호주의 한 청소년부터 "그렇게 변화를 바라면 네가 먼저 솔선수범해서 경찰에 지원해봐, 게이 새끼야"라는 메시지를 보낸 두 자녀의 아버지까지 경쟁자는 가지각색이었다.

나는 이들 각각의 사람과 얘기를 하게 되면 어떤 대화가 펼쳐질지 상상해봤다. 미 중서부에 산다던 할머니와는 무엇에 관한 얘기를 나누게 될까? 그녀는 내게 "노스다코타의 실상을 네깟 게 아니…. 입이나 닥치고 있으렴…. 이 호모야"라는 메시지를 보냈다. 완공될 경우 원주민 구역의 신성한 식수원을 가로지르게 될 다코타 액세스 송유관(Dakota Access Pipeline)의 공사가 일시 중지됐을 당시, 이를 축하하는 게시물을 올렸을 때 받은 메시지였다.

게스트로 적합한 사람들을 고르는 과정에서 나는 뜻밖의 웃긴 것들을 재발견하기도 했다. 참 사람 좋게 생긴 한 남성은 내게 "이 병신아, 너같이 무식한 놈 낳기 9개월 전에 니 에미가 목구멍으로 넘겼어야 했는데"라는 메시지를 보냈다. 구두점이 없어 좀 헷갈리기는 하지만 대충 짐작건대 내 어머니가 내가 태어나기 9개월 전에 그걸 '삼켰어야' 했다는 뜻 같았는데, 만일 그렇다면 이 사람은 구강성교가 임신 여부와는 하등 상관없는 것임을 모르고 있는 게 아닌가 하는 의심이 들었다. 만일 우리가 전화 통화를 한다면 정치적 견해차에 대한 진심 어린 대화 외에 따로 기초 성교육 시간을 가져야 할지도 몰랐다.

이 사람들의 프로필을 훑어볼 때 내가 제일 먼저 고려했던 건 이들을 춤판으로 초대하는 게 과연 안전하게 느껴지는가였다. 그것을 판단할 때 사용한 질문은 총 세 개였다. 첫째, 이 사람이 SNS에서 실제 활동을 하고 있는가? 둘째, 사진이 올라와 있는가? 셋째, 이건 가장 디스토피아적인 질문이기도 한데, 실제 사람인 것처럼 보이는가?였다. 하지만 결국 최종 결정은 비과학적이기 짝이 없는 잣대, 바로 직감에 맡겼다. 그렇게 일단 이 테스트를 통과하는 사람이 생기면 나는 악플 폴더에서 그 사람의 스크린샷을 찾아 이 사회 실험을 위한 예비 게스트 전용 PDF 파일로 옮겨왔다.

나는 또한 나와 정치색이 다른 사람들하고만 대화하는 건 피하고 싶었기 때문에 이념적으로는 나와 결이 같지만 나를 사적으로 싫어하는 사람들도 선정했다. 악플 폴더에는 그런 사람들이 많지는 않아도 꽤 탄탄한 그룹을 형성하고 있었다.

이 하위 그룹에 속하는 한 나이 많은 게이 남성은 "나는 딜런 매론의 의견에 대부분 동의하지만 그의 영상이 페이스북에 올라올 때마다 이 작자의 건방지고 가식적인 얼굴에 주먹을 날리고 싶다"라고 공개적으로 글을 올렸고, 애틀랜타 출신의 진보 퀴어 예술가는 "딜런 매론은 자유주의의 가장 최악의 면모를 대변하고 있는 자다"라고 비판했다. 프로필 사진이 만화였던 한 사람은 내게 대놓고 "네 면상 꼴보기도 싫어. 너 같은 게 LGBT 사람들을 대표한다니 정말 최악이야"라고 말하기도 했다.

이 PDF를 만드는 것만으로 악플 폴더 속 내용물이 흥미진진한 기회로 재해석되었다. 지금껏 내 소셜미디어의 창문을 깨고 들어온 무시무시한 디지털 짱돌이라고 생각했던 악플이 이 렌즈를 통과하자 가능성으로 빛나기 시작했다.

다짜고짜 적의를 쏟아낸 중서부 할머니의 메시지는 식민지 지배자들이 원주민들을 대상으로 휘두른 폭력적 전술을 논의하기 위한 출발점으로 이보다 더 좋을 수 없었다.

나를 '게이 새끼'라고 부르며 경찰에 지원해보라고 조롱한 두 아이의 아버지와는 개혁과 철폐의 차이에 대해 얘기해보면 딱일 것 같았다.

"이 작자의 건방지고 가식적인 얼굴에 주먹을 날리고 싶다"라고 쓴 나이 많은 게이 남성의 프로필을 살펴본 뒤에는 동일한 소수집단 구성원들 사이의 세대차에 대해 다뤄보면 정말 좋겠다는 생각을 하기도 했다.

결국 이 최정예 PDF 파일에 입장할 수 있는 영광을 거머쥔 악플 폴더 거주민은 총 26명이었다. 그리하여 부슬비 내리는 어느 봄날 오후, 나는 이들 한 명 한 명에게 내 첫 번째 팟캐스트 초대장을 보내기 시작했다.

그 첫 주에 초대한 총 스무 명의 사람 중 몇 명은 딱 잘라 거절했다.

"초대는 고맙지만, 됐습니다." 나한테 물에 빠져 죽으라고 말한 남성이 답했다.

"솔직히 이런 일에 시간을 낼 만큼 내 의견이 그렇게 강한 건 아니어서요." 내가 '병신'이고 '한심하기 짝이 없다'며 열렬한 메시지를 보내온 남성이 말했다.

내가 "걸어 다니는 모순 그 자체로 이제는 웃길 지경이다"라고 말한 한 자유주의자는 처음에는 서로 대화한다는 이 아이디어가 "신선하고 솔직히 기대된다"라며 초대에 응했으나 사흘 후 다음과 같은 메시지를 보내와 나를 놀랬다. "이거 너무 함정 같아서 하고 싶은 마음이 사라졌어요." 나는 아니라는 답을 보내고 싶었지만 메시지를 작성하는 것조차 불가능했다. 그가 나를 차단했기 때문이다.

몇몇 사람은 일단 생각해본 뒤 나중에 연락해주겠다고 해놓고 끝내 아무 소식이 없었고, 내 메시지를 완전히 무시한 사람도 일부 있었다. 하지만 그래도 총 열한 명의 사람이 오케이 했고, 시간은 빠르게 흘러 드디어 첫 녹음일이 도래했다.

스튜디오를 꾸리기 위해 팀 전체가 출동했다. 우리 팟캐스트의 총괄 프로듀서인 크리스티는 조명 삼각대와 커피를 들고 등장했고, 오디오 엔지니어인 빈센트는 자기 미니밴에서 근사한 녹음 장비들을 잔뜩 꺼내왔으며, 제작 매니저인 앨런은 일찍부터 와서 진행 상황을 체크했고, 우리의 제작 보조인 앨리슨은 물샐틈없는 준비로 일 전반을 지원했다. 예정된 통화가 총 네 통이었기 때문에 할 일이 많았다. 그래도 이 무적의 팀은 환상적인 팀워크로 가구를 재배치하고, 케이블을 연결하고, 마이크 볼륨을 테스트했다. 이 새 프로젝트의 영광스러운 출발을 영상으로 담기 위한 카메라도 설치됐다. 우리 모두는 생각했다. ― 오늘은 정말 잊지 못할 날이 될 거야. 그렇게 대망의 첫날이 시작됐다.

첫 번째 통화를 녹음한 파일은 미디어 전송 중 실수로 드라이브에서 삭제됐다.

두 번째 통화는 아예 성사되지 않았다. 나올 예정이었던 게스트는 나에게 "이년아, 정신 차려"라고 말하면서 내가 "입만 열면 안 좋은 소리를 해대서 역겹다"라는 악플을 단 남성이었는데, 약속 시간 15분 전에 완전히 잠수를 탔다.

이렇듯 예상치 못한 난장판이 벌어진 덕에 세 번째 게스트에 거는 기대가 더 커졌다. 프랭크라는 이름의 이 남성은 내가 처음 연락을 취했을 때 즉시 초대에 응한 사람이었다. 그렇게 그의 번호로 전화를 걸 차례가 됐을 때, 나는 이번에는 부디 제대로 통화가 연결되기를 희망하고 기도했다.

나는 카메라를 응시하며 이 영상을 볼 구독자들을 향해 말했다.

"오늘 우리가 대화를 나눌 사람은 프랭크입니다. 몇 주 전 프랭크는 저에게 이런 메시지를 보냈죠."

나는 그의 메시지를 옮겨 적은 커다란 핑크색 인덱스 카드를 꺼냈다. 몇 단락이나 되는 이 페이스북 메시지는 그가 분노에 차 일필휘지로 쓴 것 같았다. 나는 그 내용을 큰 소리로 읽었다.

"'경찰이 없으면 너 같은 섬세한 청년들이 제일 먼저 골로 가는 거야. 너 네 댓글이나 좋아요/싫어요 비율 확인해본 적 없지. 난 네 것처럼 처참한 걸 본 적이 없는데. 너는 이걸 백인 시스젠더* 남성한테 다 덮어씌우겠지만 제발 눈을 크게 뜨고 봐. 네가 그렇게 지지하는 사람들이 널 제일 싫어한다고. 너는 지금 완전히 잘못된 길을 가고 있는 거야. 어디 한번 계속 그렇게 살아봐."

나는 숨을 한번 들이쉰 다음 바로 두 번째 부분을 읽어 내려갔다.

"'미안하지만 마지막으로 하나만 더 말하자. 너 그 무슬림 여성들과 대화했을 때 무슬림 등록부에 대한 논의가 많이 진행 중이고 조지 부시 때 무슬림 등록부가 존재했다고 말했었지. 근데 그거 생거짓말이야. 여성들을 되레 겁먹게 한 그 거짓말로 너는 사회정의 전사로 등극하고 일반 미국 남성들은 괴물이 됐지. 네가 그래서 좆같은 새끼란 거야. 네 쌉소리를 보는 사람이 아무도 없으니 다행이지. 멍청한 소리만 해대잖아. 네가 보통 하는 얘기는 백이면 백 상황을 더 악화시키만 하는데 네가 그러는 건 네가 옳은 사람처럼 보이고 싶어서잖아! 다시 한번 말하지만 네 쌉소리를 보는 사람이 없어서 정말 다행이라니까. 너 이 영상으로 10달러나 버냐.'"

사실 대화를 위해 준비한 대본 같은 건 없었다. 무엇보다 그런 게 왜 필요해? 그의 메시지만 봐도 프랭크가 건드린 주제가 너무 많아서 얘깃거리가 떨어질 일은 절대 없을 게 분명했다. 게다가

---

* 출생 시 타고난 성별과 본인이 인식하는 성별이 일치하는 사람을 일컫는 말, 트랜스젠더의 상대어.

그 전에 계속 통화에 실패했다 보니 어떤 사람과든 아무 얘기나 하면 그것으로 성공이다라는 생각도 있었다.

조쉬와 달리 프랭크와는 사전 인터뷰를 진행하지 않았기 때문에 이 대화가 어떻게 흘러갈지 전혀 감을 잡을 수 없었다. 이 사람의 목소리가 어떤지조차 모르는 상황이었다.

"자," 페이스북 메시지가 적힌 카드에서 카메라로 시선을 돌리며 나는 말했다. "이제 프랭크에게 전화를 걸어보죠."

나는 프랭크가 준 번호를 입력하고 통화버튼을 누른 뒤 기다렸다.

따르릉.

"여보세요?" 굵은 목소리에 독특한 말씨를 지닌 남성이 전화를 받았다. 그의 이 말 한마디만으로 이미 고등학교 때 인기 많던 보조 교사가 떠오른 나는 안도의 한숨을 내쉬었다.

"안녕하세요, 프랭크 맞으신가요?"

"맞습니다!"

"안녕하세요, 프랭크. 저는 딜런 매론입니다!" 나는 다시 한번 나를 소개한 뒤 안부를 물었다. "어떻게 지내세요?"

"잘 지내죠. 고맙수다!" 멀리서 개 짖는 소리가 들렸다. "뭔 일이 그렇게 많은지. 차도 고쳐야지, 부엌 식기세척기도 고쳐야지."

"오!" 프랭크의 평범한 일상을 잠시 엿본 것에 신이 난 내가 소리쳤다.

"우리 개들 좀 방에서 내보낼게요." 그는 내게 양해를 구하더니 갑자기 목소리 톤을 달리해 개들에게 명령했다. "시나몬! 너

네 둘! 나가!"

나는 웃지 않을 수 없었다. 알고리즘이 아니었다면 절대 만날 일이 없을, 나와는 아무런 접점도 없어 보이는 생면부지의 사람이, 나를 '좆같은 새끼'라고 부른 사람이, 시나몬이라는 이름의 강아지를 키우고 있다니.

나는 속으로 생각했다. **이거 정말 재미있겠는걸.**

프랭크에게 본인이 쓴 메시지를 읽어주자 전화 스피커 너머로 그의 웃음소리가 터져 나왔다.

"내가 그때 칵테일을 몇 잔 마신 상태였어요. 하지만 내 말하는데, 지금도 그때 했던 소리 거의 대부분은 옳다고 생각해요." 여전히 웃음이 가시지 않은 목소리로 그가 고백했다.

"내가 뭐라고 하는 건 당신이라는 사람 자체가 아니라, 그 뭐냐." 말을 잠시 고른 그가 답했다. "사회정의 전사들인 거지."

사회정의 전사(Social Justice Warrior)는 사회의 불의에 맞서 싸우는 사람을 가리키는 말이다. 언뜻 듣기에는 고상해 보이지만 사실 이 용어는 멸칭으로 쓰인다. 인기 유튜버 동영상 중에는 '사회정의 전사의 이불킥 순간들'이라는 제목의 하이라이트 영상들이 있는데, 주로 진보주의자들이 카메라 앞에서 지나치게 감정적인 모습을 보이는 클립들을 편집한 것이다. 시위를 하든, 브이로그에서 목소리 높여 평등을 옹호하든, 아니면 영상을 만든 사람이 보기에 그저 말투가 '손발이 오그라들 것' 같든, 그들의 격앙된 면모는 사람들의 조롱거리가 됐다. 과거에는 나에게도 이 꼬리표가 붙었지만 나는 전혀 개의치 않았다. 사회정의보다 더 큰

대의가 어디 있나?

나는 대화에 뛰어들어 사회정의 전사에 대한 프랭크의 견해에 맞설 준비가 되어 있었다. 하지만 입을 막 떼려는 순간 일단 프랭크의 이야기를 다 듣는 게 우선이라고 스스로를 다잡았다. 그렇게 하면 분명 우리만의 리듬을 찾게 될 것이라고 확신했다. 대신 나는 나중에 그와 이야기해보고 싶은 주제 목록을 머릿속으로 써 내려가기 시작했다.

사회정의 전사, 나는 머릿속으로 재빨리 메모했다.

프랭크는 사회정의 전사들이 왜 못마땅한지에 대해 계속해서 설명했다. "사소한 문제를 해결한답시고 나라 전체를 뒤집어엎는 치들이 있잖아. 예를 하나 들어볼까. 그 LGBT 커뮤니티 있잖수. L-G-B-T… 그리고 거 뭐야, 이제는 여기에 글자가 더 붙더만."

오, 세상에. 이건 그 무시무시한 '무슨 글자가 이렇게 많아' 농담이잖아. 이건 가족 모임에 한 번이라도 가봤거나, SNS를 하거나, 그냥 다른 인간을 만난 적 있는 살아 숨 쉬는 퀴어라면 누구라도 잘 아는 농담이었다.

글자가 너무 많다, 내 머릿속 주제 리스트에 목록이 하나 추가되었다.

나는 계속 이야기를 들었다.

"동성애자들은 옛날부터 있었고, 그 사람들 지금껏 문제없이 잘 살았다고. 하나 짚고 넘어가자면 난 동성결혼 찬성자라우. 하지만 난 그 사람들한테 그런 권리 전부가 필요하다고 생각하지 않아요. 그들도 **사람**이야. 세상에 '빨간머리들의 권리' 아니면 '왼손잡이들의 권리' 같은 게 있나. 내가 보기엔 그냥 다 어리석어 보여요. 이 사회정의 어쩌구 하는 게 다 어리석어 보인다고."

동성애자들이 "지금껏 문제없이 잘 살아왔다"는 게 도대체 무슨 말이지? 얼마나 많은 LGBT 아이들이 집에서 쫓겨난 다음 청소년 노숙인이 되는지 이 사람이 알기나 하나? 무려 2017년인 지금 이 순간에도 동성애자라는 이유로 해고당하는 게 합법인 주가 있다는 사실을 알고 있나? 트랜스젠더들이 일상적으로 노출되는 폭력 위험을 이 사람이 헤아릴 수 있을까? 이러한 주제와 관련해 지금 바로 들이밀 수 있는 간략한 통계자료가 수중에 없는 게 후회될 정도였다. 내 뇌가 뭐라도 하나 기억해내기를 기다리는 동안 나는 이것 역시 머릿속 목록에 추가해야겠다고 생각했다.

문제없이 잘 살고 있다와 **노숙인 문제**와 **게이 직장**과 **게이 해고**, 그리고 **트랜스젠더 혐오**. 나는 머릿속으로 빠르게 적어 내려갔다.

"나는 '흑인의 생명도 소중하다'(Black Lives Matter) 같은 것도 반대야." 사회정의에 대한 자신의 생각을 늘어놓던 그가 단정하며 말했다.

속이 울렁거렸다. 그 유명한 데스몬드 투투*의 말, "불의의 상황에서 중립을 지킨다면 그건 압제자의 편을 선택한 것이다"가

---

* Desmond Tutu: 남아프리카공화국 성공회 대주교로서 노벨평화상 수상자.

불현듯 떠올렸다. 내가 여기서 침묵한다면 이걸 듣게 될 청취자들이 뭐라고 하겠는가? 나는 압제자의 편에는 서지 않겠다는 마음으로 그의 말에 반격했다.

"'흑인의 생명도 소중하다'가 문제라고 말하는 건 좀 듣기 어려운데요. 제 생각에 이 운동의 뿌리는 그저 어떤 무리에 속한 사람의 생명도 소중하다라고 말하는 것뿐이거든요. 프랭크는 이 생각에 반대하시는 건가요?" 나는 그가 아니라고 대답하기를 바라며 물었다.

"아니지, 당연히 나도 그거에 반대하는 건 아니죠." **휴 다행이군.** "하지만 내 말은, 그 사람들이 죽음의 사소한 면에만 돋보기를 들이대고 있다는 거요."

죽음의 사소한 면들?! 머릿속에서 비명이 울려 퍼졌다. 나는 경찰 손에 살해당한 비무장 흑인들의 이름을 줄줄이 나열하며 그에게 묻고 싶었다. "이게 당신 눈에는 '사소한 것'으로 보이나요?" 나는 흑인들이 일상적으로 노출돼 있는 국가폭력이 얼마나 일방적인지 그 가혹한 현실을 그에게 숫자로 보여주고 싶었다. 그래서 미셸 알렉산더^{Michelle Alexander}의 《새 짐 크로우 법》(The New Jim Crow)에 나오는 통계자료를 어떤 것이든 생각해내려 애썼지만 실패했다. 그래도 나는 객관적인 자료의 부재에 굴하지 않고 얼른 빨리 대꾸할 말을 찾았다. 그의 발언을 되받아칠 날카로운 반박의 말을 생각해내려 머릿속을 부지런히 뒤졌으나, 이번에도 역시 머리가 백지가 된 양 아무 생각이 나지 않았다. 나는 대본이 있는 영상이나 트위터 같은 내 원래 활동 영역이 점점 그리워지기 시작했다. 거기에서는 내가 답변을 공개하기 전에 충분히 조사하고, 날카롭게 벼르고, 세련되게 다듬을 수 있었다. 하지만 불행히도 이 대화는 실시간으로 벌어지고 있었고, 그리하여 나는 이 순간이 지나가기를 기다리는 것 외에는 아무것도 할 수 없었다.

"혹시 인종차별주의자라고 불린 적 있어요?" 나는 **사소한 면**을 머릿속 리스트에 추가하면서 통계 수치나 날카로운 반박의 말이 나중에라도 마법처럼 생각나기를 희망하며 물었다.

"당연하죠. 온라인에서는 그 말 항시 듣지." 그가 사실을 말하듯 무미건조하게 답했다. "하지만 난 내가 인종차별주의자라고 생각 안 해요."

"하지만 지금 말씀하시는 거 보면-"

"대부분의 사람이 사실은 알고 보면 인종차별주의자가 아니라고 생각해. 물론 누구나 어느 정도는 조금은…" 그가 말끝을 흐렸다.

나는 내재된 인종차별주의와 **백인 우월주의**를 목록에 추가했다.

"인종차별주의자라고 하는 사람들 중 상당수가 허수아비라는 게 내 생각이요. '오 KKK다', '파시스트 미국이다'라고들 하지만 도대체 그 KKK가 누구요? 서른 명 정도 되는 남자들이 저 남부에서 픽업트럭 타고 몰려다니는 거 아니요? 다 허수아비들이지. 실제로 존재하지 않는다고."

"아니, 저기, 애석하게도 서른 명은 훨씬 넘는데요." 나는 미국

전역에서 활개 치는 백인 우월주의자 그룹이 얼마나 많은지를 보여주는 남부빈곤 법률센터(Southern Poverty Law Center)의 그 지도를 기억해내려 애쓰면서 말했다.

"뭐, 그럴 수도 있고." 그가 한발 양보했다.

이후 우리는 다른 이슈들에 대해서도 다 살짝씩 건드리며 지나갔다. 사실상 기사 제목 수준에서 벗어나지 않는 겉핥기였다.

"나는 불법 이민자들이 더 마음에 안 들어!" 프랭크가 자기는 흑인을 비방하려던 게 아니라며, 흑인들은 어쨌든 '미국인' 아니냐며 변명하던 중 농담처럼 말을 던졌다.

외국인 혐오가 리스트에 또 추가되었다.

"온갖 사람을 다 미국인으로 만들어버리면 미국인이라는 게 가치가 떨어지잖아요." 미등록 이민자(undocumented immigrants)에 대한 강경 입장에서 한발 물러선 그가 당연하다는 듯 말했다.

배제를 통한 애국주의. 나는 머릿속으로 재빠르게 써 내려갔다.

"이제 그 사람들 다 부자라고! 다 카지노 사장들이야!" 그가 미국 원주민들에 대해 얘기하며 빈정거렸다.

제국주의와 **원주민들의 빈곤 문제.**

"나는 화석연료를 적극 지지하는 사람이에요." 다코타 액세스 파이프라인에 대해 어떻게 생각하느냐는 내 질문에 그가 답했다.

나는 이 말을 이렇게 대놓고 하는 사람을 처음 봤다. 그래서 **프래킹***을 머릿속 리스트에 추가하면서 이 용어가 정확히 무슨

---

* fracking: 셰일가스 추출을 위해 수압으로 땅을 파쇄하는 것. 환경오염 야기 등, 미국에서 뜨거운 감자로 떠오른 주제.

뜻이었는지 기억해보려 했다.

시계를 흘끗 보자 우리가 대화를 시작한 지도 벌써 33분이 지나 할당된 시간의 반을 지나고 있었다.

앞서 다뤘던 주제 중 하나를 골라 좀 깊게 얘기해보고 싶었던 나는 속으로 작성했던 리스트를 떠올려보기 시작했는데, 그 수가 내가 예상했던 것보다 훨씬 많았다. 대체 어디에서 시작해야 하나? **백인 우월주의** 아니면 **퀴어 청소년 노숙자 문제?** 아니면 거꾸로 **제국주의**를 다룬 다음 **이민자 차별**로 넘어가야 하나? 뭘 선택해야 할지 감이 오지 않았다. 각각의 주제가 경중을 가릴 바 없이 모두 중요했다.

"불의의 상황에서 중립을 지킨다면 그건 압제자의 편을 선택한 것이다." 역사의 전당에 울려 퍼지는 데스몬드 투투의 목소리가 내게까지 들리는 듯했다. 그가 못마땅하다는 듯 고개를 절레절레 흔드는 게 보였다.

나는 퀴어 노숙자 문제와 '흑인의 생명도 소중하다'와 프래킹까지 **모두** 하나로 꿰뚫을 수 있는 마법 같은 질문이 없을까 고심했다. 몇 분 전까지만 해도 '다시 돌아와서 얘기하면 되지'라고 생각했던 그럴듯한 주제들이 이제는 뒤죽박죽 다 뒤섞인 채 회오리바람이 되어 우리 위를 맴돌고 있었다. 대화의 물꼬가 어떻게 트이든 앞으로 곧게 뻗은 길을 가는 게 아닌, 세찬 비바람만 만날 것 같았다. 평소에는 전혀 위험하지 않은 일상적인 물건도 토네이도에 휘말리면 치명적인 무기가 될 수 있는 것처럼, 평소라면 전혀 문제 될 것 없는 후속 질문도 우리의 중구난방 대화가 몰고

온 거친 바람으로 인해 미궁이 될 위험에 처했다.

대체 어디서부터 시작해야 하지?

논의해야 하는 사안은 오만가지인데 시간 관계상 실제로 다룰 수 있는 주제는 한정돼 있다는 데서 긴장이 차올랐고, 그 긴장 속에서 우리가 미처 다루지 못한 이슈들은 수증기가 되어 날아갔다. 그러다 어느 순간 그것은 폭우가 되어 수많은 현안과 사회악들을 당황스러울 정도로 세차게 뿌리기 시작했다. 그렇게 그 비를 고스란히 맞던 중 나는 하늘을 쳐다봤다가 짙은 먹구름을 보게 됐다. 그 먹구름은 바로 우리가 얘기할 수 있고 얘기해야만 하는 모든 것, 소셜미디어가 '무조건 봐야 한다'고 종용한 모든 주제, 절반밖에 기억나지 않는 모든 통계치, 예전에 웃기다고 생각했던 재치 있는 트위터 반박글, 겉핥기식으로 읽은 모든 기사, 심야 방송에서 들은 모든 농담, 잘 기억도 나지 않는 모든 인포그래픽들로 이루어진 것이었다.

나는 이것의 정체를 알았다. 내가 쉬는 날 웬일인지 하루 종일 아무것도 못 하고 공칠 때면 그 원인은 언제나 이것 때문이었다. 넷플릭스나 볼까 하고 소파에 앉았다가 프로그램 제목을 하염없이 넘겨 가며 30분을 허비한 끝에 결국 이미 수십 번도 더 봤던 고전 영화를 틀고 말 때도 이것 때문이었다. 커서만 깜빡이는 워드 파일의 흰색 공동 앞에서 아무 생각도 떠오르지 않아 한 자도 쓰지 못할 때의 나 역시 이것의 중력에 무릎을 꿇은 것이었다.

그건 바로 '오만가지 태풍'(Everything Storm)이었다. 그리고 우리는 대화하는 과정에서 이 태풍의 눈으로 곧장 들어간 참이었다.

얘기할 수 있는 주제들이 장대비처럼 쏟아지며 시야를 가리자 나는 프랭크를 제대로 볼 수가 없었다. 나와 생각이 다른 누군가의 형상을 어슷하게 구분할 수 있는 게 전부였다. 그가 KKK가 더 이상 실존하지 않는 단체라고 생각한다는 건 알겠다. 하지만 **왜** 그렇게 생각할까? 그가 결혼 외에는 LGBTQIA+가 요구하는 권리를 이해하지 못한다는 사실도 알겠다. 하지만 그의 이런 혼란은 어디에서 기인하는 걸까? **왜** 그는 화석연료를 지지할까? 그는 어떤 사람인가? 그를 추동하는 가치는 무엇일까? 무엇이든 할 수 있는 새하얀 백지 같은 휴일에도, 영화를 고르는 일에도, 텅 빈 워드 파일에도 '오만가지 태풍'이 드리울 수 있는 것처럼, 나는 이것이 우리의 대화도 찢어놓을 수 있다는 사실을 실시간으로 확인하는 중이었다.

이제 우리는 여기서 벗어나야 했다.

"그래서, 프랭크." 나는 우리 머리 위로 우산을 씌운다는 심정으로 말했다. "보아하니 우리가 여러 면에서 의견이 정말 다르네요. 그죠?"

"맞습니다."

"그렇다면 당신 같은 사람과 나 같은 사람이 계속해서 생산적인 대화를 해 나가려면 어떻게 해야 한다고 생각하세요?"

"글쎄." 잠시 고민한 그가 말했다. "나는 지금 우리가 꽤 괜찮은 대화를 하고 있다고 생각하는데요." 그의 답은 진솔하고 진지했다.

"맞아요." 나는 그가 그렇게 생각한다는 데 감사하며 답했다.

"우리 지금 예의 바르잖수. 내가 당신한테 보낸 메시지처럼 험한 말도 하지 않고." 그가 웃느라 중간에 문장이 끊겼다. 그의 목소리에는 유쾌한 자기 인식과 지금 우리가 이렇게 대화하고 있는 상황에 대한 어이없음이 모두 담겨 있었다.

그는 틀리지 않았다. 우리는 서로에게 큰소리도 내지 않고, 서로를 비하하지도 않았다. 하지만 그렇다고 예의 바름이 이 오만 가지 태풍을 해결할 만능열쇠라고는 생각되지 않았다. 내게 예의 바름이란 쾌적한 온도에 더 가까웠다. 좋은 날씨를 이루는 사랑스러운 요소이지만 그 자체가 좋은 날씨는 아닌. 기온이 22도일 때 지나가는 허리케인도 여전히 허리케인인 것이다.

"저도 예의 바름에 대해서는 프랭크와 의견이 같아요." 나는 운을 뗐다. "하지만 제가 하나 더 말씀드리고 싶은 건, 제 의견이 당신의 삶에 직접적인 영향을 끼치지는 않잖아요? 그러니까… 제 견해 때문에 당신이 삶의 방식을 바꾸지는 않잖아요?"

"그렇지. 절대 아니죠."

집중하자, 딜런.

"자, 프랭크가 앞서 꺼냈던 주제 하나를 예로 들어보죠. 말씀하시기로 LGBTQIA+ 커뮤니티가-"

프랭크가 웃음을 터트렸다.

"네, 지금 듣고 웃으시는 그거요!" 나는 아까처럼 '글자가 너무 많네' 식의 농담이 또 나오는 걸 막기 위해 단호하게 외쳤다. "그건 두문자어頭文字語예요!"

"그래서 그게 뭐라고요? 제대로 알고 싶어 그러니 한 번만 더 알려줘요."

"오 와우!" 그가 진심으로 관심을 표하는 것 같아서 나는 꽤나 놀라 소리쳤다. "당연하죠, L-G-" 순간 당황해서 나는 처음부터 다시 말해야 했다. "L-G-B-T- 아 이런, 이제는 **제**가 틀리고 있네요!"

"이게 쉽지 않다니까!" 프랭크가 농담으로 받아쳤다.

나는 정신을 차리고 다시 말했다. "L-G-B-T-Q-I-A-플러스." 나는 퀴어 커뮤니티 전체의 운명이 이 발음을 제대로 하는 것에 달려 있다는 마음으로 천천히 또박또박 말했다.

"Q . . . I . . . A . . . 플러스." 프랭크는 불러준 전화번호를 제대로 알아들은 게 맞는지 확인하는 양 글자 하나하나를 소리 내 따라 읽었다. 실제로 이걸 받아 적는 것처럼 들렸다. "그럼, I는 뭐고, A는 뭐고, 플러스는 뭐요?"

"좋은 질문이에요," 반가운 쪽으로 놀란 내가 화색하며 답했다. "I는 **인터섹스**intersex를, A는 **에이섹슈얼**asexual을, 플러스는 일종의 가능성의 문을 열어놓은 거죠.* 우리가 아직 정의하지 못한 그 외의 사람들을 플러스에 포함하는 거예요."

"오케이. 거 옛날에는 '이성애자 남성', '이성애자 여성', '동성애자 남성', '동성애자 여성', 이랬었거든. 시대가 달라졌다니 배워야지. 그건 전혀 문제없어요."

---

* intersex는 성과 관련한 염색체, 호르몬, 수용체 등의 영향으로 생식기가 완전한 여성의 것도, 완전한 남성의 것도 아니게 된 상태를 뜻한다. asexual은 누구에게도 성적인 접촉을 하고 싶은 성적 끌림을 느끼지 않는 부류를 뜻한다.

섹슈얼리티와 젠더는 다른 건데. 이 말을 내가 머릿속 리스트에 적는 순간 저 멀리 태풍에 동반되는 천둥소리가 우르릉대길래 바로 삭제해버렸다.

이 주제 하나에 초점을 맞추니 대화가 잘 흘러가는 것 같길래 나는 그가 앞서 언급했던 얘기 하나를 재소환했다.

"앞에서 '물론 이게 중요한 이슈들이긴 하지만 그것에 대해 얘기할 필요는 없다'라고 하셨었잖아요. 그게 무슨 뜻이었나요?"

"내 말은, 내가 아까 동성애자 권리에 대해 말했지만서도 이게 무슨 왼손잡이의 권리, 오른손잡이의 권리, 빨간머리의 권리 같단 말이지. 이런 일에 대해 우리가 언제나 그럴 필요는…." 그가 말끝을 흐렸다. "당신이 말하는 게 대체 무슨 권리요? 결혼할 권리까지는 이해했어. 그리고 오케이, 화장실 이슈도 있지. 화장실 이슈가 있다는 것도 이해돼요. 하지만 이 사람들 보면 무슨 무슨 권리를 달라고 싸우는데, 그게 다 이미 갖고 있는 권리야. 지금 우리가 여기서 얘기하고 있는 게 대체 무슨 권리요? 그들이 무슨 권리에 대해 말하고 있는지 통 이해가 안 돼요. 지금 동성애자들이 어떤 권리를 누리지 못해서 필요하다고 하는 겁니까?"

그에게 할 수 있는 오만가지 말들이 머릿속에서 핑핑 돌았다. 온갖 쟁점을 비롯해 내가 동원할 수 있는 모든 재치 있는 반박과 기발한 밈, 세련된 인포그래픽들이 내 시냅스를 휩쓸었다. 이것들의 존재감은 시끄럽고 끈질겼다.

그냥 프랭크가 질문한 것에만 대답해.

"물론 알려드릴 수 있죠, 당신이―"

"말해주쇼!" 신나서 조르는 그의 목소리에는 호기심이 깔려 있었다.

"저에게 결혼할 수 있는 권리가 있다고 해서 제가 혐오범죄의 피해자가 됐을 때 저를 앞장서서 보호해주는 법이 있는 건 아니에요." 나는 최대한 신중하고 차분한 목소리로 말했다. "저는 실제로 이런 문제를 공론장에서 얘기하는 게 **정말** 중요하다고 생각합니다. 사람의 정체성을 이유로 불이익을 주는 문제들이니까요. 여기에 반대하시나요?"

"네, 하지만 그렇게 딱 잘라 말하기 어렵기도 해요. 내가 그 이유를 말해주지. 왜냐면 범죄는 동성애자들만 겪는 게 아니라 모두가 다 겪는 문제이기 때문요. 그리고 게이 남성 둘이 사회에서 손을 잡는 문제까지 정부가 나서서 해결해줄 수는 없는 노릇이지. 사회가 변해야 해요. 그리고 지금 변하고 있고요."

"프랭크 당신은 게이 아니죠?" 그의 프로필을 봐서 이미 답을 알고 있음에도 질문을 던졌다.

"맞아요. 나는 시스젠더 이성애자 남성이고 나무 껴안는 걸 좋아하는 아름다운 진보주의자 여성과 20년간 행복한 결혼생활을 하고 있지."

나는 그에게 진보주의자 부인이 있다는 사실에 더 놀라야 하는지, 그가 '시스젠더'라는 말을 두 번이나(그가 처음에 보낸 메시지에서 한 번, 지금 자신을 묘사하면서 한 번) 썼다는 데 더 놀라야 하는지 헷갈렸다.

집중해, 딜런.

"제가 그걸 물어본 건 다름이 아니라 **제**가 게이 남성이라는 사실을 말씀드리고 싶어서예요. 저도 법이 사람들을 범죄로부터 보호한다는 사실을 알고 있지만, 제 남편과 저는 길거리에서 손을 잡았다가 무슨 봉변을 당할지 몰라 밖에서 손을 안 잡거든요."

"이 분야에서는 내 의견보다는 당신의 의견이 훨씬 더 유효하겠지. 난 이 분야와 관련된 당신의 경험에 얼마든지 고개 숙일 수 있어요."

지금 한 줄기 햇살이 내려온 건가? 저 멀리서 새가 짹짹거리는 소리를 듣고 있는 건가? 내가 우산을 똑바로 드는 데 너무 신경을 써서 태풍이 지나갔다는 사실을 지금에서야 안 건가? 우르릉대는 태풍 소리가 사라지자 그의 모든 게 훨씬 더 선명하게 들렸다. 그의 억양과 톤, 수긍과 흥분 모두. 게다가 더 이상 미끄러질 염려가 없어진 덕에 우리는 마침내 춤을 출 수 있게 되었다.

새롭게 발견한 이 한 줄기 햇살에서 기회를 본 나는 아까 나왔던 주제를 다시 한번 꺼내보기로 했다. "방금 이 분야에서는 제 의견이 훨씬 유효하다고 말씀하시면서 저에게 관용을 보여주셨는데, 그런 관용을 똑같이 다른 사람들에게도 보여주실 수 있나요? 가령 흑인들과 '흑인의 생명도 중요하다'에 대해 이야기할 때-"

"그럴 거요." 프랭크가 내 말을 중간에 끊으며 답했다. "근데 많은 사람이, 단언컨대 흑인 중에서도 꽤 많은 사람이 '흑인의 생명도 중요하다'를 지지하지 않아요. 도널드 트럼프를 찍은 흑인

이 얼마나 많은 줄 알아요? 흑인 전부는 아니겠지, 반도 안 될 수 있어요. 하지만 나는 '흑인의 생명도 중요하다'가 흑인 커뮤니티 전체를 대변하는 정서라고는 생각 안 해요. 난 정말 그렇게는 생각 안 해."

하늘에서 빗방울 몇 개가 내 얼굴로 떨어졌다. 나는 이번 통화에서 그의 이런 생각을 바꾸는 건 무리라는 사실을 마지못해 인정할 수밖에 없었다.

"스스로를 보수주의자로 정체화하기 시작한 건 언제부터였나요?" 대화의 방향을 개인적 경험 쪽으로 돌리고자 내가 물었다.

"나이 들어서였지. 재미있는 거 하나 말해줄까, 내가 원래 진보주의자였어요. 낙태 찬성파였지. 나는 완전히, 완전히 진보 쪽이었고 한 서른다섯까지는 그걸 전혀 숨기지 않았어요. 내가 원래는 찐 낙태 찬성파였는데 그러다가 애들 읽는 과학책에서 임신에 대해 찾아봤거든. 임신은 언제 시작되고, 심장은 언제 뛰고, 뇌파는 언제부터 나오는지 같은. 그러다가 문득 생명은 수태되는 순간부터 시작된다는 걸 깨달은 거요. 생명은 수태되는 순간부터 시작된다고."

이제 내 머릿속은 그에게 묻고 싶은 질문들로 분주하게 돌아갔다. 하지만 산만하게 흩어지는 오만가지 질문과 달리, 이 새로운 질문은 이 사람에 대해 알고 싶다는 진짜 마음에서 우러나온 것들이었다. 그 서른다섯의 프랭크는 어떤 사람이었을까? 당시 그의 이념의 바탕이 된 것은 무엇이었고, 현재는 무엇일까? 생명에 대한 그 깨달음 하나로 그는 어떻게 완전히 보수주의자로 돌아서게 된 걸까? 지금의 프랭크는 과거의 프랭크를 어떻게 생각할까? 그는 주로 어떤 매체를 볼까? 하지만 안타깝게도 통화 시간이 다 되었고, 이 모든 질문은 오만가지 태풍으로 인해 샛길로 새지 않았더라면 우리가 나눌 수 있었을 풍성한 대화를 상상케 하며 달콤 쌉싸름한 여운을 남겼다.

나는 진실로 궁금한 마음에 물었다. "이 대화가 당신에게 어떤 식으로든 도움이 됐나요?"

"그런 것 같아요. 그런 것 같아. 이렇게 생각이 양극단인 두 사람이 서로 면전에 대고 '인종차별주의자'네 '쓰레기 같은 놈'이네 악을 쓰지 않고 좋은 대화를 할 수 있다는 것 자체가. 이게 좋은 것 같아요. 이게 좋은 것 같아." 마지막 문장을 반복하는 그의 목소리는 생각에 잠긴 듯 아련했다.

"자, 프랭크," 내가 분위기를 전환하며 말했다. "이 팟캐스트의 제목은 사실 '나를 혐오하는 사람들과의 대화'예요. 당신은 절 혐오하시나요?"

프랭크가 박장대소를 하며 웃었다.

"절 혐오하세요?" 나는 밀어붙였다.

"이 팟캐스트의 재미를 살리려면 내가 '그렇다'라고 얘기해야 하는 거 아니요? 그러면 그렇게 얘기하리다!"

"아니요, 사실. 저는- 아뇨, 아뇨! 그럴 필요 없어요-"

"나는 더 이상 당신을 혐오하지 않아요, 딜런!"

"'더 이상' 혐오하지 않으시는군요! 그렇다면 **그 전에는**…?"

"그래, 졌다 졌어! 당신이 이겼어!"

"아니요, 잠깐만요. 그게 아니고요!" 내가 간곡히 말했다. "이건 이기고 지는 문제가 아녜요! 이건-"

"왜 그런 줄 알아요? 왜냐면 당신이 들을 자세가 되어 있었으니까. 나는 당신 말을 듣고, 당신은 내 말을 듣고. 그게 제일 중요한 거거든."

시간을 보니 이제 다음 게스트 준비를 시작할 때였다. 그래서 우리는 작별 인사를 하고 우리의 춤을 마무리했다. 아무리 비에 쫄딱 젖었어도 춤은 춤이었다.

"계속 그렇게 사슈!" 프랭크가 앞서 악플에 썼던 말을 떠올리게 하는 우스갯소리를 던지며 전화를 종료했다.

전화를 끊은 나는 팔을 쭉 스트레칭하며 밖에 모여 있는 제작진들을 쳐다봤다. 진이 다 빠졌지만 왠지 모를 활기가 솟는 기분이었다. 태풍 때문에 온몸이 폭삭 젖긴 했어도 태풍을 무사히 빠져나왔다는 데서 오는 고양감이었다.

다음 날, 새로운 마음으로 전날 대화를 듣고 싶었던 나는 책상에 앉아 헤드폰을 끼고 편집을 시작했다. 전화 통화를 하는 동안의 내가 태풍에 발이 묶인 현장 연구자였다면 지금의 나는 그다음 날 아침, 태풍이 쓸고 간 지역에서 밤새 일어난 소식을 취합하고 피해 규모를 파악하며 관련 소식을 전하는 기상특파원이었다.

인터뷰 전체를 끝까지 다 듣자마자 나는 헤드폰을 휙 벗고는 의자에 등을 기대고 앉아 한숨을 내쉬었다. 오만가지 태풍이 내는 잡음이 대화 전체에 묻어 있어서 어떻게 해야 이 대화를 살릴 수 있을지 난감했다.

내게는 두 가지 선택지가 있었다. 즉시 이 프로젝트를 중단하고 남은 평생을 동굴에 처박혀 살거나, 20분을 쉬거나. 전자의 삶을 상상하며 후자를 선택한 나는 핸드폰을 들고 소파에 쓰러지듯이 털썩 누웠다.

느슨하게 풀어진 얼굴 위로 핸드폰의 밝은 빛이 내려앉는 가운데 나는 화면을 스크롤하며 샐리 예이츠$^{Sally\ Yates}$(오바마 행정부 시절 법무부 부장관)의 증언 영상과 트럼프의 지목을 받을 가능성이 많다고 거론되는 여러 보수 성향 판사들에 대한 기사, 실시간 트렌드에 오른 해시태그 #4WordLetDowns(실망스러운 상황을 네 단어로 표현하는 SNS 해시태그)를 훑어봤다. 이 해시태그를 단 '버즈피드^{BuzzFeed}' 계정 게시물에는 '오늘 맛집 재료 소진됐대'라는 네 단어와 함께 네모바지 스폰지밥(SpongeBob SquarePants)이 레스토랑에 홀로 앉아 있는 이미지가 올라와 있었다. 스크롤을 계속 내리면서 한 소셜미디어 인플루언서가 자기 남편과 재연한 스파이더맨의 그 유명한 거꾸로 키스 신을 보고, 300명의 나이지리안 여학생들이 무장단체 보코 하람$^{Boko\ Haram}$에 의해 납치됐다는 〈뉴욕타임스〉 트윗을 확인하고 있는데, 존 올리버$^{John\ Oliver}$(영국 태생 코미디언이자 시사 코미디쇼 호스트)가 실시간 트렌드 키워드로 올라와 있는 게 눈에 띄었다. 그의 이름을 클릭해 연결되는 링크를 누르자 유튜브 앱이 열리며 그의 영상이 나타났다.

올리버가 망 중립성(net neutrality)에 대해 설명하는 것을 보던 나는 중간에 끊고 그가 레퍼런스로 언급한 영상을 찾아봤다. 테일러 스위프트의 2012년 곡 〈네가 그런 애라는 거 알았어〉(I Knew You Were Trouble) 뮤직비디오였는데, 후렴구 부분을 염소가 아악 우는 장면으로 재편집한 리믹스 버전이었다. 뮤직비디오를 다 본 다음에는 조금 전에 보던 올리버의 영상을 다시 재생했고, 이것을 끝까지 보자 화면 옆쪽에 그의 영상 여러 개가 더 보이길래 그것도 봤다. 이방카 트럼프Ivanka Trump와 그녀의 남편 재러드 쿠슈너Jared Kushner에 대한 그의 폭로 영상을 시청하고, 프랑스 대선이 왜 유럽연합의 운명을 결정짓는 분기점이 될 수 있는지를 설명하는 영상도 이어서 봤다. 유명 토크쇼 진행자인 스티븐 콜베어Stephen Colbert가 멕시코의 싱코 데 마요Cinco de Mayo 축제에 대해 농담하는 영상과 코미디언인 서맨사 비Samantha Bee가 저널리즘을 풍자하는 영상, 북한에 대해 얘기하는 시사 프로 사회자 트레버 노아Trevor Noah의 영상도 봤다. 유명 심야 토크쇼 사회자인 지미 팰런Jimmy Fallon이 배우 크리스 파인Chris Pine과 함께 '블랙잭과 동일한 게임이되 한 판이 끝날 때마다 이긴 사람이 엄청나게 큰 마네킹 손으로 진 사람의 따귀를 때리는' 따귀잭(slapjack) 게임을 하는 영상도 있었다. 지미 키멀Jimmy Kimmel이 자기 토크쇼에서 미국 의료를 주제로 얘기하는 감동적인 영상도 봤다.

그런데 '본인 부담금의 정의'를 검색해볼까 하는 생각을 실제 행동으로 옮기려고 하는 그 순간, 갑자기 가슴이 철렁했다. 이건 마치 공포영화를 볼 때 주인공과 조수가 드디어 악당에게서 벗어나 한시름 놓았더니 알고 보니 그 조수가 악당이었다는 결말을 맞닥뜨렸을 때의 느낌이었다. 바로 오만가지 폭풍의 기원이 또렷하게 보인 것이다.

광장의 시민으로서 우리에게 주어진 주요 임무가 시류에 뒤처지지 않게 정보를 따라잡는 것이라면, 오만가지 태풍은 그렇게 해야 한다는 압박과 그렇게 하는 게 가능하다는 착각이 서로 충돌하며 만들어내는 것이다.

하지만 인터넷의 시대에서는 '정보를 따라잡는다'라는 바로 그 명제가 비현실적이다. 소셜미디어는 수십억 명이 참여하는 지식 집합체로, 각 구성원이 단상, 농담, 의견을 생각나는 대로 계속해서 공유하도록 유도한다. 이런 소셜미디어를 따라잡겠다고 나서는 건 세계신기록의 속도로 질주하며 사방으로 흩어지는 수백 명의 올림픽 선수들을 한 번에 따라잡겠다는 것이나 다름없다. 하지만 안타깝게도 '모든 사람'이 모든 일을 다 파악하고 있다는 근거 없는 믿음이 사람들에게 먹힌다. 이건 규모에 대한 감각이 온라인상에서 왜곡되기 쉽기 때문인데, 가령 몇 명 안 되는 사람들 사이에서만 논란이 되던 문제가 갑자기 '모든 사람의 입에 오르내리는' 문제로 부풀려지고, 결국 너나 할 것 없이 그 문제를 논하게 되는 게 대표적인 예다. 하지만 혼자 힘으로 **모든 일**을 다 따라잡을 수 있는 사람은 없다. 이건 그 말발 좋은 심야 토크쇼 진행자들도 불가능하다. 사람들은 이들을 유머 감각을 타고난, 말도 못 하게 스마트한 '보통 사람'인 동시에 별다른 노력 없이도 굉장히 박식한 인간 백과사전으로 바라본다. 하지만 이런 착각이 가능한 까닭은 눈에 보이지 않는 조사원, 작가, 프로듀서 군단이 그들 뒤에 포진하고 있음을 몰라서다. 진행자가 던지는 농담 하나만 봐도, 첫 번째 팀이 그 설정을 하나하나 검토하면, 두 번째 팀이 빵 터질 만한 펀치 라인을 섬세하게 직조하고, 세 번째 팀이 전체 진행을 맡는다.

    그러나 모든 것을 파악하고 있어야 한다는 이 착각이 아무리 '오만가지 태풍'을 일으키는 주범일지라 해도, 이것 하나만으로는 역부족이다. 이 태풍이 그렇게 빠른 속도로 몰려오게 되는 또 다른 주요 원인은 맞서고 싶다는 숭고한 욕망이다. 프랭크와 나눴던 대화를 떠올려보면 통계자료나 농담, 순발력 있게 받아칠 말이 바로 떠오르지 않아 가슴을 쳤던 순간들이 있었다. 그때 나는 나 스스로에게 얼마나 실망했나. 이 방송을 듣게 될 청취자들이 분명 실망할 거라고 얼마나 자책했나.

    프랭크와 통화하던 내게 데스몬드 투투의 환영은 "불의의 상황에서 중립을 지킨다면 그건 압제자의 편을 선택한 것이다"라고 속삭였다. 이제 이 인용문은 사람들더러 더 빨리 쏘아붙이지 못한다고, 더 세게 물어뜯지 못한다고, 해야 할 말을 하지 못한다고 비난하는 용도로 쓰이게 됐다. 이 발언이 나오게 된 배경인 남아프리카 아파르트헤이트 시절에는 이 말이 진실이었겠지만, 이를 인터넷에서 마주하는 모든 불의에 곧이곧대로 적용하기는 쉽지 않다. 소셜미디어의 시대에 침묵이란 과연 무엇인가? 게시물을 끊임없이 올리지 않는 게 침묵인가? 일대일 대화에서 동의할 수 없는 말이 나올 때마다 반박하고 물어뜯지 않는 게 침묵인가?

어쩌면 나는 이 구절의 우아함에 매료되어 이 말을 너무 곧이곧대로 적용했던 것일 수 있다. 이 말이 마주하는 모든 불의에 관해 가능한 한 큰 소리로 외치라는 의미인 줄 알고, 그렇게 하는 것이 가장 순수한 형태의 운동이라고 생각하면서 말이다.

자기 자신을 심야 토크쇼 사회자나 수천만 명이 사용하는 소셜미디어의 속도, 역사 속 시적인 금언에 비교하는 건 번아웃으로 가는 지름길이다. 이게 바로 정보 시대의 이상한 난제다. ― 이론적으로는 우리가 모든 정보를 손끝으로 부릴 수 있는 게 맞다. 하지만 현실적으로는 그 모든 정보를 소비할 수 없으며, **모든 것**에 대해 내 주장을 설득력 있게 펼 수 있을 만큼 정보를 제대로 이해하는 건 더욱더 언감생심이다.

선택 과부하 가설은 선택지가 많은 게 더 좋아 보일지 몰라도 의사결정을 할 때는 사실 더 안 좋다는 심리학적 개념이다. 2000년에 심리학자인 쉬나 아이엔가^{Sheena Iyengar}와 마크 레퍼^{Mark Lepper}는 식재료를 사는 사람과 학생, 초콜릿 애호가들을 대상으로 이 가설을 실험했다. 슈퍼에서 진행한 이 연구에서 아이엔가와 레퍼는 여섯 개의 잼을 나열했을 때보다 24개의 잼을 나열했을 때 훨씬 더 많은 고객을 끌어모을 수 있었으나, 선택지가 이렇게 많았을 때 잼을 구입한 사람은 3퍼센트에 지나지 않았던 반면, 선택지가 더 적었을 때는 거의 30퍼센트에 육박한 사람이 실제 잼을 샀다는 사실을 발견했다. 에세이를 제출하면 추가 성적을 받을 수 있는 실험에서 더 많은 학생이 에세이를 제출한 건 선택할 수 있는 주제가 적었을 때였으며, 초콜릿 연구에서 역시 선택지가 적었던 참가자가 많았던 참가자보다 훨씬 더 큰 만족도를 보고했다. 이에 아이엔가와 레퍼는 선택지가 많을수록 "인간의 자발성을 방해하는 결과를 가져오기도 한다"라는 결론을 내렸다.

심리학 교수인 배리 슈워츠$^{Barry\ Schwartz}$는 이러한 현상에 '선택의 역설'이란 기발한 이름을 붙였다. 그는 2005년 테드 토크$^{TED\ Talk}$에서 "선택지가 너무 많아지면 사람들은 아예 선택하지를 못한다"라고 지적했다.

대화 속으로 뛰어드는 것은, 특히 정치적 입장이 완전히 다른 사람과 대화를 감행하는 것은 끊임없이 선택의 역설을 마주하는 일이기도 하다. **어떤 것**에 대해서든 얘기할 수 있을 때 사람은 언제나 이것을 **모든 것**에 대해 얘기하라는 신호로 받아들이고, 결국 이것이 '태풍'을 불러일으켜 그로 하여금 말을 한마디도 떼지 못하게 만든다는 걸 난 이제야 알게 됐다.

이 이념적 태풍이 새로운 현상은 아니다. 인간이 역사를 기록하기 시작한 이래 하늘 아래 새로운 것은 없다고 해도 과언은 아니다. 하지만 이 태풍이 이렇게 강한 위력을 가지게 된 건 분명 우리가 디지털 플랫폼을 사용하면서부터다. 이 플랫폼은 모든 일을 실시간으로 전달하는 동시에, 사람들에게 그 모든 일에 대한 자신의 생각과 감상을 최대한 빨리 표현하라고 재촉한다. 우리가 사용하는 전자기기는 태풍을 추적하는 도플러 레이다$^{Doppler\ radar}$인 동시에 태풍의 규모 자체를 키우는 촉매제가 되었다.

그렇다면 해결책은 무엇인가? 내가 걸어 다니는 위키피디아가 되어야 하나? 인터넷 전체가 담긴 마이크로칩을 머리에 심는 방법을 찾아봐야 하나? 내 전화 한 통이면 달려올 조사원, 작가, 프로듀서로 이루어진 50명짜리 팀을 꾸려야 하나?

어쩌면 진짜 해결책은 태풍을 앞지르거나 피하는 것이 아닌, 태풍 안에서 존재하는 방법을 찾는 것일지도 모른다. 태풍은 우리의 정신적 경계 밖에서 시끄러운 소리를 내며 언제나 존재할 것이다. 이것을 피할 길 같은 건 없을지도 모른다. 프랭크와의 대화에서 배웠듯 모든 주제를 한 번에 다룰 길은 없다. 그 모든 것이 아무리 중요하고 시급하다고 해도 안 되는 건 안 되는 거다. 그러니 '오만가지 태풍'이 부는 게 불가피한 날씨라면 그저 집중하고, 경청하고, 태풍이 지나가도록 놔두는 게 유일한 해결책이다.

힘을 낸 나는 책상으로 돌아가 프랭크와의 대화 마지막 부분을 다시 들었다.

"자, 프랭크, 이 팟캐스트의 제목은 사실 '나를 혐오하는 사람들과의 대화'예요. 당신은 절 혐오하시나요?"

그의 박장대소가 다시 들렸다. 녹음기에 담긴 그의 웃음은 이제 내 헤드폰 선을 춤추며 내달렸다.

"나는 더 이상 당신을 혐오하지 않아요. … 그래, 졌다 졌어! 당신이 이겼어!"

"이건 이기고 지는 문제가 아녜요! 이건-"

"왜 그런 줄 아슈? 왜냐면 당신이 들을 자세가 되어 있었으니까. 나는 당신 말을 듣고, 당신은 내 말을 듣고. 그게 제일 중요한 거거든."

>>> 4장 <<<

혐오의 씨앗들이 자라나는 곳

"네? 아니에요! 저는 당신 혐오 안 해요."

팟캐스트 제작 사흘째 되는 날, 나는 오늘의 두 번째 게스트와 통화 중이었다. 대학생인 그의 이름은 애덤. 나는 방금 그가 출연 중인 이 팟캐스트의 제목이 '나를 혐오하는 사람들과의 대화'라는 걸 밝힌 참이었다. 그런데 애덤의 반응이 영 내 예상과 달랐다.

프랭크와의 대화 이후 나는 악플 폴더에 있던 몇몇 사람과 녹음을 마쳤다. 나를 재수 없고 정이 안 간다고 말한 선생님 안나와 얘기를 나눴고, 조쉬와는 한 번 더 통화하며 종교와 왕따 문제, 정치적 분열 등 다양한 주제에 대해 좀더 심도 있는 대화를 나눴다. 애덤에게 전화 걸기 바로 직전에 얘기한 사람은 진보 퀴어 예술가인 매튜였는데, 그는 일전에 "딜런 매론은 자유주의의 가장 최악의 면모를 대변하고 있는 자다"라고 말한 바로 그 사람이었다. 지금까지 팟캐스트의 제목을 밝혔을 때 사람들의 반응은 각양각색이었지만 대부분 웃긴다는 쪽이었다. 프랭크는 박장대소했고, 매튜는 낄낄댔다. 안나는 헉하고 충격을 받더니 "아니에요! 저는 당신 혐오 안 해요!'라고 소리치고는 곧바로 "저는 전 남친도 혐오하지 않는 사람이에요. 그 사람이 그냥 이 모든 걸 놓쳤다는 게 안타까울 뿐이죠"라고 말을 이었다.

내가 게스트들에게 팟캐스트의 제목을 말해주지 않은 건 혹시나 제목이 바뀔 수 있기 때문이기도 했지만 가장 큰 이유는 이것을 제일 마지막에 '짠' 하고 공개함으로써 이 프로젝트의 핵심 질문인 "저를 혐오하세요?"라는 물음을 연이어 던지기 위해서였다.

하지만 애덤의 웃음소리를 기대하며 앉아 있는 지금, 아무 소리도 들리지 않았다. 작게 킥킥대는 소리조차 없었다. 그게 뭐냐며 바로 쏘아붙이는 말도 없었다. 오직 침묵뿐이었다.

나는 그가 보냈던 페이스북 메시지를 힐끗 내려다봤다. 애초에 그가 팟캐스트에 초대될 수 있었던 건 이 메시지 덕분이었던 건데, 침묵하는 그를 보니 혹시 내가 메시지 내용을 완전히 오독했던 건가 싶었다. "게이가 되는 건 당신 몸의 화학 작용 때문인데 이게 중독이랑 비슷합니다. 그건 당신이 통제할 수 있는 중독이에요." 내 앞 테이블에 놓여 있는 종이 한 장에는 몇 주 전 애덤이 보낸 메시지가 그대로 적혀 있었다.

다시 읽어봐도 내가 오해한 부분은 전혀 없었다. 실제로 섹슈얼리티를 고칠 수 있는 중독에 비유하는 건 성적 지향을 바꾸는 게 가능하다고 거짓 주장을 하는 전환 치료(conversion therapy) 찬성자들의 대표적인 논리였다. 하지만 솔직히 말하면 애덤이 적극적으로 전환 치료를 옹호한 것은 아니었다. 게다가 저 말 뒤에는 "나는 기독교인으로서 동성애가 죄라고 생각해요. 하지만 동시에 저는 하느님이 당신을 사랑하신다는 걸 알고, 당신도 그걸 알았으면 합니다"라고 쓰기도 했다.

이랬다저랬다 하는 그의 이런 이분법적 태도는 오늘 우리가 대화하는 내내 반복된 것이었다. 통화 초반에 그는 "당신 삶의 방식에 동의하지 않는 부분이 있기는 하지만, 저는 그래도 당신을 한 인간으로서 사랑해요"라고 말했다. 그래서 결론이 뭐야? 사랑한다는 거야, 혐오한다는 거야?

나는 다시 현재로 돌아와서 애덤에게 내가 왜 그의 메시지를 혐오적이라고 생각했는지 설명할 방법을 궁리했다.

"당신은 정말 좋은 사람이에요, 그죠? 전화만으로도 그게 다 느껴져요." 이 말로 운을 뗀 건 그를 진심으로 긍정하는 말이 선행되면 그가 쓴 약을 꿀떡 삼키는 데 도움이 될까 싶어서였다. 하지만 동시에 시간을 벌기 위한 전략이기도 했다. 나는 어떻게 하면 그를 악인 취급하며 타자화하지 않으면서도 그가 자기 메시지의 해로운 면을 보게 만들 수 있을지 머리를 굴렸다. **생각을 해, 생각을, 생각을.** "당신의 메시지가 조금 불안하게 느껴지는 건, 물론 성경의 이런 기조가 당신 안에서는 **당신**이 말하는 사랑으로 발현됐지만, 저는 이 똑같은 씨앗이 혐오로 발아될 수 있다고도 보거든요."

"동성애, 퀴어함을 사람이 통제할 수 있는 욕구라고 생각하는 것, 전 이게 다른 사람에 대한 혐오로 발아할 수 있는 하나의 씨앗이라고 생각해요." 나는 이 생각을 차분히 발전시켜가며 설명했다. "당신은 지금 '나는 당신을 사랑해요, 물론 당신은 게이로서 죄를 짓고 있지만'이라고 얘기하고 있는데, 이거 좀 이상하지 않나요? 끝맛이 좀 씁쓸하죠. 결국 당신은 나를 온전히 사랑하지 않는다는 말이잖아요. 동성애는 저라는 사람의 빼놓을 수 없는 일부니까요. 내 말 이해가 되나요?"

"당신이 어떤 입장인지 알겠어요." 애덤은 마치 생전 처음 들은 말을 실시간으로 소화하고 있는 것처럼 생각에 잠긴 목소리로 천천히 말했다. "훨씬 더 이해가 되네요. 네."

그에게는 이 말을 받아들이는 게 쉽지 않을 터였다. 애덤은 지금 평생을 진리라고 철석같이 믿고 있던 것을 재고해보라는 요청을 받은 것이었으니. 나는 그를 쩔쩔매게 만들거나 질책할 생각은 없었다. 오히려 그에게 다가가고 싶었다.

"당신을 탓하는 게 아니에요. 이런 생각을 처음 떠올린 게 당신은 아니죠." 여러 사람과의 통화를 통해 내가 깨달은 게 하나 있다면 그것은 바로 시스템과 개인, 공적인 문제와 사적인 문제, 사람과 혐오를 구분해야 한다는 점이었다. 게다가 혐오가 진짜 그 사람의 순수한 감정인가에 대해서도 의문이 들었다.

애덤은 동성애 혐오를 발명하지 않았다. 그는 자기가 속한 커뮤니티의 윗사람들한테 배웠던 말을 그저 나에게 반복하고 있는 게 분명했다. 그리고 그 윗사람들 역시 **자기**들이 어렸을 때 배운 말들을 고스란히 반복했을 것이다. 나는 애덤과 동성애 혐오를 분리함으로써 우리가 대립각에서 한 발짝 벗어나 이 문제를 보다 주관적인 관점에서 함께 볼 수 있기를 바랐다. 같이 미술관에 가서 갤러리 중앙에 서 있는 커다란 스틸 구조물을 응시하며 그것의 윤곽이 어떻다며 서로에게 관찰한 바를 속삭이는 것처럼 말이다.

나는 좀더 개인적인 측면에서 어필해보기로 했다. "나는 커뮤니티에 있는 당신 또래의 청년들이 이런 메시지를 받는 게 걱정돼요. 그들에게 그런 말을 하는 사람들은 당신만큼 사랑이 없는 사람들이겠죠? 그런 메시지를 받고 자기가 사회에서 완전히 버림받았다고 생각하는 사람이 있을까 봐 염려돼요. 자기가 날 때부터 하자 있게 태어났다고 생각하게 만들잖아요."

수초 간의 정적이 영원처럼 이어졌다.

마침내 애덤이 입을 열었다. "그 말 이해되네요. 이제 당신이 어떤 입장인지 알겠어요." 나는 그의 말이 완전히 믿기지는 않았지만, 애덤은 말을 계속했다. "맞아요, 그건 너무하죠. 정말 너무한 일이에요. 하지만 저는 동성애가 죄라고 믿고 있어요." 그는 이것이 마치 자신을 구성하는 불변의 사실인 양 말했다. 이 씨앗을 갖고 태어났고, 그것을 뿌려 수확하는 것이야말로 자신의 운명이라는 듯이. 이 믿음이, 주입된 이 신념이 객관적인 진리인 듯이. 태양이 뜨고 우리가 공기를 마시는 것처럼, 게이인 건 치료할 수 있는 질병인 것이다.

나는 잠시 내가 그에게 느끼는 이 막막함을 그 역시 나에게 느끼고 있을까 궁금했다. 섹슈얼리티는 치료로 바뀔 수 있다고 생각하는 사람에게 섹슈얼리티는 나라는 사람을 구성하는 절대 불변의 사실이라고 말하고 있으니 말이다.

"하지만 맞아요. 내가 당신의 핵심적인 부분을 배제하고 부정하고 있다는 사실은 완전히 이해했어요. 그리고 그게 상처가 된다는 것도요. 그렇지만 그게 혐오로 비치리라고는 전혀 생각하지 못했습니다."

애덤 입장에서 이런 말을 하는 건 상당히 큰 진전이었다. 나는 그가 지금껏 진리라고 여기며 살아왔던 믿음을 정면으로 반박하는 내 말에 이 정도로라도 마음을 열고 대화하는 것이 고마웠다.

"당연히 그것이 당신에게는 혐오로 발현되고 있지 않다고 봐요. 당신의 근원에는 사랑이 있다고 생각하니까요. 하지만 저는 그 씨앗이 당신만큼 사랑이 많지 않은 사람 안에서 어떻게 발현될지 걱정되기도 합니다. 무슨 말인지 이해하겠나요?"

"네." 애덤이 한숨을 쉬며 말했다.

"당신 커뮤니티에도 사람을 싫어할 기회만을 노리는 자들이 있을 텐데 그런 사람들 안에서는 그 씨가 혐오로 발아될 수 있다고 생각하거든요."

"알겠어요. 그리고 아마도 당신이 말하는 사람들은 웨스트 침례 교회(West Baptist Church) 사람들과 아주 비슷한 것 같아요, 아니면…." 그가 말꼬리를 흐렸다.

"웨스트보로 침례 교회(Westboro Baptist Church) 말이죠?" 그가 가리키는 사람들이 삼색 팻말에 공격적일 정도로 크고 굵은 글

씨로 '하나님은 호모들을 혐오하셔'라는 말을 자랑스럽게 써서 다니는 악명 높은 집단임을 짐작한 내가 물었다.

"네, 맞아요. 거기요."

"그렇게 알아보는 것도 아주 좋은 방법인 것 같아요. 같은 씨앗이어도 당신이 다루는 방식과 그들이 다루는 방식이 확연히 다르네요."

"네." 대답하는 그의 목소리가 슬프고 실망스러워 보였다.

대화가 끝나갈 무렵이 되자 그가 전화를 끊고 싶어하는 게 느껴졌다. 답이 점점 짧아지고, 내 질문 뒤로 이어지는 정적이 더 길어졌으며, 통화 초반 때에 보여준 열의도 확연히 줄어들었다. 불현듯 죄책감이 밀려왔다. **내가 너무 심하게 몰아붙였나?**

"이 대화 이후 평소와 어떤 점이 좀 달라질 것 같은가요?"

"음." 말을 찾던 그가 풀썩 웃었다. 너무 방대한 질문이라 대답을 어떻게 시작해야 할지조차 모르겠다는 투였다. "사실은 잘 모르겠어요. 여전히 앞으로도 사람들을 사랑하겠죠. 일단 목사님과 이 문제에 대처하는 방법에 대해 얘기해볼 것 같아요."

내가 할 수 있는 일은 여기까지라는 생각이 들었다. 저 말을 끝으로 우리는 인사를 하고 전화를 끊었다.

"안녕하세요, 애덤. 방금 우리가 한 대화가 쉽지는 않았지만 그 의미는 대단히 깊다고 생각해요." 통화가 끝난 직후 나는 그에게 메시지를 보냈다.

그가 답을 보내왔다. "힘들었지만 좋았어요! 다만 제목에 있는 혐오라는 단어가 걸리거든요. '어려운 대화' 어때요? 물론 이건 제 팟캐스트가 아니니까 참고만 하세요! 즐거운 대화 감사합니다!"

조금 전까지의 시간이 왜 내가 제목에 '혐오'라는 단어를 쓸 수밖에 없었는지를 애덤에게 부단히 설득하는 과정이었다면, 이제는 그 이유를 나 스스로에게 이해시켜야 하는 더 어려운 시간이 시작된 것 같았다.

✥

애덤과의 통화 후 며칠이 지난 어느 날, 나는 책상에 앉아 있었지만 왠지 일이 손에 잡히지 않았다. 충격으로 말을 잇지 못했던 애덤이 머릿속에서 떠나질 않았다. **그 친구 말이 맞나? 이 제목이 게스트들에게는 부당한가?** 애덤이 제시한 '어려운 대화'라는 제목을 속으로 이리저리 굴려봤으나, 떠오르는 거라곤 스스로를 '초민감자(empath)'라고 부르는 공영라디오 프로그램 사회자가 눈을 가늘게 뜬 채 깊은 공감을 나타내는 듯 손을 가슴에 얹고 게스트의 말에 격렬히 고개를 끄덕이는 장면이 전부였다. 어쩌면 미래에 나는 그런 종류의 프로그램을 진행할 수도 있을 것이다. 진지한 명언이 정자체로 인쇄된 머그잔으로 모든 걸 마시는 사람이 되는 날이 온다면. 하지만 지금 **이** 팟캐스트는 아니었다.

불현듯 이렇게 많은 질문을 불러일으킨 '혐오'라는 이 간단한 단어의 정의를 내가 실제로는 잘 모르고 있다는 생각이 들었다.

"혐오." 나는 다급히 구글 검색창에 단어를 입력해봤다.

"강렬하게 또는 열렬히 싫어하는 것."

그 아래로 위키피디아의 정의가 보였다. "증오 혹은 혐오란 극심하게 싫어하는 마음을 뜻하는 것으로 그 대상은 개인, 집단, 기관, 대상, 행동, 생각 등이 될 수 있다. 혐오는 주로 분노와 불쾌감 같은 감정이나 적대적 성향과 연관되어 있다."

나는 이 단어가 시사 분야에서 어떻게 쓰이고 있는지 보기 위해 뉴스탭을 클릭했다.

'인종 혐오범죄 건수 급증.' 남부빈곤 법률센터의 보고서 제목이었다.

'대안 우파, 백인민족주의, 표현의 자유: 극우의 언어 이해하기.' 본문의 요지를 엿볼 수 있는 내셔널 퍼블릭 라디오의 기사 제목이었다. 기사를 클릭하자 표현의 자유와 혐오 표현의 차이를 자세하게 설명한 단락이 보였다.

'캔자스 제이호크스$^{Kansas\ Jayhawks}$: 왜 캔자스 팬들은 아직도 미주리를 혐오하는가.' 두 대학 풋볼팀의 라이벌 관계를 다룬 한 스포츠 블로그의 최근 게시물이었다.

'혐오'란 단어는 인종혐오 범죄부터 스포츠 대항까지 쓰이는 범위가 넓어 보였다.

구글 뉴스 결과 페이지에서 오른쪽으로 몇 센티미터 떨어진 곳에 내가 데스크탑에 만들어 놓은 혐오 폴더*가 보였다. 이 모든 게 시작된 혐오 폴더 속에 어쩌면 실마리가 숨어 있을지 모른

---

* HATE folder: 일부 맥락에서만 '악플 폴더' 대신 '혐오 폴더'로 옮겼다.

다고 나는 생각했다.

나는 내가 찾고 있는 게 정확히 무엇인지도 모른 채 일단 폴더를 클릭했다. 백만 번 스크롤하다 보면 내가 찾던 답이 나올지도 모르지. 그래서 나는 넓은 지형을 파악하기 위해 흙 샘플을 퍼다가 실험하는 지질학자처럼 스크린샷 네 개를 무작위로 골랐다.

라이언이라는 사람이 보낸 달랑 세 단어짜리 메시지, "셀프 참수해서 뒈져라."

오케이, 이건 확실히 혐오지.

프랭크가 보낸 메시지, "이 좆같은 새끼."

옙, 이것도.

"너한테 살인청부업자 보낼 거임." 페이스북 사용자 이름이 마이크인 사람이 보낸 경고성 메시지였다.

내가 본 혐오의 정의에 완벽히 들어맞는군.

"딜런 매론 개빡치네, 진짜." 카일라라는 여성이 쓴 트윗이었다.

흐음.

뉴스 기사에서도 그랬지만 여기에서도 '혐오'의 범주는 내 예상보다 훨씬 넓었다. 나를 '개빡친다'고 말한 카일라의 트윗은 프랭크의 훨씬 적나라한 발언에 비하면 얌전한 축에 속했다. 하지만 프랭크의 메시지는 충격적인 비주얼을 떠올리게 하는 '셀프 참수해서 뒈져라'라는 라이언의 악플에 비하면 또 아무것도 아니었다. 한편, 라이언은 적어도 내 목숨을 끊는 일을 나에게 맡긴 반면, 마이크는 그 일을 자기가 처리하겠다고 나섰다.

하지만 둘씩 짝지어놓고 보면 말이 안 되는 것도 아니었다. 카일라와 프랭크를 나란히 놓고 보면 카일라가 그렇게 튀어 보이지 않고, 프랭크가 라이언과 같은 폴더로 분류된 것도 이해할 만했다. 라이언과 마이크는 두 사람 모두 내가 죽기를 바랐다는 면에서 서로 잘 맞았다. 물론 그 바람을 이루기 위한 전략은 서로 다르긴 했지만 말이다. 그러나 이렇게 짝지어놓은 둘 사이의 차이는 그리 커 보이지 않아도, 카일라와 마이크 사이의 간극은 거의 헤아릴 수 없을 정도로 크고 깊었다. 시간이 지나 좀 떨어져서 볼 수 있게 되니 '딜런 매론 개빡치네, 진짜'와 '너한테 살인청부업자 보낼 거임'의 도덕적 속성은 완전히 다름에도 내가 이 둘을 똑같이 취급해 데스크탑 안의 내 디지털 감옥으로 같이 추방해버렸다는 걸 알게 됐다.

혐오 폴더 안의 스크린샷을 몇 개 더 클릭해 보니 '개빡친다'라는 카일라의 유순한 단어보다 훨씬 더 여기 있어서는 안 되는 메시지들이 있었다.

"딜런. 실수를 했으면 변명하지 말고 그냥 인정해요. 며칠 쉬면서 생각해보길."

"지금 당신이 한 짓은 100퍼센트 장애인 차별주의 논리에 근거한 겁니다. 확실히 알아두시길."

"이 영상이 너무너무 슬프다."

명치가 조여왔다. 난 이 말들이 정확히 무엇을 의미하는지 잘 알고 있었고, 그런 만큼 이 메시지들을 혐오 폴더에서 보게 된 게 너무 창피했다. 그해 초반 나는 자폐증에 관한 영상을 하나 만들었는데, 그때 나도 모르게 장애인 차별주의적 요소를 집어넣는 실수를 저질렀고 이에 일부 구독자들이 불쾌함을 표했다. 그 실수 중 하나가 자폐인 게스트의 비자폐인 아버지를 초대해 그로부터 자폐에 대해 좀더 자세한 설명을 들은 것이다. 구체적으로는 내가 자폐인 아들과 인터뷰하는 화면 위에 아버지의 음성을 편집으로 입혔다. 또한 나는 내가 초대한 게스트가 자폐를 대표하는 유일한 대변인인 것처럼 인터뷰 분위기를 이끌었는데, 현실에서 자폐는 사실 사람마다 살아가는 방식이 각양각색인 장애다. 혐오 폴더에서 지금에서야 다시 발견하게 된 이런 메시지들은 나를 깎아내려 안달 난 악플러들이 보낸 게 아닌, 내 팬들이 내 실수를 환기시켜주기 위해 한 말이었다. 이건 분명 **내가 그들**을 진짜 상처입혔기 때문에 나온 건설적인 비판이었음에도, 이 피드백을 받은 순간 나는 그들의 메시지를 살해 협박과 호모포비아 발언이 나란히 자리하고 있는 이 폴더 안으로 분류해버린 것이었다. 나는 재빨리 이 메시지들을 혐오 폴더에서 삭제했지만 궁금증이 생겼다. **혐오에 포함되지 않는 건 무얼까?**

어릴 적 나는 부모님에게 "엄마 아빠가 정말 싫어!"라고 목청껏 외치곤 했다. 그 원인은 다양했다. 친구랑 노는 약속을 다시 잡아야 한다는 얘기를 꺼냈을 때도 그랬고, 숙제를 다 하기 전까지는 텔레비전을 못 본다고 엄포를 놨을 때도 그랬을 것이다. 부모님이 이혼한 첫해 두 분이 나를 앉혀두고 연휴 일정표를 새로 짰다며 같이 얘기해보자고 말을 꺼냈을 때도 그랬을 것이다. 엄마 아빠가 정말 싫다고 한 내 말은 당연히 진심은 아니었다. 솔직히 말해 나는 내가 무슨 말인지 알고 한 말이라고도 생각하지 않는다. 누군가는 저런 말을 하는 것이 부모의 사랑을 독차지하는 외동의 비정상적인 특권의식이라고 지적할 수도 있겠지만, 내 생각은 좀 다르다. '정말 싫다'는 어린아이였던 내가 도저히 말로 설명할 수 없는 큰 감정을 표현할 수 있는 유일한 단어였다. "지금 느끼는 감정이 너무 깊고 복합적이어서 내가 알고 있는 감정 단어들로는 이걸 제대로 설명할 수가 없는데, 혹시나 엄마 아빠가 아량을 베풀어 내가 이 감정들을 소화할 수 있도록 여유를 좀 주시면 내가 지금 내면에서 일어나는 일을 정확하게 진단해볼게요"라고 말할 수가 없으니 일단 "나는 엄마 아빠가 정말 싫어"라고 냅다 내뱉은 것이다. '정말 싫어'는 그 감정을 가장 근사치로 표현할 수 있는 언어였다.

나는 혹시나 이와 비슷한 현상이 디지털 악플의 끝없는 십자포화가 빠른 속도로 쏟아졌을 당시 내게 일어났던 것이 아닌가 하는 생각이 들었다. 가차 없는 공격에 댓글이나 메시지의 심각성 정도를 일일이 구분할 정신이 없었던 것이다. 어쩌면 한참 성장 중이던 어린 시절의 내 마음처럼, 아직 채 여물지 못했던 내 디지털 마음은 그렇게 큰 규모로 쏟아지는 비판을 어떻게 소화해야 하는지 몰랐을 수 있다. 그래서 데스크탑의 폴더 제목을 '자기만의 독특한 배경과 경험을 지닌 인간들이 개별적으로 보낸, 소소한 불만에서부터 정말 죽여버리겠다는 살해 위협, 아 그리고 완전히 정당한 비판까지 그 수위가 다종다양한 디지털상의 부정적인 말'로 짓지 않고, 그냥 간단하게 '악플 폴더'라고 지은 것이다. 이렇게 하면 모든 게 훨씬 더 간단해지기 때문이다.

2016년 1월 사회심리학자 닉 해즐럼^{Nick Haslam}은 연구 논문에서 '개념 확장'(concept creep)이라는 신조어를 통해 학대(abuse), 따돌림(bullying), 트라우마(trauma), 정신질환(mental disorder), 중독(addiction), 편견(prejudice)의 정의가 계속 달라지는 현상을 설명했다. 그는 이 '개념 확장'에 대해 "원래는 인간 경험과 행동의 부정적인 측면을 가리키던 개념이었으나 이제는 훨씬 더 광범위한 현상을 아우르는 쪽으로 의미가 확장되는 현상"이라고 정의했다. 해즐럼의 정의에 따르면 나는 '혐오'라는 단어의 개념 확장에 일조하고 있는 걸까?

일상에서 이 단어는 꽤 넓은 범위로 쓰이는 듯하다. 쿠 클럭스 클랜(KKK)을 묘사할 때도 쓰이고, 큰 기대를 건 영화가 예상과 달라 짜증을 낼 때도 쓰인다. 문화적으로 이 단어의 실제 의미가 무엇인지에 대해 아직은 공통의 이해에 도달하지 못한 듯싶었다.

그 후 몇 주 동안 나는 팟캐스트의 제목을 바꿔야 하나 혼자 고민했으나 그 몇 주가 몇 달이 되더니 어느새 팟캐스트 데뷔 날이 도래했다.

때는 2017년 7월 31일 아침. 첫 번째 에피소드가 업로드된 지 몇 시간이 채 지나지 않았을 때였다. 핸드폰으로 팟캐스트 홍보 담당자인 크리스틴의 이메일이 도착했다는 알람이 울렸다.

"좋은 기사 떴으니 확인해보세요." 크리스틴의 이 말 뒤로 링크가 첨부돼 있었다. 링크를 클릭하자 내가 전화 통화를 하며 활짝 웃고 있는 고해상도 사진 위로 기사의 제목이 보였다. "트롤들에게 전화해 허심탄회한 대화를 나누다."

그녀에게 고맙다고 답 메일을 보내자 크리스틴은 "잘 돼서 지인짜 너무 기뻐요!"라고 회신했다. 나도 역시 기뻤지만, 이 기쁨에는 뭔가 다른 게 섞여 있었다. 하지만 그게 정확히 무엇인지 짚어낼 수 없었다.

8월 8일 화요일, 〈USA 투데이〉에서 우리 프로그램을 '이 주의 팟캐스트'로 선정했다. "트롤들과 대화하는 게 좋은 생각일 때는 드물다. 하지만 영상 프로듀서 딜런 매론은 제목이 모든 걸 말해주는 새 팟캐스트 '나를 혐오하는 사람들과의 대화'를 통해 이 일을 해냈다."

지금 내가 신나야 하는 상황이라는 걸 나도 잘 알았다. 하지만 가슴이 답답한 그 느낌이 또 도졌다. 흥분되지만 뭔가 찜찜했다.

8월 11일 금요일, 〈가디언^{Guardian}〉 지가 우리 팟캐스트를 '이 주의 픽'으로 선정했다는 소식을 들었다. 내가 웃고 있는 또 다른 사진 위로 "테이블축구 광신도들, 트롤들과의 대화, 왕좌의 게임 — 이 주에 뽑은 최고의 팟캐스트"라는 제목이 달려 있었다.

가슴이 또다시 답답해졌다. **나 도대체 왜 이런 거야?** 나도 이런 내가 의아했다. 나 같은 관종(다시 한번 알린다, 난 외동이다)에게 이런 일은 드물었다. **혹시 내가 문제적인 발언을 하거나 무신경한 말을 했나?** 나는 무엇 때문에 기분이 이렇게 찜찜한지 알아보기 위해 세 개의 기사를 꼼꼼하게 다시 읽었다.

"트롤들에게 전화해 허심탄회한 대화를 나누다." 나는 작게 소리 내어 제목을 읽어봤다.

"트롤들과 대화하는 게 좋은 생각일 때는 드물다…."

"…트롤들과의 대화"

세 개를 나란히 놓고 보니 공통분모가 보였다.

조쉬와 첫 번째 대화를 나누기 전까지만 해도 나는 '트롤'이란 단어를 별생각 없이 썼다. 그의 슬라이드쇼를 담은 영상 제목도 두 번 생각 않고 '내 트롤들에게 공감을'이라고 붙일 정도였다. 안 그럴 이유가 없지 않나? 나를 욕하는 사람들이 그저 스크린샷이었을 때는 그들을 '트롤'이라고 부르는 게 쉬웠다. 두 달 뒤, 조쉬와 찍은 첫 번째 영상의 제목을 지어야 할 때가 왔을 때 나는 '나에게 트롤짓한 남성과 헛소리 격파하기'라는 제목을 선택함으로써 '트롤'이라는 명사형으로 그를 규정하는 대신 '트롤짓하다'라는 동사를 써서 의미를 그의 '행동'으로 축소시켰다. 하지만 팟캐스트를 업로드하기 시작하면서, 소위 문제의 그 '트롤'들과 본격적으로 얘기를 하면서 생각이 완전히 달라지기 시작했다. 그리고 지금, 기사에서 사용되고 있는 그 단어를 보고 있노라니 아예 이 단어를 내 어휘 목록에서 삭제하고 싶다는 마음이 들었다.

여기에는 일단 현실적으로 제작상의 이유도 한몫했다. 이 팟캐스트는 게스트가 없으면 애초에 존재할 수가 없는데 내가 "여봐요! 내가 지금 트롤이랑 대화하는 팟캐스트를 만들고 있는데요, 당신이 여기에 딱인 것 같아요!"라고 말한다면 누가 참여하려 들겠나. 이건 마치 누군가를 저녁식사 자리에 초대하며 "어봐요! 내가 철천지원수랑 식사를 하려고 하는데 바로 당신이 떠올랐어요! 어서 와요!"라고 말하는 것과 진배없었다.

하지만 그보다 더 큰 이유가 있었다. '트롤'이라는 단어는 나와는 상관없는 '타자'를 연상시켰다. 다리 밑에 사는 못생긴 괴물. 자기들이 살던 어두침침한 굴에서 기어 나와 선량하고 성실한 마을 사람들을 괴롭히는, 인간이 아닌 괴물. 하지만 나는 우리 게스트들을 그렇게 생각하지 않았다. 아니, 적어도 이제는 더 이상 그렇게 보지 않았다. 프랭크는 자기 강아지에게 '시나몬'이란 이름을 붙인 사람이다. 하지만 동시에 나에게 '좆같은 새끼'라며 욕한 사람이기도 했다. 조쉬는 내 고등학생 시절을 떠올리게 하는 10대 청소년이다. 그리고 맞다, 그는 동시에 나를 '병신'이라고 부른 사람이기도 했다. 안나의 경우 교사들이 흔히 그렇듯이 굉장한 스트레스 상황을 겪고 있으리라고 예측할 수 있다. 그런데 그런 안나 역시 내 영상을 보고 '재수 없고 정이 안 간다'라고 말했다. 매튜는 작품으로 사회 문제를 말하고 싶어 하는 진보 퀴어 예술가란 점에서 나와 비슷한 점이 많다. 하지만 그 역시 내가 '자유주의의 가장 최악의 면모를 대변하고 있는 자'라며 비판했다. 그리고 애덤, 그는 인터넷에서 만난 생면부지의 사람들과 친절하게 대화를 해보려고 애를 쓰는 대학생이다. 그런데 그 역시도 대단히 호모포비아적인 생각들을 주입받았다.

내 게스트들은 그들이 내게 보낸 악플로 전부를 재단할 수 없는 다차원적인 사람이었다. 그런데 내가 어떻게 이 3차원의 인간을 '트롤'이라고 볼 수 있을까? 그들은 다리 아래에서 살지도 않았다. 그들의 삶 전체가 마을 사람들을 괴롭히는 일을 중심으로 돌아가지도 않았다. 오히려 그들은 **나와 같은** 마을 사람들이었다. 그들과 대화를 하면 할수록 나는 이 단어를 쓸 수 없게 됐다. 이건 보여주기식으로 나의 도덕적 정결함을 드러내는 것도 아니고, 극단적인 형태의 정치적 올바름도 아니다. 그저 그들과 대화를 나눠보니 그들이 인간임을 못 본 척할 수 없게 됐다는 단순한 사실일 뿐이다.

"그냥 잊어버려." 지금은 악플 폴더를 꽉 채울 만큼 많아진 악플과 악성 메시지들을 내가 처음 받기 시작했을 때 친구들이 위로차 했던 말이 생각났다. "걔네들은 그냥 자기 엄마네 집 지하에 빌붙어 사는 외롭고 불쌍한 인생들이야."

당시에는 저 말이 사실이 아닐 것 같은데, 하며 어렴풋이 예감할 뿐이었지만 이제는 이게 편리한 거짓말에 불과하다는 것을 확실히 안다. 내 게스트 중 상당수는 사회 활동을 왕성하게 하고 가족들끼리 사이도 좋았다. 또한 대부분이 소속감을 느끼는 커뮤니티가 있었다. 고립감에 시달리거나 경제적으로 자립할 능력이 안 돼 분투하고 있는 사람도 있었지만, 그건 그들에게 더 공감할 이유밖에는 되지 않았다.

하지만 나는 왜 '트롤'이라는 단어는 안 되고 '혐오'라는 단어는 괜찮다고 생각했을까? 어쨌든 두 단어 모두 애매하고 과장된 의미로 쓰인다는 점은 같았다. 복잡한 사회적 현상을 지나치게 단순화한다는 점에서 두 단어 모두 별다르지 않았다. 두 단어 모두 워낙 일상적으로 흔하게 쓰이다 보니 비방하는 모든 자를 '트롤'이라 부르고, 모든 부정성에 '혐오'라는 꼬리표를 다는 건 전혀 이상한 일이 아니었다. 그렇다면, 왜 나는 한 단어는 싫어하고 한 단어는 좋아하는 걸까?

8월 둘째 주 주말이었다. 원래는 팟캐스트의 세 번째 에피소드를 한창 마무리하고 있어야 할 때였는데, 나는 핸드폰을 손에서 놓지 못한 채 겁에 질려 혹시나 새로운 소식이 올라왔나 계속해서 화면을 새로고침하고 있었다.

버지니아 샬러츠빌Charlottesville에서 소위 백인 우월주의자들의 시위가 벌어지고 있었다. 그들은 손에 횃불을 들고 "누구도 우릴 대체할 수 없다!"며 시위 구호를 외쳤다. 나치 상징이 그려진 깃발을 대놓고 흔들어대는 사람도 있었다. 시위에 참여한 전 KKK 리더는 눈앞에서 펼쳐진 광경에 희열을 느꼈는지 인터뷰에서 "지금 이 순간은 이 땅 위의 사람들에게 전환점이 될 것이다"라고 자랑스럽게 말하기도 했다.

이에 내 친구들은 확고한 반대 입장을 밝혔다.

"혐오는 이곳에 설 자리가 없다." 그들은 대담하게 선언했다.

하지만 현실은 그렇지 않은걸. 나는 속으로 생각했다.

"이건 우리의 진짜 모습이 아니다!" 온라인 친구들이 의기양양하게 외쳤다.

나는 조용히 답했다. **글쎄, 그게 진짜 모습인 사람도 분명 있는걸.**

이건 미국의 유구한 전통이었다. 우리, 즉 선한 사람들은 뉴스에서 끔찍한 잔혹 행위를 보면 그 즉시 공격자와 거리두기를 하면서 그들에게 **괴물**이니 **짐승**이니 **실패자**니 **겁쟁이**니 하는 인간 이하의 존재를 가리키는 이름을 붙인다.

그들은 외친다. "**저들은** 우리가 아냐! 이쪽에 있는 우리는 선한 사람들이고 저쪽에 있는 저들은 나쁜 사람들이야."

이런 선언 앞에서 나는 벅찬 소름이 돋을 때가 많았고, 때에 따라서는 그들의 외침에 동참하기도 했다. 하지만 오늘은 그들을 보고 있노라니 왠지 입이 썼다. 비난의 대상이 되는 행위가 극악무도하지 않아서가 아니었다. 그 행위는 극악무도한 게 맞았다. 백인우월주의의 공포를 별것 아닌 것 취급해서도 아니다. 백인우월주의는 그것 자체로 공포스러운 게 맞다. 내가 느낀 별스러운 쓴맛은 불편한 자각에서 비롯된 것이었다. 우리가 만들어놓은 '좋은 사람', 더 나아가 '좋은 나라'라는 긍정적인 이미지를 고수하기 위해 '나쁜 사람들'과 거리두기를 하고 있다는 자각. "혐오는 이곳에 설 자리가 없다"라고 격렬히 주장하면 우리는 그 극악무도한 행위를 애초에 가능케 한 환경을 제대로 들여다보지 않고도 앞으로 나아갈 수 있다. 그러면 우리는 가장 섬뜩한 진실, 즉 위험한 이데올로기와 폭력적인 행동은 다름 아닌 **인간들** 안에서 자라나며, 이 말은 곧 그것이 우리 안에서도 자랄 수 있다는 공포스러운 진실을 대면하지 않아도 된다.

결국 나는 내가 왜 '나를 혐오하는 사람들'이라는 말은 괜찮고, '트롤'이라는 단어는 불편한지 깨달았다. 전자는 인간을 상정한 말이고, 후자는 비인간을 상정한 말이기 때문이었다. 전자는 인터넷에 악플을 다는 존재가 진짜 인간이라는 복잡한 진실을 인정하는 한편, 후자는 이 신랄한 독설의 주범이 비인간적인 괴물 — 다리 밑에 사는 트롤이라는 타자 — 이라는 착각에 빠지게 만들기 때문이었다. 내 게스트를 괴물 취급해 지하 동굴 속으로 유폐시키는 게 그 순간에는 기분이 좋을지 몰라도, 장기적으로는 이런 태도가 과연 누구에게 도움이 될까? 게스트와 통화할 때마다 느꼈지만 그들은 '저쪽에 있는' 비정상적인 인간 같은 게 아니었다. 되려 그들과 나를 이루는 구성물은 똑같았다. 그저 그 구성물에 영향을 끼치는 외부 요인이 서로 다를 뿐이었다.

"같은 씨앗이어도 당신이 다루는 방식과 그들이 다루는 방식이 확연히 다르네요." 애덤과 웨스트보로 침례 교회에 대해 얘기하며 했던 말이 기억났다.

혐오를 일종의 씨앗으로 봐야 하는 건 애덤뿐만이 아닌, 나에게도 똑같이 해당하는 말일지 몰랐다. 누군가를 '혐오하는 사람' 아니면 '혐오 안 하는 사람'으로 나누는 건 지나치게 이분법적인 사고일지도 모르며, 우리 모두는 그저 토양에 불과할지도 모른다. 혐오의 씨앗이 우리 내면에서 어떤 모양으로 자랄지는 당사자가 그것을 어떻게 키우고, 동료 정원사로 누구를 신뢰할 것인가에 달려 있다. 똑같이 제대로 된 보살핌을 받지 못한 씨앗이라 해도 어떤 씨앗은 추하고 노골적인 형태의 혐오로 발아하고, 어떤 씨앗은 자신과 달라 보이는 이들이 다소 떨떠름할지언정 배척하지 않고 관용하는 형태로 피어날 수도 있는 법이다. 그 씨앗이 제 안에 있는지도 모른 채 계속 품는 사람이 있는 반면, 애덤처럼 그것을 사랑으로 오해하는 사람도 있다.

다행스럽게도 씨앗에는 혐오만 있는 게 아니다. 질문 역시 씨앗이 될 수 있다. 우리가 이 질문이라는 씨앗을 잘 키워보겠다고 마음먹는 한, 그것은 우리 마음에 뿌리내려 그 안에 계속 머물 것이다. 어쩌면 질문을 통해 소위 '사랑'이라고 하는 것을 재고해볼 수 있을 것이다. 어쩌면 질문을 계기로 우리가 타인을 규정하는 데 사용하는 단어들이 과연 적합한지 찬찬히 살펴볼 수도 있을 것이다.

온갖 소리가 난무하는 인터넷의 불협화음 때문에 사람들은 너무나 쉽게 모든 부정성을 '혐오'라고 잘못 해석한다. 사람을 사람으로 보지 못하게 만드는 인터넷이라는 게임의 속성과 과장되게 말하는 것이 미덕으로 통하는 분위기, '오만가지 태풍'으로 인해 매일 소화해야 할 정보가 쉴 새 없이 쏟아지는 상황 속에서는 나를 보고 '개빡친다'라고 말하는 사람과 내가 죽길 바라는 사람이 동일한 취급을 받기가 쉽다. 나를 '좆같은 새끼'라고 부르는 사람들이 모여 있는 악플 폴더에 나에 대한 건설적인 비판을 집어넣는 잘못을 저지르기도 쉽다. 하지만 남발되는 바람에 그 의미가 진부해진 '혐오'라는 단어의 평범성과 얼마든지 쉽게 혐오를 표현할 수 있는 환경, 온라인상에서 마주치는 불쾌한 것이면 무엇이든 '혐오'라고 부르는 몰이해 — 이 모든 건 대화의 필요성을 더욱 입증할 뿐이다. 대화야말로 무엇이 혐오이고 무엇이 아닌지를 더욱 명확히 정의 내릴 수 있는 열쇠이고, 대화를 통해 서로가 연결된 상태에서만 우리는 당사자는 있는지도 몰랐을 수 있는 상대의 씨앗을 알아볼 수 있다.

>>> 5장 <<<

토론은 점수 내기 스포츠다

그래, 결국 이런 날이 올 줄 알았어.

나는 황량해진 들판 이곳저곳을 살피며 다음에는 어디를 수확해야 할지 고민하는 농부의 마음으로 악플 폴더를 뒤적였다. 지금쯤 되니 악플 폴더에 있던 사람은 팟캐스트에 출연해달라는 내 초대를 거절했거나, 내 초대에 일절 답을 하지 않거나, 악플의 수준이 입에 담기 힘든 수준이라 내 쪽에서 아예 걸러버렸거나 셋 중 하나였다. 물론 이 세 범주에 들지 않은 사람이라면 이미 내가 전화 통화를 하고 녹음까지 마친 열 명에 속했다. 그런 관계로 나는 은유적 의미의 트랙터에 올라타 시동을 걸고는 수확할 곡식이 있을 만한 곳을 찾아 나섰다. 다행히 나는 딱 맞는 장소를 알고 있었다.

Seriously.TV에서 제일 인기가 많았던 내 영상 중 하나는 '축

이성애 프라이드 데이'(Happy Heterosexual Pride Day)였다. 게이 프라이드를 보고 자기네들도 똑같이 축하해달라고 요구한, 수는 적지만 목소리는 큰 일부 이성애자들의 아우성에 부응하고자 만든 가짜 공익광고 영상이었다. 연주 음악이 은은하게 깔리는 이 영상에서 나는 카메라를 향해 이 가짜 축제의 가짜 역사를 진지하게 설명했다. 많은 사람들이 너무 웃기다며 즐거워했으나, 다행히도 이 영상을 하나도 재미없는 쓰레기라고 생각하는 사람도 있었다. 이 말인즉슨, 이 영상의 댓글창이야말로 내 다음 게스트를 찾기에 완벽한 장소였다는 뜻이다.

"암 덩어리 그 자체." 어떤 사람이 말했다.

"아가리 싸물어라, 게이 새끼야." 다른 사람이 말했다.

"? 왜 이 말도 안 되는 영상이 내 타임라인에 보임?" 세 번째 사람이 물었다.

그런데 네 번째 사람의 댓글이 내 눈을 사로잡았다. "걍 나가 뒤이이이이이이이이이이이이이이이이이이이이이이이져라, 피해망상에 절은 년아." 작성자는 '나가 뒤져'를 강조하기 위해 '이'를 무려 23번이나 반복했다. "나는 게이들 좋아함. 근데 이런 애들은 젠더, 인종, 섹슈얼리티랑 상관없이 그냥 섬에 처넣어서 죽게 내버려둬야 한다고 봄. ㅇㅇ."

'나가 뒤져'와 그 사촌 격에 해당하는 다양한 말들은 슬프게도 소셜미디어에서 자주 접하는 악플이었다. 나는 그전에도 락스나 마시라느니, 숨 쉬는 것도 아까운 놈이니 숨을 쉬지 말라느니, 그리고 내 언박싱 영상 시리즈에 빗대 내 자살을 언박싱해보라느니 하는 말들을 심심치 않게 들었다. 물리적 폭력을 가하겠다며 위협하는 사람과는 절대 인터뷰하지 않는다는 나만의 규칙을 잠시 떠올려보았으나, 최근 나는 아주 엄밀히 따지면 이런 메시지들이 내 기준을 통과한다는 사실을 인정했다. 이 작성자는 나에게 위해를 가하고 말겠다며 으름장을 놓지는 않았기 때문이다. 그 짓을 나 스스로 행하면 좋겠다고 말했을 뿐이었다.

댓글 작성자의 이름을 클릭하자 어딘가를 바라보고 있는 한 남성의 프로필 사진으로 연결됐다. 구레나룻을 기른 그의 이름은 E. 보아하니 캐나다 사람이었다.

"안녕하세요, E! 제 영상에 달린 당신의 댓글을 방금 봤어요. 절 좋아하지 않는다는 건 확실히 알겠네요 ㅋㅋㅋ. 탓하는 건 아니니 걱정 마세요. 제가 오늘 이렇게 메시지를 보내는 건 바로 그 이유 때문이거든요. 저는 이런 댓글을 다는 분들과 심도 있는 대화를 나누는 팟캐스트를 제작하고 있어요. 이건 '상대를 굴복시키는' 게 목적인 프로그램도 아니고, 심지어 토론 프로그램도 아니에요. 그저 대화를 하면서 저는 당신의 입장을 이해하고, 당신 역시 제 입장을 이해해보는 시간을 갖는 거죠. 혹시 게스트로 나와주실 의향이 있으신가요?" **전송.**

E의 답은 바로 왔다. "완전히 있습니다. 꽤 합리적이신 분 같군요. 프로그램에 참여하고 싶습니다."

✧

 그로부터 12일 후, 나는 의자에 앉아 내 앞에 놓인 마이크를 톡 친 다음 E의 전화번호를 입력했다.

 "헤이요오오오." 몇 번의 통화 연결음 끝에 전화를 받은 E는 '오'를 길게 늘어뜨리며 노래하듯 전화를 받았다. 사랑받는 인기 시트콤 캐릭터의 캐치프레이즈를 듣는 줄 알았다.

 이 별거 아닌 평범한 순간을 맞이할 때면 왠지 모르게 가슴이 뭉클해졌다. 게스트의 목소리를 처음으로 들을 때마다 내 몸과 마음은 고요하게 차분해졌다. 단 한 번의 예외도 없었다. 내가 받은 메시지가 아무리 극악무도한 내용이었더라도 게스트와 처음 인사하는 이 순간만큼은 언제나 가슴이 따뜻해졌고, 우리 사이에 존재하는 반감은 그저 위장일 뿐 지금 우리는 그 모든 걸 잠시 내려놓고 사람 대 사람으로 만난다는 느낌을 주었다.

 스몰 토크의 일환으로 나는 그에게 요즘 근황을 물었다.

 "저기 뭐냐, 조금 있다가 일자리를 알아볼 예정이에요." 알고 보니 E는 곧 대학교 2학년에 올라가는 학생으로 식당 일을 구하고 있는 중이었다. 컴퓨터 공학 전공자인 그는 벽돌 깨기(Brick Breaker) 유의 게임을 만들고 있는데 그의 버전은 '플레이어를 겨누는 총이며 레이저 같은 게' 추가된 게 차별점이라고 했다.

 "본인이 게임을 하세요? 아니면 게임을 만드는 건 그냥 전공자로서의 관심에 더 가까운가요?" 나는 명절에 애지중지하는 성인 조카를 만나 어떻게든 대화의 물꼬를 터보려는 이모처럼 물었다.

"네, 뭐. 저 게임 하죠. 대부분 컴퓨터로요." 그는 단답형으로, 어떻게 보면 질문을 회피하듯 답했다. 이런 상황은 익숙했다. 대부분 게스트는 마음을 열기까지 시간이 걸리기 때문에 초반 몇 분은 상대가 어떤 얘기에 제일 관심을 보이는지 귀를 쫑긋 세우고 탐색하는 게 보통이었다.

"취미로 뭐 하세요?"

"아, 여기저기서 기타 조금 쳐요. 가끔씩 친구들이랑 재미 삼아 연주하는 정도? 대마초도 조금 피고요."

"멋지네요!" 쿨해 보이려고 안간힘을 썼지만 숨길 수 없는 열의가 묻어나오는 대답이었다. "대마초가 캐나다에서는 합법이죠?"

"아니요! 아직이요." 그러더니 그는 캐나다의 쥐스탱 트뤼도Justin Trudeau 총리에 대한 생각을 여과 없이 쏟아냈다. 트뤼도를 '현실 물정 모르는 꽃미남' 총리라고 부른 그는 "트뤼도는 다음 선거 때까지 어떻게든 악착같이 붙어 있겠죠, 그럼 사람들은 다시 그를 뽑아주고요"라고 말했다.

우연히 하게 된 정치 얘기에 E의 목소리는 지금껏 들어보지 못한 활력이 돌았다. 이 통화를 어떻게든 굴러가게 만들고 싶은 절박한 마음에, 그리고 이쪽 얘기를 더 하다 보면 그가 좀 편해질까 하는 생각에 나는 아예 정치 쪽으로 잠시 방향을 틀었다. 그리고 그렇게 시작된 얘기는 무수히 많은 주제를 건드리며 계속 이어졌다.

E의 정치 성향('전반적으로' 보수주의)과 반트럼프 시위, 캐나다에서 벌어진 해당 시위의 목적("아니, 트럼프가 씨발 우리 대통령도 아

니잖아요", 그가 환멸 어린 목소리로 말했다), 정치적 부족주의(political tribalism), 샬러츠빌, 샬러츠빌에서 시위행진을 한 백인우월주의자들을 어떻게 규탄하는 게 옳은가, 안티파*("이게 진짜 문제예요. 기본적으로 나치랑 다를 게 없다니까요"), 현대 미디어의 지형, 음모이론, 표현의 자유, 캐나다의 인권재판소("누가 자신의 선호 대명사를 지정했는데 그걸 안 쓰겠다고 거부하면 재판소가 그 사람에게 벌금을 때릴 수 있어요"), 트랜스젠더 정체성, 다시 안티파, 다시 샬러츠빌, 남부연합, 남북전쟁, 지휘관의 부당한 명령을 수행한 군인은 그 결과에 책임을 져야 하는가 아닌가, 다시 트럼프, 인종차별주의, 또 다시 트럼프, 다시 인권재판소, 다시 젠더 대명사, 전체주의를 뜻하는 '오웰적(Orwellian)'이라는 단어, 조지 '오웰'의 《1984》를 한 번도 읽어보지 않은 사람이 이 '오웰적'이라는 단어를 써도 되는가(우리 둘 다 안 읽었다), 생물학, 인종전환주의(transracialism), 기사도 정신, 의료 문제, 정신건강, 젠더가 스펙트럼이라는 개념, 각자의 트랜스젠더 친구들. 그리고 마지막 화룡점정으로, 우리는 당사자성이 없는 사회 문제에 대해 얘기할 권리가 과연 있느냐를 두고 꽤 격렬히 의견을 교환했다.

  이 열띤 갑론을박에서 드디어 벗어났을 때쯤, 시계를 봤다가 '잠시' 방향을 틀어 시작된 정치 얘기가 장장 44분간 이어진 걸 알게 됐다. 여기에 통화 초반에 했던 스몰 토크까지 합하면 총 한 시간이나 얘기를 나눈 셈이었다. E와의 통화에 할애된 시간이

---

* Antifa: 반파시즘을 주창하며 극우 이념에 대항하는 좌익 세력.

한 시간이었기 때문에 나는 이 녹음을 혹시 못 쓰게 되면 어쩌나 걱정이 됐다. 나는 머릿속으로 이 44분을 잘라내자고 메모했다. 물론 이 대화 자체가 편집 단계까지 갈 수 있을는지도 미지수이긴 했지만 말이다.

정신적으로 나는 숨을 헐떡거리고 있는 판이었다. 내 두뇌는 경기장 밖으로 나가 조용히 가쁜 숨을 내쉬며 숨을 골랐다. 하지만 진을 다 빼놓은 이 정치 얘기는 비록 그 범위가 방대하고 확실히 혼란스럽기 그지없었지만 이전의 '오만가지 태풍' 같은 느낌은 아니었다. 문제는 우리가 다룬 주제가 너무 많았다는 게 아니었다. 그걸 다루는 '방식'이 문제였다. 얘기가 진행될수록 분위기가 점점 전투적으로 변해버린 것이다. 왜 이런 일이 일어났을까? E의 구직이나 비디오 게임 디자인에 대해 소소하게 수다 떨던 우리가 왜 이 지경까지 왔을까?

머릿속으로 이 44분을 슬로 모션으로 재생하며 살펴보던 나는 내가 전투적이고 방어적이었으며, 대부분의 상황에서 활동가로서의 자아가 튀어나와 E의 말을 경청하기보다는 그가 말할 때 어떻게 하면 그를 한 수 앞설 수 있을까 궁리하느라 바빴다는 걸 알게 됐다. E의 발언 중 뭔가 마음에 걸리거나 잘못된 것이라는 생각이 들면(가령 젠더 대명사를 강요하는 게 '오웰적'이라고 말했을 때), 나는 **왜** 그가 그런 식으로 느끼는지를 이해하기보다 어떤 촌철살인으로 위트 있게 그 말을 받아칠 수 있을지에 골몰했다. 안티파가 '기본적으로 나치랑 다를 게 없다'는 그의 말을 들었을 때는 재치 있는 반박을 생각해내느라 정신이 팔려 그가 그 이후에 무슨 말을 했는지도 기억을 못 했다. 젠더 대명사를 잘못 사용했다가는 캐나다 인권재판소로부터 벌금을 때려 맞을 수 있다고 그가 주장했을 때는 머릿속으로 방어 전략을 급하게 세웠으나, 내가 이 재판소에 대해 아는 게 전혀 없고 그와 싸워보려고 해도 필요한 배경 정보가 없다는 사실을 깨닫고는 결국 폐기하고 말았다.

이 44분 내내 나는 마치 우리 머리 위에 득점판이 달려 있어 내가 옳은 말을 하면 1점이 올라가는 게임을 하듯 그와 대화했다. 어떤 순간들이 하이라이트 영상처럼 머릿속에서 계속해서 돌아가는 가운데 나는 내가 E와 대화를 한 게 아니라는 사실을 알게 됐다. 나는 그와 토론을 하고 있었다.

토론은 고등학교 동아리에서, 정치 영역에서, 대학 캠퍼스에서 오래도록 건강한 지위를 누려왔으나 토론이 지금의 엔터테인먼트 형태로 재탄생한 것은 상당히 최근의 일이다. 다큐멘터리 〈최고의 적수〉(Best of Enemies)에서는 미국 문화판에 토론 붐이 일어난 계기로 미국 ABC 방송국이 1968년에 만든 한 정치 토론 프로그램을 꼽는다. 당시 ABC는 민주당과 공화당 전당대회 기간에 두 명의 유명 작가가 대선을 주제로 설전을 벌이는 심야 프로그램을 시도했는데, 진보 논객은 유명 소설가이자 극작가였던 고어 비달[Gore Vidal]이었고 보수 논객은 〈내셔널 리뷰[National Review]〉를 창간한 윌리엄 F. 버클리[William F. Buckley]였다. 전당대회가 열리는 동안 두 사람은 매일 밤 정치적 견해차를 두고 말로 칼싸움을 하듯 피 튀기는 공방을 벌였다. 이건 텔레비전에서 한 번도 시도된 적 없는 방송이었다. 그전까지 대개 시사 문제는 한 명의 뉴스 앵커가 종이 뭉치가 쌓여 있는 책상 뒤에 앉아 카메라로 시청자를 응시하며 중후하고 침착한 목소리로 전달하는 게 대세였다. 하지만 이 새로운 포맷의 정치 토론은 서로 다른 의견이 강하게 맞부딪치며 불꽃이 튀는 장면을 고스란히 보여주었다. 결국 이 심야 방송은 수백만 명의 시청자를 끌어모으며 다른 모든 방송국을 제쳤다.

최근 많이 볼 수 있는 케이블 뉴스 포맷인, 서로 의견이 다른 전문가들이 그날의 논제에 대해 핏대를 세우며 고함치는 심야 프로그램이 성행하게 된 건 비달과 버클리의 토론 프로그램이 전례 없는 성공을 거뒀기 때문이라고 많은 사람들은 말한다. 가장 최근에 이 포맷이 새롭게 떠오른 건 유튜브로, 다양한 논란 장사꾼들이 자신의 이념적 적수를 말로 '무찌르는' 영상을 올리고 있다. 썸네일에 각양각색의 어이없어하는 표정을 짓는 과장된 클로즈업 얼굴 둘이 나란히 붙어 있으면 이런 유의 영상이라 보면 된다.

정확히 이런 이유 때문에 나는 '나를 혐오하는 사람들과의 대화'를 절대 토론 프로그램처럼 만들지 않겠다고 의식적으로 다짐했었다. 심지어 팟캐스트 1회에 이 점을 명시적으로 밝히기까지 했다. 나는 커뮤니케이션의 새로운 모델, 훨씬 사랑스러운 대안을 고상하게 제시하고 싶었다. 그랬던 내가 E와 이념적 드잡이를 끝낸 후 이론적 땀을 닦고 있다니.

이 44분은 '오만가지 태풍'이 쏟아낸 폭우가 아니었다. 토론 경기장(Debate Arena)의 정중앙에 서 있기 때문에 발생한 자연스러운 결과였다. 우리가 지금 어디에 있는지 알았으니 이제 그와 함께 이곳을 빠져나와야 했다.

나는 새롭게 시작하는 마음으로 숨을 크게 한 번 내쉰 뒤 말했다. "자, E. 당신이 댓글창에 쓴 글을 보면요-"

E가 올 게 왔다는 듯이 작게 신음했다. 내가 무슨 말을 할지 알았던 것이다.

"당신이 뭐라고 했냐면요, '걍 나가 뒤이이이이이이이이이이이이이이이이이이이이이이이져라, 피해망상에 절은 년아. 나는 게이들 좋아함. 근데 이런 애들은 젠더, 인종, 섹슈얼리티랑 상관없이 그냥 섬에 처넣어서 죽게 내버려둬야 한다고 봄'이라고 했거든요."

"지금 생각해보면 잘 알지도 못하면서 한 말 같아요. 적절하지도 않았고요." 그가 말했다. "게이 프라이드 같은 프라이드 데이 pride day 일반에 대해 얘기하자면, 전 지금의 변질된 모습이 너무 안타까워요."

이상하게도 안도감이 밀려왔다. 그가 방금 한 말에 뼛속 깊이 반대하긴 하지만 어쨌든 지금 우리는 내게 당사자성이 있는 문제에 대해 갑론을박을 벌이고 있었으니까. 그 전까지는 둘 다 똑같은 방관자로서 우리의 삶과는 거리가 먼 시사 문제를 두고 스파링하고 있을 뿐이었다.

"지금 프라이드 데이 하는 거 보면 그냥 거리 한가운데서 누가 누가 별난 게이인가 시합하는 것 같잖아요. 그게 무슨 의미인가 싶은 거죠. 지금 제가 보기엔 그렇다는 거예요." E가 프라이드 축제에 대한 자신의 반대 입장을 밝혔다.

"그래요. 그런데 나는 그게 의미 없다고 보지 않아요." 나는 내가 동의하지 않음을 조심스레 밝히되 동시에 나를 자꾸 끌어당기는 '토론 경기장'의 중력에 저항하며 답했다. "야하고 화려하고 엔터테인먼트적인 요소는 퀴어 커뮤니티의 굉장히 멋진 일부라고 생각해요. 하지만 솔직히 말하면 나는 더운 날에도 하이웨이스트 청바지에 단추 달린 긴팔 셔츠랑 스웨터까지 꼭 갖춰 입어요-"

E가 이 모습을 떠올렸는지 웃음을 터뜨렸다.

"-그리고 적어도 **저**는 그 옷차림으로 퍼레이드에 가요. 남편과 같이 가죠. 우리는 퀴어 커플이고 그곳에서 키스해요. 거기서 키스하면 안전하게 느껴지거든요."

E가 끼어들어 질문을 던졌다. "정말 그렇게… 그러니까… 그냥 일반적인 날에요. 남편이랑 키스하는 게 정말로 그렇게 무서운가요?"

"100퍼센트요." 나는 차분한 확신 속에 답했다.

"정말요?"

"100퍼센트요."

"실제로 안 좋은 일을 겪은 적이 있는 거예요?" E가 재차 물었다. 이것이 경박한 의심인지 진지한 호기심인지 구별할 수는 없었지만 나는 일단 그의 선의를 믿기로 하고 후자로 받아들였다.

"네." 나는 분명하게 말했다.

"혹시 괜찮으시면…." 말을 하던 E가 갑자기 멈추더니 이렇게 덧붙였다. "사실 전 그게 그냥 슬픈 사건이었는지 트라우마였는지 알 수가 없으니까요, 하지만…." 그가 말을 삼켰다. 하지만 나는 그가 하고 싶은 말이 무엇인지 정확히 알았다.

이건 앞선 통화들에서도 자주 겪었던 일인데, 나는 나에게 '나가 뒤져'라고 말한 바로 그 사람이, 나 같은 인간은 '섬에 처넣어서 죽게 내버려둬야 한다'라고 말한 바로 그 사람이 이제는 혹시나 자신의 호기심이 나에게 또 상처가 되는 건 아닌지 섬세하게 확인하는 한편 혹시나 자기가 한 질문이 불편하다면 대답하지 않아도 된다며 한발 물러서 준다는 사실에 크게 감동받았다. 이런 순간은 '토론 경기장'의 열띤 분위기 속에서는 절대 가능하지 않았을 것이다.

"아니요, 괜찮아요." 나는 토드와 내가 길거리에서 얼마나 많은 위협을 받았는지, 우리가 손잡은 모습에 얼마나 따가운 눈길이 쏟아졌는지에 대해 얘기했다. 토드와 보낸 첫 휴가 때 로드 트립을 떠난 몬트리올에서 각기 다른 두 대의 차가 위협하듯 엔진 소리를 크게 내더니 횡단보도를 건너는 우리를 향해 차 머리를 불쑥 들이민 사건도 들려주었다. 그리고 이 모든 이야기를 E는 주의 깊게 들었다.

"전 정말 그런 걸 몰랐어서 이번에 많은 걸 배운 것 같네요." 그는 진심으로 말했다.

한 시간 전까지만 해도 우리는 '토론 경기장' 한가운데에 있는 링 위에 올라 서로를 노려보고 있었는데, 지금 우리를 보라. 하지만 동시에 나는 내가 아직 그의 지독한 악플에 대해 짚고 넘어가지 않았다는 사실을 알고 있었다. 우리 둘 다 권투 글러브를 벗은 참이니 지금이야말로 그 얘기를 꺼낼 절호의 기회였.

"제가 이 얘기를 하는 건 당신을 탓하거나 질책하려는 게 아니에요." 나는 조심스럽게 말을 시작했다. "제가 만일 한창 힘들었던 10대 때 이 댓글을 봤더라면 전 정말 무너졌을 거예요. 무슨 뜻인지 알죠? 하지만 지금은, 안타깝게도 제가 이런 거에 상처받기에는 많이 무뎌져서 이런 댓글 정도는 그냥 스크롤해서 넘겨버리거든요." 이 말을 하면서 나는 어린 시절의 나를 떠올렸다. 나란 인간이 과연 존재할 가치가 있는지 의심하던 나, '나가 뒤져' 같은 댓글은 세상에 내가 설 자리는 진짜 없다는 증거로, 어쩌면 명령으로까지 받아들였을지도 모를 어린 나를. 나는 내가 이 기억을 끝까지 혼자만 갖고 있으리라 생각했다. 하지만 나조차 깜짝 놀랄 정도로 말이 불쑥 튀어나왔다. "그걸 한 번도 시도한 적은 없어요. 하지만 언제나 그 생각을 머릿속에 갖고 있었죠. 어릴 적 나는 그 정도로 바닥이었어요."

나는 이 기억이 우리 둘 사이의 텅 빈 공간을 떠다닐 수 있도록 풀어주었다. 그가 그것을 어떻게 받아들일지, 답으로 무슨 얘기를 할지 나는 알지 못했다.

순간 침묵이 내려앉았고, 그 안으로 E가 입장했다.

"자세한 얘기는 하고 싶지 않은데, 하지만 저도-" 그가 말을 삼켰다. "예전에, 제가 아마 열네 살인가 그랬을 텐데, 저도 거의 자살을 시도할 뻔한 적이 있었어요."

그의 고백에 나는 순간 할 말을 잃었다. 그의 속내는 내 기억과 나란히 공중으로 떠올랐다. 빈 공간에 떠 있는 우리들의 연약한 속살은 이제 우리의 목소리를 연결하는 디지털 전화선 어딘가에서 조우했다. 잊고 있던 이 기억의 방을 열어젖힌 열쇠는 재담도 아니고 논점도 아니고 반박도 아니었다. 천천히 쌓인 상호 신뢰였다. 이제 리듬을 찾은 우리는 각자의 어린 시절 이야기로 자연스럽게 넘어가 자기가 어릴 적 어떤 아이였으며 지금은 어떤 사람인지에 대해 서로 이야기를 나눴다. 강함에 대한 서로 다른 정의를 공유했다. 여기에는 득점판이 없었고, 나는 더 이상 날카롭게 쏘아붙이는 말을 머릿속으로 생각하지 않았다. 우리는 그저 질문과 답을 주거니 받거니 하는 자연스러운 흐름 속에 머물렀다. 마침내, 우리는 춤을 추고 있었다.

"그 댓글 쓴 걸 후회하나요?"

"그 댓글 쓴 걸 분명히 후회한다고 말하고 싶네요. 영상을 다 보고 나니까, 그리고 당신이 게이 남성으로서 겪었던 일들을 듣고 나서는 제가 한 말이 너무 심했다는 생각이 많이 들어요. 분명한 건 '나가 뒈져'나 '섬에서 죽게 내버려둬' 같은 말은 사실 애초에 그렇게 진지한 뜻으로 한 게 아니었어요. '꺼져'처럼 그냥 지나가는 말로 한 거지."

"그렇군요. 그럼 저는 그 섬으로 가는 여행을 취소해야겠네요." 내가 농담조로 말했다.

"어쨌든 거기가 딱히 좋은 데는 아니라서요. 거기 해변이 엄청 지저분해요." 그가 받아쳤다.

나는 씩 웃으며 전화를 마무리했다. "자, E, 저와 이렇게 시간 내서 대화해주셔서 정말 감사합니다. 좋은 하루 보내시길 바라겠고요, 우리는 인터넷에서 또 만나요."

"감사합니다. 딜런도 좋은 하루 보내세요. 좋은 시간이었어요. 초대해주셔서 감사했습니다."

나는 전화를 끊었다. '토론 경기장' 위에서 서로 주고받은 펀치에 맞은 부위가 아직 욱신거리긴 했지만, 마지막에 우리가 나눈 교감 덕분에 하늘 높이 날아오를 것 같은 기분이었다. E와의 두 시간 전화 통화 중 후반부가 합이 잘 맞는 왈츠였다면, 전반부는 서로를 이겨 먹으러 드는 경쟁에 가까웠다. 이제야 보였다, 대화가 춤이라면 토론은 스포츠라는 것을.

우리가 토론을 좋아하는 건 스포츠를 좋아하는 것과 같은 이유에서다. 대결 끝에 승자와 패자를 확실하게 선언하고 싶어하는 인간의 욕구를 토론이나 스포츠가 충족시키기 때문이다. 그런 우리를 누가 탓할 수 있겠는가? 지금 우리는 명성을 얻으려면 상대를 제압하고, 물리치고, 소유하고, 공격해야 하는 시대에 살고 있다. 소셜미디어 플랫폼은 저걸 잘하면 황금 코인이 쏟아질 거라며 우리를 유혹한다. 애초에 이 소셜미디어 플랫폼의 구조

자체가 다른 인간을 2D 캐릭터로 납작하게 만들어 나의 적, 엄밀히 말하면 적이라고 생각하는 사람들을 동료 인간이 아닌, 내가 정조준할 수 있는 과녁으로 보게 만든다. 우리는 이걸 고결한 표적 연습이라고, 자신의 신념을 위해 싸우는 방법 중 가장 생산적인 방식이라고 생각한다. 그리고 저 과녁을 완벽하게 쏘면 내가 이길 수 있다고 스스로에게 말한다.

하지만 토론에서 이겼을 때 얻는 게 대체 뭔가? 사람들의 마음을 바꿀 수 있나? 사회정의 운동에 발전을 가져올 수 있나? 그럴 수 있다면야 참 좋겠지만, 나는 토론이 이미 자기 노선이 확실한 사람들을 대상으로 한 퍼포먼스에 더 가까운 경우가 많다는 게 걱정된다. 내 생각에 이미 동의하고 있는 사람들에게 좋은 인상을 주기 위한 퍼포먼스. E와 드잡이했던 통화 전반부를 생각해보면, 그를 비웃었던들 뭐가 달라졌을까? 그가 갑자기 트랜스젠더 정체성에 대한 내 견해에 전적으로 동의했을까? 순식간에 내 편이 되어 자신의 젠더 대명사를 SNS의 자기 소개란에 써넣었을까? 아니면 잠시 미안해하다가 원래의 신념으로 돌아갔을까? 나는 누군가 뼈 때리는 농담을 하며 내게 창피를 주었다고 해서 오랜 신념을 바꾼 적이 단 한 번도 없다. 마찬가지로 다른 진영의 후보가 더 기발한 재담을 했다는 이유로 지지 정당을 바꾼 적도 없다. 스포츠에서 우위를 점하면 기분이 좋은 것처럼, 토론에서 이기면 그 순간에는 기분이 좋을지언정 그것이 과연 실질적인 변화를 일으킬 수 있느냐에 대해서는 난 다소 회의적이다. 또한 토론을 일종의 스포츠로 보는 것은 그것의 한계를 이해하는 데도 도움이 된다.

  스포츠에 반드시 규칙이 필요한 것처럼 토론 역시 팩트에 대한 양측의 이해도가 반드시 비슷해야 한다. 새빨간 거짓말이 진실을 이길 수 있는 환경에서는 '공정한 토론'의 전제가 무너진다. 가령, 누군가 "기후 변화의 원인은 탄소배출이야"라고 했을 때 상대측의 반박이 "사실 기후 변화라는 건 아예 존재하지 않아"라고 하는 순간, 토론이 설 자리는 없어진다. 양측은 적어도 토론의 주제가 실재한다는 것에는 동의해야 한다. 요즘 이 부분에서부터 문제가 생기는 건 지금이 팩트가 수모를 당하는 시대이기 때문이다. 일단 정보 과부하의 시대 — '오만가지 태풍' 그 자체 — 는 우리에게 모든 걸 알 수 있다는 착각을 심어줬다. 하지만 모든 주요 주제의 전문가가 되는 건 불가능하다. 소위 '주요한' 주제는 매 순간 끊임없이 등장하기 때문이다. '일반'이란 말의 의미가 '모든 것'을 뜻하는 시대에서는 일반 토론이 점점 어려워질 수밖에 없다. 게다가 지금은 허위 정보와 부정확한 정보가 판을 치는 세상이다. 물론 모든 팩트는 검색을 통해 그 진위를 확인할 수 있지만, 팩트가 아닌 것 역시 인터넷에서는 팩트로 둔갑할 수 있다. 팩트에 대한 이해도가 서로 다른 상태에서 토론을 하는 건 농구를 야구 규칙에 맞춰 하는 것이나 다름없다. 아마 경기를 시작하는 순간 아수라장이 되어 농구를 하는 것 자체가 아무 의미가 없어질 것이다. E와 44분간 '토론 경기장'에 올랐을 때 지금 우리에게 조사원이 있었으면 얼마나 좋았을까 하는 순간들이 얼마나 많았는지. 캐나다 인권재판소는 젠더 대명사를 잘못 쓰는 사람한테 **정말로** 벌금을 매기나? 안티파의 정체는 **진짜** 뭔가? 주제를 둘러싼 팩트에 대한 공통의 이해가 부재했기 때문에 우리는 그 어떤 이슈에 대해서도 솔직한 토론을 할 수가 없었다.

스포츠는 사람과 사람 간의 복잡한 역동이나 민감한 사회 문제를 탐색하기 위한 게 아니다. 대신 승자와 패자, MVP처럼 확실한 결과를 내는 방법으로는 탁월하다. 토론의 기능도 마찬가지다. 토론은 가장 설득력 있는 연설을 한 사람을 가려내고, 가장 강력한 논증을 펼친 측을 결정하고, 수상팀을 선정하는 데는 유용할 수 있다. 하지만 스포츠와 마찬가지로 토론은 공감과 경청과 시간이 필요한 복잡한 주제를 다루기 위한 장으로서는 이상적이지 않다. 대표적인 예가 정체성 같은 주제다. 내가 E와 대화할 당시 트랜스젠더 이슈가 주제로 떠올랐을 때 마음이 편치 않았던 이유는 상대가 잘 이해하지 못하는 복잡한 주제에 대해서는 논의하는 게 옳지 않아서가 아니라, 소수자 정체성 자체가 토론이나 갑론을박의 주제가 되어서는 안 된다고 생각하기 때문이었다. 나는 이런 주제는 섬세하게 다루고 이해해야 할 대상이라고 생각한다. 또한 E와 나 모두 트랜스젠더가 아니었는데, 내가 통화를 한 그 누구도 흑인이 아니었음에도 '흑인의 생명은 소중하다' 문제가 통화 중에 자주 언급되는 것을 보며 느낀 것이 하나 있었다. 사회 운동에 대한 논쟁은 그 논쟁에 정당성을 부여해 줄 개인적 경험이 참가자 모두에게 없으면 사실상 별 가치가 없다는 점이었다. 정체성 같은 민감한 사회적 이슈가 대화 소재로 떠오르면 논의가 너무 추상적인 선에서 진행될 뿐 아니라, '내 친구가 성소수자인데' 식으로 그런 당사자성을 지닌 사람과 얼마나 가까운지를 내세워 얘기할 자격을 얻는 분위기로 흘러가기 쉽다. 정체성처럼 결이 복잡하고 미묘한 문제에 대해 갑론을박 토론하는 건 부부 사이의 민감한 문제를 피구 경기로 해결해보자고 나서는 것이나 다름없다.

궁극적으로 토론은 대화의 게임화 버전이다. 스포츠와 마찬가지로 토론은 대항하는 양측이 부딪치며 만들어내는 구경거리, 엔터테인먼트다. 스포츠와 토론 모두 관객 앞에서 진행되고, 참여한 두 팀 사이에 적대적인 역동이 형성되며, 경청이나 공유같이 별로 재미없는 행위보다는 날카로운 반격이나 결정적인 한 방 공격에 점수를 더 준다. 만일 E와 내가 주제가 새로 등장하는 족족 서로 맞붙었더라면 당연히 재미는 있었을 것이다. 안티파의 득실에 대해 열띠게 말을 주고받았다면, 트럼프 대통령에 대해 격정적으로 왈가왈부했다면, 아니면 그저 표현의 자유에 대해 조롱 섞인 설전을 벌이는 정도였을지라도, 서로 고성이 오가는 대결로 번지는 건 순식간이었을 것이다. 하지만 그중 어떤 것도 내가 E라는 사람을 진심으로 알아가는 데 도움이 되지 않았을 것이다.

나는 전문가가 사전에 준비한 논의 내용을 유창하게 말하는 걸 보고 싶으면 아무 케이블 뉴스나 틀고, 재미있는 걸 보고 싶으면 정치 토론 프로그램을 본다. 구독까지 하며 매일 보는 새 유튜브 드라마도 있다. 하지만 내가 이런 매체의 방식을 택했더라면 나는 왜 조쉬가 나를 '병신'이라고 불렀는지 그 이유를 물어볼 수도 없고, 그가 고등학교 생활을 견뎌내기 위해 얼마나 분투했는지도 알 수 없었을 것이다. 프랭크와 정치적 입장 차를 두고 정면으로 맞설 수도 있었겠지만, 그랬다면 왜 그가 보수주의자가 됐는지 절대 알 수 없었을 것이다. 절대 잊지 못할 뼈아픈 반박을 날려주겠다며 속으로 준비하고, 최고로 날카로운 주장을 하겠다며 할 말을 다듬을 수 있었겠지만, 그랬다면 나는 열네 살의 E와 열네 살의 딜런에게 어떤 공통점이 있었는지를 절대 발견하지 못했을 것이다.

나는 대화야말로 최고의 대안이라고 생각한다. 토론과 달리 대화는 이기고 지는 문제가 아니다. 대화에서 이기려고 드는 건 타협의 장에서 제압하고, 이해의 장에서 파괴하고, 공감의 장에서 박살 내려고 하는 것과 같다. 멀리서 보면 토론은 대화처럼 보인다. 하지만 가까이 다가가면 이 둘이 완전히 다른 성분으로 이루어져 있음을 바로 알 수 있다. 토론의 기본 구성 요소가 진술과 반박이라면, 대화는 질문과 대답이다. E와 나는 서로에게 질문을 던지고 상대의 답을 진심으로 듣고자 했을 때 비로소 호기심의 씨앗을 뿌릴 수 있었고, 대결 구도였던 우리의 대화를 춤으로 전환할 수 있었다. 춤은 파트너를 알아가는 기회가 될 수 있는 반면, 토론은 상대를 박살 내야 한다. 동사만 봐도 이 둘이 얼마나 다른지가 보인다. **알아가기**와 **박살 내기**. 발견 대 파괴.

스포츠와 마찬가지로 토론에서는 취약성이 곧 약점이다. 하지만 대화에서 취약성은 강점이다. 실제로 취약성은 저 멀리 묻혀 있던 기억의 방을 열 수 있는 만능열쇠다. '토론 경기장'을 나가는 최단 거리 지름길이며, 춤을 이끄는 리듬이다.

모르는 두 사람이 싸우는 건 그냥 언제든 일어날 수 있는 일이다. 하지만 누군가와 춤을 추려면 안전하다는 감각이 반드시 선행되어야 한다. 이 안전하다는 느낌이 강할수록 우리는 더 편안하게 파트너에게 마음을 열고, 자기 얘기를 털어놓고, 열게 될 거라고 스스로조차 상상하지 못했던 은밀한 기억의 방을 열 수 있게 된다. 그리고 바로 이 숨겨진 방에서야말로 우리는 인터넷이 삭제한 맥락을 찾고, 소셜미디어가 묻어버린 뒷얘기를 발견하고, 온라인 부캐에서 벗어난 인간의 진짜 모습을 되찾을 수 있다.

팟캐스트가 본격적으로 서비스되기 시작하자 본 방송을 들어보지는 않았어도 그 취지는 알고 있던 사람들이 나에게 좋은 토론 프로그램을 진행한다며 칭찬을 해왔다. 개중에는 내 어깨를 꽉 쥐고는 "요즘 사람들에게 꼭 필요한 거죠! 건강한 토론! 참 좋은 일 하십니다"라고 말한 다음, 선수를 경기장으로 들여보내는 자부심 넘치는 코치인 양 내 등을 세게 두드리는 사람들도 있었다. 처음엔 이런 반응이 불편해서 어떻게 하면 내 미션을 좀더 새롭게, 더 큰 목소리로 알릴 수 있을지 여러 방법을 궁리했다. **나를 혐오하는 사람들과의 대화 — 이건 토론 프로그램이 아닙니다!!!!** 느낌표를 잔뜩 붙이고 주의사항을 제목보다 더 길고 크게 덧붙인 새 로고를 만들어볼까 잠깐 고민하기도 했다. 하지만 이런 일이 빈번해질수록 나는 좋은 의도로 나를 격려해준 이 사람들이 내 프로그램을 오해해서 그러는 게 아닐 수도 있겠다는 생각이 들었다. 어떤 문제에 대해 서로 상반된 의견을 나누는 대화를 가리킬 때 우리가 유일하게 아는 단어가 '토론'이었을 뿐이다. 아는 단어가 이것뿐이니 토론이 기본값이 되어버린 것이다.

  물론 자신의 이념적 적들과 대결하고 싶어하는 마음을 이해 못 하는 건 아니다. 그렇게 하면 내 적들과 적당히 거리를 둘 수 있기 때문이다. 그들과 대화를 하면 그 거리는 좁아진다. 그리고 그 거리가 좁아질수록 우리는 그냥 '적'이라고 치부했던 바로 그 사람들에게 동족의식을 느끼기 시작한다. 그럼, 정말 이상한 일 어나고 만다. 그들에게 공감하는 마음이 생기는 것이다.

>>> 6장 <<<

공감한다는 말이 곧 인정한다는 뜻은 아니다

창밖으로 뉴잉글랜드의 풍경이 빠르게 지나갔다. 가을을 맞아 알록달록한 색을 뽐내는 나무들이 창문 한가득이었으나 안타깝게도 난 그걸 감상할 여유가 하나도 없었다. 구부정한 자세로 노트북을 들여다보며 기차 소리가 비집고 들어오지 않게 머리에 쓴 헤드폰을 두 손으로 꽉 누른 나는 '나를 혐오하는 사람들과의 대화'의 아마도 마지막 편이 될 최종 녹음본을 최종 확인차 들어보고 있었다. 아홉 편을 올리고 나자 이제 좀 쉬어야겠다는 생각이 든 참이었다. 아니면 아예 끝내거나. 스스로도 아직 결정을 못 내리고 있었다. 이 프로젝트는 처음에 생각했던 것보다 훨씬 품도 많이 들고 힘들어서 앞으로의 방향성이 고민되었다. 하지만 미래에 대해 벌써부터 생각하고 싶지 않았기 때문에 일단 그 생각은 미뤄놓았다. 지금은 이 마지막 에피소드에만, 현재에만 집중하기로 했다.

  2017년 10월 1일, 나는 로스쿨 2년 차가 된 토드와 보스턴에서 주말을 보낸 뒤 고속열차를 타고 집으로 돌아오고 있었다. 나와 생각이 완전히 다른 생판 남과 만나보는 프로젝트를 떠올리며 설익은 아이디어를 빠르게 써 내려가던 게 정확히 11개월 전, 지금과 반대 방향으로 가는 바로 이 기차 안에서였는데. 수미상관을 이루며 마무리 매듭을 짓는 이 순간이 시원섭섭한 한편, 나는 벌써 향수병에 시달리고 있었다. 매주 새 에피소드를 올리며 몸에 익은 작업 리듬이 그리운 것도 있었지만, 사실 대부분은 생각지도 못한 이유 때문이었다. — 내 게스트들이 진심으로 그리워진 것이다.

  에피소드 청취가 끝난 후 나는 창밖을 쳐다보았다. 이미 로드아일랜드로 진입해 주도인 프로비던스^{Providence}를 향해 가고 있는 기차 안에서 나는 게스트들의 안부가 궁금해졌다. E는 레스토랑 일을 구했을까? 프랭크가 키우는 강아지 시나몬은 잘 있으려나? 그리고 물론, 조쉬도 궁금했다. 그는 이 일의 시작부터 나와 함께한 사람이었다. 대선이 끝난 약 1년 전, 지금과는 반대 방향으로 가는 기차 안에서 앞으로의 행보에 대해 고민하던 바로 그때부터 말이다. 당시의 나는 그와의 그 첫 번째 통화에서 뿌려진 씨앗이 결국 하나의 완전한 프로젝트로 발아하게 되리라는 사실을 짐작조차 하지 못했다. 그 프로젝트 덕에 그 많은 사람들을 알게 될 거라는 걸 알지 못했다. 조쉬를 생각하면 없던 남동생이 생긴 기분이었다. 그는 드디어 고등학교를 졸업했다. 그는 본인이 상상했던 것만큼 해방감을 느끼려나?

하지만 이런 따뜻한 기분 뒤로 익숙한 불편함이 따라왔다. 이 모든 진심 어린 우정에 그늘을 드리우는 작은 의문. 나는 진심으로, 정말로 내 게스트들을 좋아하고 그들 생각을 종종 했다. 그런데 동시에 그들은 내가 절대 동의할 수 없는 견해를 갖고 있는 경우가 많았다. 나는 이 두 개의 진실을 어떻게 화해시킬 수 있을까? 대화 상대가 진심으로 마음에 들고, 이 이상하지만 훌륭한 새 친구들에 공감하지만 동시에 그들의 의견에 절대 동의할 수 없는 이 상황은 대체 뭔가?

지금 이 순간에도 우리 사회에는 **저항**이라는 구호가 널리 퍼지고 있다. 차 범퍼 스티커에, 시위 팻말에, 소셜미디어 프로필에 '저항'이나 그 비슷한 단어가 적힌 걸 쉽게 찾아볼 수 있다. 이 새 행정부로 인해 벌어지는 모든 변화에 우리 좌파는 저항해야 한다는 취지였다. 하지만 이 말의 애매모호함이 의문을 불러일으켰다. 정확히 뭐에 저항하라는 거지? 권위주의에? 이건 무조건이지! 백인우월주의? 말해 뭐해. 우리와 생각이 다른 사람들에게 공감하는 것? 오… 아마도? 한창 확산 중인 문화운동이 흔히 그러하듯, 이 저항 운동 역시 지침이 광장에서 실시간으로 쓰이는 중이라 여전히 많은 게 불분명했다. 모든 사람이 이 개념을 자기식대로 해석했다. 어떤 친구는 소셜미디어에서 가족을 차단했고, 어떤 친구는 어린 시절 친구와 절연했으며, 내가 아는 몇몇 사람은 상대 진영 사람들을 어떤 식으로든 인간으로 보려는 모든 시도를 소셜미디어에서 대놓고 조롱했다. 용서는 죄처럼 보였고, 친절은 과거의 일이었다. 이것은 전쟁이었다. 아니, 이것은 **저항**이었다. '저항'이라는 말 자체에는 그 대상이 유혹적이라는 전제가 숨어 있다. 그 유혹을 이겨내야 하는 어려움이 깔려 있음을 암시한다. 치과 수술에 저항한다고는 하지 않지만, 설탕에는 저항하지 않는가. 내 보수주의 게스트들을 인간으로 보는 건 이념적 반역을 저지르는 일인가?

기차가 뉴욕 시를 향해 질주하고 팟캐스트 마지막 에피소드가 업로드될 시간이 다가오던 그때, 나는 이 프로젝트가 멈췄을 때 마주하게 될 침묵에 대해 생각했다. 프로젝트를 잠시 중단하고 재정비할 것인지 아예 끝낼 것인지 아직 마음의 결정은 하지 못한 상태였다. 하지만 어느 쪽이든 공동空洞이 존재할 터였다. 그리고 이 공동 안에서 나는 내내 나를 갉아먹던 윤리적 문제와 한판 승부를 벌여야 했다. 내가 게스트들에게 공감하는 게 잘못된 건가? 이 공감하고 싶은 마음에 저항하는 게 맞는 건가? 해로운 이념은 전염되나? 내가 게스트들에게 공감하는 게 혹시 그들이 현재 믿고 있는 걸 계속 믿어도 된다고 허가서를 부여하는 걸까? 그들을 인간으로 대하는 게 그들의 정치적 신념 하나하나에 동의한다는 말인가?

머릿속은 옳다 그르다 하는 생각들로 소용돌이쳤다. 내 안의 비평가들이 갈피를 못 잡는 내 마음에 편승해 큰 소리로 왈가왈부하는 소리도 시끄러웠다. 추상적인 당위성이 필연적으로 남기는 모호함으로 인해 뭐가 맞는지 모르겠는 혼란이 나를 뒤덮었다. 나는 내 게스트들의 이념과 대화를 통해 알게 된 그들의 모습

사이에서 어떻게 균형을 잡아야 하는가? 다행스럽게도 난 이와 비슷한 어려움에 처했던 적이 있었다.

대학 졸업 후 몇 년간 나는 서비스업에 종사했다. 처음에는 고급 식료품 마트의 계산원으로, 그다음에는 유명인들이 자주 출몰하는 뉴 아메리칸^{New American} 계열 레스토랑의 바리스타로, 그 이후에는 그 레스토랑의 웨이터로. 언제 한번은 슈퍼모델에게 담배를 꺼달라고 세 번이나 요청했는데, 그녀는 길길이 화를 내며 이를 거절했다. 슈퍼모델들의 갑질에 질려버린 나는 몇 블록 떨어진 비건 레스토랑에 직접 이력서를 제출한 뒤 그곳 직원으로 일했다. 동네 주민들의 사랑을 받는 이 작은 레스토랑에서 일하는 매일매일은 괴짜 힙스터들의 도시 포틀랜드를 다룬 TV 코미디 시리즈 〈포틀란디아^{Portlandia}〉의 에피소드에 버금갔다.

나는 이 일이 정말 좋았다. 이 일을 하면 시간을 분 단위가 아닌, 계속해서 들고나는 손님을 기준으로 인식하게 되기 때문에 하루가 정말 빨리 갔다. 손님은 그냥 내가 자기 앞에 존재한다는 이유로 자기 삶을, 설령 찰나에 불과할지라도, 살짝 들여다볼 수 있게 해줬다. 나는 정도의 차이는 있었지만 그들이 평소에 느끼는 온갖 감정들을 받아내는 일종의 그릇처럼 쓰였다. 한 시간 동안 나는 동네 갤러리 주인의 절친이 되었다가, 길 건너편에 사는 광고회사 중역의 인간 커피머신이 되었다가, 단골이 쏟아내는 TMI를 꼼짝없이 들어야 하는 관객이 되었다가, 모든 사람이 자기 부하인 줄 아는 유명 칼럼니스트의 샌드백이 되어줘야 했다. 내 일은 그들이 내게 던지는 모든 것을 족족 받는 동시에 조용히 주문을 받고, 각양각색의 맞춤 요청을 반영하고, 당신을 모시게 되어 참으로 영광이라는 태도로 상대를 왕족처럼 대하면서도, 이 짧았던 조우 이후 40분만 지나면 대부분의 사람은 내가 존재했다는 사실조차 잊어버릴 것임을 명심하는 것이었다.

고객 중에는 정말 좋은 사람도 있었지만, 대부분은 상냥하고 별로 기억나지 않는 평범한 사람들이었다. 하지만 못된 손님들만큼은 내 목숨이 다하는 날까지 잊지 못할 것 같았다. 소셜미디어를 하다 보면 핸드폰을 지옥의 심연 속으로 던져버리고, 모든 세속의 물건을 팔아버린 후, 와이파이가 터지지 않는 메인^{Maine}주 깡시골의 농업공동체로 들어가버리고 싶은 충동에 사로잡힐 때가 있는 것처럼, 고객을 대할 때도 앞치마를 보란 듯이 풀어 던져 불태우고, 프롤레타리아 저항에 대한 일장 연설을 한 다음 위풍당당하게 가게를 박차고 나가는 상상을 할 때가 있었다.

하지만 안타깝게도 나는 집세도 내야 하고 먹고살아야 할 돈도 필요했다. 다행스러운 것은 내 룸메이트가 이럴 때 도움이 되는 대처방안을 알려줬다는 것이다.

서비스업에서 일하기 시작한 첫해에 나는 대학 친구인 노미와 아파트를 셰어해서 살았다. 우리는 '창문'과 '신선한 공기' 같은 사치품 대신 저렴한 월세를 선택한 신세였다. 그해 내내 내 의지처 역할을 톡톡히 해줬던 그녀는 힘든 근무를 끝내고 온 내게 위로를 건네주곤 했다. 하루는 인간인 척하는 괴물이 오믈렛을 시킨 얘기를 실감 나게 하고 있는데 그녀가 한숨을 쉬더니 이렇게 말했다. "상처 입은 사람이 상처 주는 법이지." 짧은 시구처럼 내 가슴을 강타한 이 말은 그 순간 그 자리에서 내가 반드시 풀어야만 하는 수수께끼였다. **상처 입은 사람이 상처 준다.** 이 말은 돌고 도는 상처의 속성을 기가 막히게 잘 포착한 강력한 한 문장이었다.

즉시 나는 이 말을 전에 식료품점에서 만난 한 손님에 대입해 봤다. 그녀는 계산원인 내가 그녀의 물건을 계산하기 전에 어떤 준비 조치를 완료해야 하는지 다급한 기색으로 세세하게 읊었다. 그녀의 요구에 따르면 스캐너는 덮개로 가려야 했다. 레이저가 음식에 닿으면 안 된다는 게 그녀의 설명이었다. 이 말은 내가 그녀의 상품을 계산할 때 그 긴 바코드를 일일이 손으로 다 입력해야 한다는 소리였다. 그뿐만이 아니었다. 수술용 장갑을 필수로 끼고, 특정 스프레이형 소독 용액을 계산대 카운터에 미리 뿌려놓아야 했다. 아, 그리고 하나 더. 그분은 향수를 뿌린 다른 쇼핑객 근처에는 절대로 갈 수 없다고 했다.

상처 입은 사람이 상처 준다. 나는 속으로 생각했다. 그 여자분은 분명 극심한 불안에 시달리고 있었을 거야. 아니면 고위급 정부 블랙요원으로부터 레이저에 절대 가까이 가지 말라는 얘기를 들었을 수도 있지. 어느 쪽이든 그녀는 무거운 짐을 지고 있었고, 그런 그녀가 누구든 가까이 있는 사람과 잠시라도 그 짐을 나눠서 지고 싶어했을 심정은 충분히 이해가 갔다.

이 문장을 가슴에 품고 뉴 아메리칸 식당에 출근했을 때 나는 이 문장이 비단 고객뿐 아니라 상사에게도 잘 먹힌다는 사실을 알게 됐다. 내가 바리스타로 일하던 레스토랑에 인기가 하늘을 찌르는 한 유명인 부부가 아이들을 데리고 방문한 적이 있었다. 그러자 보통은 재택으로 근무하던 레스토랑 관리자가 자기가 직접 이들 가족을 맞이하겠다며 그날 출근을 했다. 그들이 도착하자 그녀는 정중한 태도로 농담도 간간이 던져가며 유명인 부부와 아이들을 테이블로 안내했다. 그러고는 내게로 돌격하듯이 걸어와 이를 악문 채 조용히 명령하기를 "베이비치노 만들어 와"라고 하지 않는가. 그때 나는 레스토랑에서 요구하는 필수 커피 교육을 다 수료해서 커피 만드는 데는 일가견이 있는 상태였다. 나는 완벽한 에스프레소 샷을 뽑을 줄 알고, 실크처럼 부드러운 우유 거품도 만들 줄 알았으며, 열심히 연습한 끝에 라테 아트로 나뭇잎을 그릴 줄도 알았다. 하지만 내가 배운 그 어떠한 교육 과정에서도 '베이비치노'라는 말도 안 되는 단어는 들어본 적이 없었다. 유명 디자이너의 유아 멜빵바지를 예약 판매하는 고급 부티크에서만 제공되는 상상 속 음료야 뭐야. 나는 그녀가 무슨 말을 하는지 짐작도 가지 않았다. **베이비치노가 뭔데요?** 아뿔싸, 나는 겁도 없이 이 질문을 소리 내어 그녀에게 묻는 실수를 저지르고 말았다. 이 두 마디가 내 입을 떠나는 순간 그녀는 내가 자기 가족을 몰살했다는 고백이라도 한 것처럼 경악한 표정으로 나를 쳐다봤다.

　"초콜릿 우유 위에 스팀 밀크 올리고 위에 코코아 파우더 뿌린 거 있잖아." 그녀는 어떻게 그걸 모를 수가 있냐며 나를 세상에서 제일가는 바보 취급하며 답했다. "베이비치노 만들어와요. 지금. 당장." '당장'이라고 발음하는 그녀의 입 모양은 그야말로 악몽에 나올 법했다. 그다음에는 내가 잠깐 정신을 잃은 게 아니었나 싶다. 기억나는 거라곤 그녀가 내 손에서 음료를 뺏어가는 모습을 보며 세상에 존재하지도 않는 음료 만드는 법을 몰랐다고 직장에서 잘릴 위기에 처한 작금의 현실이 설마 진짜인가 얼떨떨해 하던 내 모습이 전부였기 때문이다.

그때조차 나는 숨을 크게 쉬고 스스로에게 말했다. **상처 입은 사람이 상처 준다.** 내 상사는 남초사회인 요식업계에 몸담은 여성으로서 어떻게든 치고 나가야 할 필요가 있었을 것이다. 그러기 위해 유명인의 자식들에게 있지도 않은 음료를 접대해 유명인들의 환심을 사는 거라면, 나는 그녀의 샌드백 역할을 받아들이기로 했다.

서버로 일한 지 몇 개월 정도 지났을 때 레스토랑 2층의 다이닝 룸에서 브런치 시간대 근무를 시작했다. 그날 영업을 위해 테이블을 세팅하는 게 내 주 임무였다. 보통 손님이 오면 먼저 1층으로 자리를 안내하기 때문에 나는 여유를 갖고 2층 세팅을 하는 편이었다. 그래서 잼을 1인 용기에 담고 있을 때 다섯 살 정도의 남자아이 두 명이 계단을 뛰어 올라오는 모습을 보고는 깜짝 놀라지 않을 수 없었다. 아이들 뒤로는 아버지로 보이는 사람이 느릿느릿 걸어 올라왔다. 이 남자를 딱 한 마디로 묘사하면 그냥 '골프'였다. 적어도 전형적인 골퍼 차림을 하고 있었다. 매니저가 손에 메뉴판 세 개를 들고 그들을 따라왔는데 남자는 테이블을 안내받기도 전에 '저기'라고 말하며 보통은 여덟 명 이상의 단체 손님이 앉는 룸을 가리켰다. 남자와 실랑이를 하고 싶지 않았던 게 분명한 매니저는 별말 없이 그들을 룸으로 안내했다. 이제 그는 내 문제가 되었다. 남자는 착석했고, 그의 두 아들은 아무도 없는 다이닝 룸을 실내 트램펄린 놀이터로 착각했는지 온 사방을 전세 낸 듯 뛰어다녔다. 그 와중에 나는 주문을 받으려고 남자에게 다가갔지만, 남자는 메뉴는 보지도 않고 그냥 아침식사와 관련된 단어 몇 개만을 툭툭 내뱉었다. 그가 주문한 와플은 메뉴에 없는 것이었고, 후라이드 치킨 샌드위치는 저녁에만 판매하는 것이었으며, 또 다른 음식은 우리 같은 고급 식당에서는 팔지 않는 것이었다. 결국 한발 물러선 그는 메뉴를 흘끗 보고는 음식을 주문했다. 하지만 테이블로 서빙된 음식들은 평소처럼 사람 입으로 들어가지 못하고, 두 아들이 다이닝 룸 양 끝에서 서로에게 던지는 총알이 되어버렸다. 남자가 추가로 요청한 버터는 고무탄으로 변신해 새로 공사한 나무바닥 틈 사이사이에 끼였고, 잼 용기는 대포알로 재탄생했다. 그 난리가 일어나는 동안 남자는 단 한 번도 핸드폰에서 눈을 떼지 않았고, 아이들이 레스토랑 내 모든 가구를 건드리고 다니는 데도 제지하지 않았다. 그리고 나는 그 혼란스럽고 시끄러운 난리통 한가운데서 홀로 나를 지켰다.

상처 입은… 사람이… 상처를… 준다. 이 말을 입 밖에 내는 건 고사하고 떠올리는 것조차 쉽지 않았다. 어쩌면 남자는 어떤 끔찍한 비극으로 인해 혼자가 되었고, 자녀를 홀로 건사하는 게 지금은 불가능할 정도로 슬퍼서 아이들이 어떻게 놀든 자신은 그저 핸드폰을 뚫어지게 보는 것밖에는 할 수 있는 게 없을지도 몰랐다. **그래,** 룸 맞은편 테이블 위에 묻은, 딱딱하게 굳어버린 잼을 긁어내며 나는 속으로 거듭 중얼거렸다. **상처 입은 사람이 상처를 주지.**

이 말은 곧 내가 노동자의 반란을 일으키지 않고 하루를 무사히 보내게 해주는 유일한 구명줄이 되었다. 오직 이 연습이 있었기에 나는 손님들에게서 손톱만큼이라도 좋은 구석을 찾아낼 수 있었다. 이렇게라도 해야 내가 먹고살고, 다음 달 월세를 내고, 손님이 나갈 때 설령 반만 진심이라 할지라도 그들의 눈을 보며 "좋은 하루 보내세요"라고 인사할 수 있었다. 속으로 펼친 상상의 나래, 소설로 쓴 손님들의 이런 뒷얘기가 있어야 나는 그들에게 공감할 수 있었다. 그러던 어느 날, 더 이상 상상할 필요가 없는 순간이 왔다.

비건 레스토랑의 손님 대부분은 평화로운 분위기에서 채식 음식을 먹고 싶은 게 전부인 선한 사람들이었다. 가끔 가죽 생산의 참상을 고발하는 팸플릿을 놓고 가거나 공장식 축산업으로 인해 곧 멸망할 지구에 관한 책을 나눠주고 가는 손님도 있었지만, 대부분은 그저 맛있는 한 끼 식사를 한 뒤 평소의 일상으로 돌아갔다. 이들은 친절했고, 딱히 친절하지 않은 경우라도 적어도 유별난 면 때문에 흥미가 생기는 사람들이었다. 나는 손님 대부분의 이름을 알고 있었고 내 마음속 한편에는 그들을 위한 자리가 마련돼 있었다.

하지만 이 말은 곧 못된 손님들은 그만큼 훨씬 더 기억에 남는다는 뜻이다. 한 여자 손님은 패션잡화 카탈로그에 나오는 할머니처럼 겉으로는 한없이 친절할 것같이 생겼었다. 카탈로그 22페이지에서는 양털 스웨터를 입고, 38페이지에서 39페이지까지는 포근한 체크무늬 담요를 덮은 채 독서를 하는 할머니 모델. 하지만 이 편안한 이미지는 그녀를 처음 손님으로 맞이했을 때 산산조각이 났다. 내가 컵에 물을 따르고 테이블을 세팅하는 내내 그녀는 눈을 잔뜩 찌푸린 채 어디 바퀴벌레가 이런 좋은 식당에서 괜찮은 일자리를 구했냐는 표정으로 나를 혐오스럽게 노려보았다. 그녀는 내가 오늘의 메뉴를 말해주기도 전에 고함을 치듯 주문했고, 나를 보지 않으면 내 존재를 하찮게 만들 수 있다는 듯 눈길을 홱 돌렸다. 나는 생각했다. 혹시 오늘 안 좋은 일이 있으셨나. 하지만 이 행동이 그녀의 평소 모습이었다. 그냥 내가 이유 없이 싫은가, 나는 골똘히 고민했다. 하지만 얼마 지나지 않아 그녀가 내 다른 동료들도 똑같이 대하는 걸 봤다.

그러던 어느 날 저녁 그녀가 일행과 같이 식당에 왔다. 나는 그 손님이 언제나 혼자 식사하는 모습만 봤었는데 그날은 파트너로 보이는 남성과 함께였다. 오늘은 보는 눈이 있으니 나를 조금은 친절하게 대해줄지도 몰라, 하는 희망을 품고 나는 열린 마음으로 그들에게 다가갔다. 하지만 테이블에 도착하자마자 두 사람은 내 손에서 메뉴판을 잡아채고는 똑같이 딱딱거리며 퉁명스럽게 얘기를 나눴다. 메뉴를 주문할 때는 두 사람 모두 고함을 치듯 말했다. 여자 손님이 혼자 왔을 때 주문하던 말투와 판박이었다. 다이닝 룸이 워낙 작았기 때문에 나는 그들이 식사하는 동안 나누는 대화를 고스란히 듣고 있을 수밖에 없었다. 그런데 그건 대화라기보다는 남자가 여자를 일방적으로 질책하는 독백에 가까웠다. 남자는 여자 손님이 종업원들에게 했던 것과 똑같은 말투로 그녀에게 고함치듯 말했다. 곁눈질로 본 그녀는 남자의 독설을 묵묵히 받아들이며 굴종하듯 몸을 웅크리고 있었다. 이제는 그녀가 바퀴벌레였다. 여자 손님의 그런 모습을 처음 본 나는 안타까움을 느꼈다. **상처 입은 사람이 상처 준다**의 실제 상황이 내 눈앞에서 벌어지고 있었다. 나를 몰아세우던 못된 손님이 알고 보니 자기 남편한테 똑같은 방식으로 몰아세워지고 있던 것이다. "고통은 돌고 도는 것", 내가 만일 이 구절의 타당성을 뒷받침하는 증거를 간절히 찾고 있었더라면 이건 증거물 A가 될 법한 상황이었다.

 사실 나는 이 문구를 알기 훨씬 전부터 그 의미를 이해한 사람이었다. 여성적인 면이 강하고, 성 정체성을 숨기고 있는 게 뻔히 보이는, 대기만성형 청소년이었던 나는 고등학교 때 괴롭힘을 당했다. 내가 경험한 괴롭힘은 텔레비전에서 흔히들 묘사되는 방식이 아니었다. 2000년대 초반 다양성 '수용'을 표방하는 학교에 다닌 사람이라면 아주 잘 아는 미묘한 방식의 괴롭힘이었다. 우리는 사물함에 갇히지 않았다. 대신 친구들 모임에서 없는 사람 취급을 당했다. 우리를 '호모'라고 부르는 애들은 없었다. 대신 너 게이 맞냐는 남자애들의 끈질긴 질문에 시달리며 "그냥 확인하는 거라고. 젠장, 왜 그렇게 예민해?" 같은 말을 들을 뿐이었다. 대놓고 열외가 되는 일은 없었지만, 어디에도 내 자리는 없는 것 같은 막연한 기분을 끊임없이 느꼈다. 그런 나에게 사람들은 계속 말했다. "걱정하지 마, 모든 건 '그냥 장난'이야." 높고 가는 목소리 때문에 놀림을 받을 때도, 남자애들이 "레이디 퍼스트"라고 말하며 내게 먼저 가라는 손짓을 할 때도, 나에게 같이 사진 찍자고 다가온 위 학년 남자애가 사진이 찍히는 순간 갑자기 운동할 때 착용하는 급소 보호대(athletic cup)를 자기 팬티에서 꺼내 내 얼굴 위에 가져다 댔을 때도, 그래서 당황하고 수치스러워하는 내 모습이 필름 위에 영원히 박제됐을 때도 그들은 "그냥 장난이야"라고 말했다. 그리고 이 모든 순간은 '그냥 장난'에 불과했기 때문에 나는 내가 할 수 있는 한 자주 억지웃음을 지어야 했다.

하지만 억지웃음을 지으면 지을수록 뭐라 형용할 수 없는 수치심이 내 안에 쌓였다. 너무 복합적인 이 굴욕에 가까운 감정은 저 깊숙이 묻혀 있다가 완전히 엉뚱한 데서 튀어나오곤 했다.

가끔은 하교한 나에게 감히 오늘 하루가 어땠냐며 묻는 잘못을 저지른 엄마에 대고 시비를 걸었다. 오늘 내 몫으로 해야 할 집안일을 다시 한번 상기시켜주는 엄마에게 벌컥 화를 내며 내 매일의 고통을 밤마다 폭발시킬 때도 있었다. 당연히 엄마는 아무 잘못이 없었다. 하지만 나는 상처를 삼키고 삼킨 뒤 무슨 폭탄처리 요원인 양 그 분노를 한 치의 오차도 없이 꽁꽁 뭉쳐서는 엄마 앞에서 터트렸다. 정말 상처 입은 사람이 상처를 주는 거였다. 아니 조금 더 정확히 말하자면, 상처 입은 사람은 상처를 줘도 괜찮은 사람을 골라 상처 주는 것이었다.

식당, 고등학교, 소셜미디어 모두 자신의 화를 타인에게 전가하고 싶어하는 사람에게 쉽고 별 탈 없는 샌드백을 제공한다. 알바생은 기분이 안 좋은 고객이 손쉽게 화풀이할 수 있는 타깃이 된다. 인터넷의 유명인은 독설과 모욕을 퍼붓기 딱 좋은 대상처럼 보인다. 이 모욕이 그들에게 직접 전달될 가능성은 거의 없기 때문이다. 그리고 나이와 인기에 따라 위계가 저절로 나뉘는 고등학교는 영향력이 좀더 있는 학생이 없는 학생을 놀리는 게 이상하지 않은 구조다. 호르몬은 들끓고 육체는 성장하는데 감정을 표현할 언어적, 감정적 도구는 아직 갖추지 못한 10대들에게는 이런 괴롭힘이 감정을 표출할 손쉬운 방법인 셈이다.

기차는 이제 코네티컷을 지나 뉴욕으로 향하고 있었다. **상처 입은 사람이 상처 준다.** 나는 이 연고와도 같은 말이 옛날에 그랬던 것처럼 이번에도 내 마음을 가라앉혀주길 희망하며 계속 되뇌었다. 하지만 수년 전 레스토랑에서 봤던 효과를 이번에는 누리지 못했다. 내 불편함은 달래지지 않았다. **상처 입은 사람이 상처 준다**는 말은 내가 '반대편' 사람들에게 유대감을 느낄 때 드는, 어떤 이념적 죄를 짓고 있다는 두려움을 달래는데 아무런 소용이 없었다. 물론 이것은 심리학적 진실을 시적으로 포착한 아름다운 생각이다. 그리고 나와 이번 게스트들과의 관계는 과거에 내가 고객들과 맺었던 관계와 어느 정도 일맥상통하는 면이 있었다. 하지만 못된 레스토랑 고객이 공감된다고 해서 문화적 죄를 지은 것 같다는 생각은 한 번도 해본 적이 없다. 당시 나는 그저 그날 하루를 생존하기 위해 노력했을 뿐이다. 하지만 지금은 게스트들을 그저 인간으로 보는 것조차 사회적 죄를 짓는 것 같은 기분이었다. 약장 저 깊숙한 곳에서 기적의 연고를 꺼냈는데 알고 보니 유통기한이 다 지나버린 상황이었다.

일단 이 구절은 내 게스트 전부에게 해당하는 말은 아니었다. 물론 **일부** 게스트의 경우에는 맞는 말이었다. 조쉬는 학교에서 겪은 따돌림의 상처를 내게 풀었다. 하지만 프랭크나 E는 그들이 겪은 아픔과 내게 보낸 악플 사이에 그런 명확한 관계가 없었다. 애덤은 아예 자기가 나를 상처입힌다는 자각조차 없었다. 그는 자신이 나를 구원하고 있다고 생각했다. 만일 이들이 상처 입은 자가 **아니라면** 내가 공감을 느끼는 게 더 이상한 걸까?

의도의 문제 역시 빼놓을 수 없었다. 레스토랑에서 일할 때 나는 어떻게든 고객들의 뒷얘기를 상상으로 지어내서 그들에게 공감을 느끼고자 **노력**했던 반면, 지금 내가 게스트들에게 느끼는 공감은 그냥 저절로 생겨난 것이었다. 운동을 하면 땀이 나듯, 그들과 얘기할 때 내 몸에서 일어나는 자동 반응이었다. 그리고 솔직히 말하면 공감은 실제로 그런 게 맞았다. 내가 배우기로 공감은 사람과 얘기할 때 자연스럽게 생기는 부산물이다. 같이 대화를 나누는 눈앞의 사람을 복잡하고 입체적인 3차원의 인간으로 보지 않는 건 오히려 불가능하다. 나는 그들에게 공감하려고 의도를 낸 게 아니었다. 공감은 성자의 기적 같은 게 아닌, 일상의 필연으로서 그냥 솟아났다.

"속 이야기를 듣고 나면 사랑하지 못할 사람이 없다." 나는 이 명언 — 베네딕토회 메리 루 코우나키$^{Mary\ Lou\ Kownacki}$ 수녀가 말하고 방송인 프레드 로저스$^{Fred\ Rogers}$가 인용해 유명해진 말 — 을 사람들에게 자주 말하고 다녔는데, 지금 이 순간 저 말로 인해 뜻밖의 후유증에 시달리고 있었다. 다시 한번 온갖 의문이 떠올랐다. 내 게스트를 좋아하는 게 그들의 신념 하나하나를 다 긍정한다는 말인가? 그들에게 공감하면 그들의 이념에 물들게 되는 걸까? 그들이 자기도 모르게 대변하고 있는 큰 흐름과 개별 인간으로서의 그 사람을 서로 분리해서 생각하는 게 가능할까? 내가 위험한 이념을 가진 사람을 진심으로 좋아하고 공감한다는 건 그 이념을 지지한다는 뜻일까? 사람의 생각은 사회의 영향에서 벗어날 수 없는데, 그럼 그들의 발언에 책임을 묻는 건 결국 사회체제의 죄를 그들에게 떠넘기는 셈 아닌가?

게스트들과 얘기할 때마다 반복적으로 느꼈던 감정이 생각났다. 조쉬와 동성애 혐오를 서로 분리해서 생각할 수 있게 된 순간, 프랭크와 보수주의가 더 이상 동의어가 아니게 된 순간. E가 더 이상 그가 보낸 고약한 메시지로만 보이지 않게 된 순간. 애덤이 그 모든 독단적 종교적 교리 그 자체가 아니게 된 순간. 내가 이 사람들을 그 사람이 지닌 신념과 분리해서 생각할 수 있게 된건 그저 그들과 대화를 했기 때문이었다. 이렇게 사람과 신념을 구분할 수 있게 되었다고 해서 그들이 내게 한 말이 저절로 용서

되는 건 아니었지만 적어도 그 말을 큰 맥락에서 볼 수 있게는 되었다.

나는 게스트를 나무로, 그들이 지닌 각각의 이념을 그들이 속한 숲으로 보았다. 멀리서 보면 숲만 보이고 가까이 가면 나무만 보인다. 소셜미디어는 이 거리를 유독 멀게 만든다. 디지털 광장에 섰을 때 오직 숲만 보이는 건 사실 우리가 매일 지나치는 나무의 양이 너무 많기 때문이다. 이 때문에 우리는 개별적인 나무 하나하나의 복잡함을 놓치고 지나간다. 이런 소셜미디어의 해독제는 친밀한 일대일 대화다. 대화를 하면 나무의 껍질까지 자세히 들여다볼 수 있기 때문이다. 정교한 뿌리 시스템과 서로 얽히고설키며 우거진 나뭇잎들이 다 보이기 때문이다. 물론, 그러면 또 정반대의 일이 일어날 수 있다. 각 나무가 지닌 고유의 특별함에 매몰된 나머지 숲의 큰 패턴을 보지 못하게 된다.

이제 나는 이 프로젝트에서 내가 수행해야 할 가장 큰 임무가 이 두 가지 시각을 그 어느 것도 놓치지 않는 것이라는 걸 알게 됐다. 두 개의 시각을 동시에 갖는 것. 나무가 곧 숲 전체는 아니듯, 나와 대화를 나누는 상대가 그들이 가진 해로운 이념 그 자체가 아님을 기억하는 것. 물론 숲의 일부이기는 하지만, 숲 전체는 아님을 아는 것.

내가 받아들일 수 없었던 건 조쉬나 프랭크나 E나 애덤이 아니었다. 호모포비아라는 숲, 보수주의라는 산림이었다. 나는 함께 얘기를 나누는 나무가 정말, 진심으로 좋았다. 하지만 숲은 정말, 진심으로 싫었다. 물론 우리는 문제적인 종교 해석과 대화를 나눌 수는 없다. 나는 호모포비아에게 전화를 걸 수도 없고, 보수주의와 마주 보고 앉을 수도 없었다. 나는 그저 나무하고만 남았다. ― 대변자들, 사람들.

상처 입은 사람이 상처 준다라는 말 덕에 고객 서비스 일을 무사히 해낼 수 있었던 것처럼 나는 이번에도 주머니에 항상 갖고 다닐 수 있는 간결하고 딱 떨어지는 문구 하나가 있었으면 했다. 그러던 와중, 팟캐스트가 서비스되기 시작한 지 일주일 정도 지났을 때 바로 이 딜레마에 시달리던 내가 만트라 같은 문구 하나를 써놨던 기억이 문득 났다. 나는 핸드폰을 꺼내 그 문장을 찾았다. 장보기 목록과 할 일 목록, 선물 아이디어, 무의미한 메모들을 빠르게 넘기자 마침내 내가 적었던 문장이 나왔다. **공감한다는 말이 곧 인정한다는 뜻은 아니다.**

그래, 이거야.

누군가에게 공감한다는 건 그들이 당신과 같은 인간임을 인정하는 것뿐이다. 누군가에게 공감한다고 해서 이제부터 '너는 못된 말을 하고 못된 행동을 해도 된다'며 갑자기 허락하는 건 아니다. 내가 그들에게 공감을 하든 안 하든 그들은 그런 일을 하고 그렇게 생각할 것이다. 누군가에게 공감한다고 해서 그들이 지지하는 후보에게 표를 던지는 것도 아니다. 표를 던지는 건 그들만이 할 수 있다. 누군가에게 공감한다고 해서 그들의 신념이 전염병처럼 퍼지는 것도 아니다. 지금껏 나는 그런 일이 혹시나 가능할까 봐 내내 가슴을 졸이느라, 만일 그런 신념이 전염병처럼 퍼졌더라면 제1호 환자가 됐을 사람, 즉 나 자신의 경우를 생각해보지 못했다.

맞다, 나는 조쉬를 남동생처럼 생각한다. 하지만 그렇다고 내가 갑자기 '게이는 죄다'라는 생각을 믿게 되지는 않았다. 프랭크를 생각하면 마음이 따뜻해지지만 그렇다고 내가 지지 정당을 바꾸지도 않았다. 애덤의 심정을 공감하지만 그렇다고 내 섹슈얼리티가 치료될 수 있는 중독이라고 갑작스레 생각을 바꾸는 일은 없었다. 마지막으로, E라는 사람을 알아가는 건 정말 좋았지만 그렇다고 내가 갑자기 그 사람처럼 되지도 않았다. 내가 게스트들에게 느꼈던 공감은 그들을 알아가는 과정에서 자연스럽게 발생한 부산물이었다.

하지만 공감이 그저 대화의 결과물에 불과한 것은 아니다. 공감은 대화가 계속 이어지기 위해 꼭 필요한 연료다. 두 사람이 서로에게 계속 마음을 열 수 있게 해주는 안전 시그널. 내 게스트들이 마음을 털어놓아도 괜찮겠다고 생각할 만큼 안전함을 느끼게 해준 보호막이었다. 사람은 누구나 공격받았다고 느끼면 방어하기 위해 자연스레 가드를 올리지만, 둘만의 리듬을 찾으면, '오만가지 태풍'에서 벗어나면, 서로에게 붙인 꼬리표 너머를 보게 되면, 토론을 피하게 되면, 비로소 서로에게 마음을 열고 자신의 속내를 보여줄 수 있다. 취약한 점을 드러낼 수 있다. 이게 바로 내가 게스트들과 경험한 것이다. 내가 그들에게 공감하자 그들은 안전한 공간 안에서 왜 자기가 그런 말을 했는지 살펴볼 수 있었고, 이 과정은 우리 둘 모두에게 또 다른 경험으로 연결되는 문을 열어주었다.

공감과 상처는 모두 재생 가능한 자원이다. 상처가 상처를 낳듯, 공감은 공감을 낳는다. **상처를 입은 사람이 상처 준다**는 말이 수년 전 내게 꼭 필요했던 경구였던 것처럼, **공감한다는 말이 곧 인정한다는 뜻은 아니다**는 지금 내게 꼭 필요한 연고였다.

나는 오늘의 나를 위해 이 만트라를 써놨던 과거의 나에게 깊은 감사를 느꼈다. 이 모든 일이 끝나면 마음의 속삭임이 시작될 것이고, 의심이 음습할 것이며, 두려움이 마음을 온통 장악하리란 것을 다 예상한 것 같은 과거의 나에게. 이 만트라야말로 내가 굴하지 않고 앞으로 나아가기 위해 꼭 필요한 허가서라는 걸 알았던 것 같은 과거의 나에게. 미래의 내가 이 만트라를 어떻게 생각할지는 잘 모르겠다. 미래의 세상이 이 프로젝트를 어떻게 바라볼지도 잘 모르겠다. 내 다음 행보가 어떻게 될지조차 모르겠다.

지금 당장 내가 확실하게 아는 거라곤 뉴욕 시의 스카이라인이 점점 더 가까이 다가오고 있다는 것과 내가 만든 이 만트라 덕에 숨 쉬는 게 조금은 더 쉬워졌다는 것뿐이다. 주머니에 쏙 들어가는 나만의 만트라가 내게 말하고 있었다. **계속 해봐.**

7장

공감은 필수품이 아니라 사치재다

 만트라는 멋지다. 만트라는 내가 원하는 모습의 인간이 되어가는 여정에서 훌륭한 이정표 역할을 한다. 하지만 행동하지 않는다면 만트라는 무용하다. 그러니 내가 '공감한다는 말이 곧 인정한다는 뜻은 아니다'라는 명제에 대해 좀더 깊이 알아보고 싶다면 나는 계속해서 대화를 나눠야 했다. 지금 내가 할 일은 그 대화의 형태를 결정하는 것뿐이었다.

 10월 중순, 가을의 쌀쌀함이 뉴욕 시의 공기에 막 스며들던 즈음 난 청취자들이 보내준 메시지를 읽고 또 읽으며 벅찬 감동을 느끼고 있었다. 한 선생님은 자기가 가르치는 학생들이 내 팟캐스트를 참고자료 삼아 그들끼리의 어려운 대화를 시도해보고 있다고 전해왔다. 생각이 너무 다른 가족들과 얘기를 나누는 데 큰 도움이 됐다고 감사를 전한 사람도 많았다. 수많은 구독자가 내 용기를 칭찬했다. 하지만 내가 이 일을 계속하는 데 가장 큰 동기부여가 된 건 한 보수주의자 청취자가 보내준 메시지였다.

"당신이 정말 대단한 일을 하고 있다고 생각합니다. 저는 당신과 같은 생각을 가진 사람 중에 당신처럼 침착하고 상대를 존중하는 태도로 대화를 나눌 줄 아는 사람을 한 명도, 정말 단 한 명도 본 적이 없어요." 이 메시지를 받은 지 몇 달이 지나서까지도 나는 이 말을 곱씹었다. 내 작업이 나와 정치적 색이 다른 사람들에게까지도 반향을 일으켰고, 드디어 모든 사람을 테이블로 불러 모으는 프로젝트를 성공시켰다는 사실에 자부심으로 어깨가 으쓱했다.

나는 대화가 운동(activism)이라고 믿게 됐다. 그리고 내 청취자들의 지지 덕에 ― 그리고 저 예상치 못한 팬의 축복 덕에 ― 나는 상반된 진영 간의 대화가 전하는 '좋은 말씀'을 인터넷의 수억 사용자 모두에게 전도할 만반의 준비가 되어 있었다.

악플 폴더는 쓸 수 있는 선택지를 모두 소진한 지 꽤 된 상태였고, 이제는 더 이상 메시지함에 호모포비아적인 조롱이 있는지 뒤적거리거나, 나같이 추한 사람은 세상에 본 적이 없다고 단언하는 사람이 있기를 바라며 몇 달은 족히 지난 댓글창을 또 뒤지기는 싫었다. 다행히 내게는 이 프로젝트를 확장할 방안이 있었다.

지난 몇 달간 내가 조용히 키워온 아이디어가 하나 있었다. 내가 내 악플러들하고 얘기하는 게 아니라, 온라인상에서 격돌한 두 사람이 **서로** 대화를 하고 내가 그 중간에서 사회를 보면 어떨까? 이 새로운 포맷에서 내 역할은 두 명의 디지털 적수가 같이 얘기할 수 있는 장을 만들어주는, 일종의 진행자였다. 이 아이디어는 처음부터 내 흥미를 끌었을 뿐 아니라 이 프로젝트의 다음 행보로서도 자연스럽고 논리적으로 보였다. 일단 온라인에서 악플을 받는 사람이 나만은 아니었고, 나는 다른 사람들도 이러한 대화의 아름다움을 직접 경험해보기를 원했다. 게다가 악플러들과의 대화를 통해 내가 얻은 게 워낙 많아서 이제는 다른 사람들도 나처럼 많은 걸 가져갈 수 있도록 돕고 싶었다.

다행히 참가자를 찾는 데 어려움을 겪을 것 같지는 않았다. 인터넷에서 악플을 받은 사람은 주도권을 자기 쪽으로 가져오기 위해 그 악플을 자기 계정에 박제하는 경우가 많았다. 그런 박제 게시물에는 때로 재치 있지만 뼈 있는 일침, '어느 집 강아지가 짖냐' 유의 무관심을 표현하는 이모티콘, 진지하지만 실은 악플을 비꼬는 의미의 해시태그 등이 달렸다.

예를 들어 어떤 사람이 자기 인스타그램 계정에 몸평 댓글이 달린 걸 봤다면 "거 참 미안하게 됐어요"라고 공개적으로 답을 달고는 손톱에 매니큐어 바르는 이모티콘을 마침표 자리에 넣는 것이다.

한번은 너희들 다 지옥에 떨어질 거라고 악담하는 유튜브 댓글에 "벌써 설레누"라고 맞받아치는 사람도 본 적이 있다. 여기에 마지막으로 쐐기를 박은 해시태그는 '#나는문제없어'였다.

어떤 사람들은 정치적으로 반대 성향인 인물이 쓴 오타투성이

트윗을 리트윗하면서 캡션에 'their'* 한 마디만 달아 문법적 우위를 강조하기도 한다.

악플을 박제해서 주도권을 잡으려는 이런 전략, 일명 리트윗을 통한 복수는 나 역시도 상당히 일가견이 있는 분야였다. 1년 전만 해도 완전히 같은 처지였던 나는 악플러들을 온라인상에서 한 방 먹이는 것이 최선의 응징이며, 이때 쌓이는 디지털 코인만이 악플로 인한 깊은 상처를 치유할 수 있는 유일한 보상이자 위안이라고 생각했다. 하지만 동시에 나는 이런 말재간과 코인 잔치의 효과가 일시적일 뿐이라는 것도 잘 알고 있었다. 도파민이 고점을 찍고 하락하기 시작하면 우리에게 남는 건 고통뿐이기 때문이다.

지난해 내내 내가 알게 된 건 대화가 훨씬 더 건강한 대안이라는 사실이었다. 대화는 '좋아요'가 주는 일시적인 힐링이 아닌, 일종의 디지털 회복적 정의(restorative justice)를 통한 치유를 가능케 했다. 이 방식은 내가 한 농담이 큰 화제가 됐을 때의 그 짜릿한 만족감은 주지 못해도, 보상만큼은 훨씬 더 오래 지속됐다.

이 사회적 실험에서 스스로 실험용 쥐가 되어본 나는 다른 사람들 역시 이런 귀한 경험을 할 수 있는 기회가 보이면 주저하지 않고 뛰어들 것이라 확신했다.

---

* their를 thier로 잘못 쓰는 경우가 많다.

✤

하지만 이 새 포맷에는 내가 두 명의 참가자를 섭외해야 한다는 새로운 어려움이 따랐다. 나는 악플을 받은 사람과 악플을 쓴 사람을 각각 **제1 게스트**와 **제2 게스트**로 구분하기로 했다.

나는 먼저 제1 게스트로 참여할 만한 사람들로 목록을 짜봤는데, 완성된 리스트를 보니 친구, 온라인상의 지인들, 악플을 받아봤을 가능성이 농후한 공인 등이 후보에 올랐다. 활동가, 코미디언, 작가, 배우 등, 구성원들의 면모가 워낙 다양해 이들의 대화가 얼마나 다채롭고 재미있을지 흥분을 감추기 어려웠다. 이 새로운 포맷을 통해 드디어 우리 프로그램이 나와 내 비판자 간의 대화라는 한계에서 벗어나 흑인 인종차별, 트랜스젠더 혐오, 여성 혐오, 이슬람 혐오, 반유대주의 같은 수많은 사회 병폐에 대해 탐색해볼 수 있을 것 같았다.

그 유명 작가가 자기만의 조쉬를 만나 함께 추는 춤이 얼마나 아름다울지 내 마음은 제멋대로 상상의 나래를 펼쳤다. 그 활동가는 자기만의 프랭크를 만나 어떤 마음으로 통화를 하게 될지, 그리고 나는 그들이 '오만가지 태풍'을 통과할 때 어떻게 그 곁에서 보조를 맞출지 상상했다. 그 배우가 자기만의 애덤에게 전화로 얘기하는 소리가 내 귀에는 거의 들릴 지경이었고, 나는 그들이 서로의 마음에 질문이라는 씨앗을 어떻게 심을는지 공상하느라 시간 가는 줄 몰랐다. 그 현지 기획자가 자기만의 E와 대화하는 모습이 완벽하게 상상이 됐고, 그들이 혹시라도 '토론 경기장'

에 갇히게 됐을 때 내가 그들을 최적의 탈출 루트로 빠져나올 수 있도록 안내하는 모습도 저절로 그려졌다.

공격 플랜을 짜며 다음 단계를 구상하고 있는데 풀 편성 오케스트라가 내 귀에 착석하더니 좁쌀만 한 음악가들이 각자의 악기를 들고 우리 시대의 고전인 〈미션 임파서블$^{\text{Mission: Impossible}}$〉의 주제곡을 연주하기 시작했다.

첫 타자인 플루트가 그 유명한 도입부의 시작을 알리자 카메라가 들어온다.

나는 책상에 앉아 있다. 때는 한낮, 나는 구부정한 자세로 노트북 앞에 앉아 있다. 제1 게스트 후보자들에게 보낼 초대장을 맹렬히 타이핑하고 있는 내 모습을 카메라가 360도 돌며 비춰준다.

몇 초 만에 컴퓨터에서 답 메일이 왔다는 알람이 땡땡 울린다. "좋아요, 딜런"과 "동참하겠어요"와 "당연하죠, 친구"라고 쓰인 승낙의 말이 스크린을 가득 채운다.

그다음 장면에서 나는 질주하는 택시의 뒷좌석에 앉아 있다. 오케스트라 연주가 본격적으로 이어지는 가운데 나는 택시 문을 열고 매끄러운 보도블록 길로 조심스레 발을 내디딘다. 나를 좇아 레스토랑으로 물 흐르듯 들어온 카메라가 유명 활동가와 악수하는 내 모습을 담는다. 먼저 도착해 테이블에 앉아 기다리고 있던 그녀의 발아래로 시위 팻말이 보인다. 웃고 떠들던 분위기가 돌연 진지해진다. 이제 본격적으로 '임무' 수행에 나서야 하기 때문이다.

그녀가 핸드폰을 휙 꺼내더니 얼마 전에 받은 악성 메시지를 단호한 몸짓으로 보여주며 제2 게스트가 될 사람을 가리킨다.

흠. 클로즈업된 내 두 눈이 가늘게 접히며 무언의 의사를 전달한다.

어때요? 활동가가 눈썹을 위로 올리며 눈으로 묻는다.

"이 사람으로 합시다." 실제 내 목소리와는 전혀 다른 저음의 영화배우 목소리로 내가 답한다.

"좋아요." 활동가가 밝은 목소리로 답한다.

우리는 깊게 숨을 들이쉬고 서로를 향해 고개를 끄덕인 후 초대장을 재빠르게 작성해 전송 버튼을 누른다.

초대장 — 영화적 효과를 위해 반투명 종이 위에 문구가 적힌 형태다 — 이 공중으로 날아오른다. 초대장은 활동가의 전화기를 출발해 근방의 와이파이 라우터로 들어가 말도 안 되게 긴 이더넷 케이블의 미로를 통과한 끝에 목표 지점인 수신자의 집에 도착한다.

갑자기 전환되는 카메라. 침대 옆 작은 테이블 위에 핸드폰이 놓여 있다. 핸드폰 화면에 불이 들어오며 알림 표시가 뜨자 손 하나가 화면 안으로 들어와 핸드폰을 확인한다. 누군가의 얼굴이 잔뜩 클로즈업되어 화면을 채우고, 좌우로 불안하게 떨리는 그의 눈동자 위로 핸드폰 불빛이 반사된다. 콧등에 맺혀 있는 땀방울이 보인다.

"아니 이게 무슨-" 그는 황당하다는 듯 입을 떼지만 그 순간 극적인 효과를 위해 갑작스러운 화면 전환이 일어난다(이건 가족 영화이기도 하다).

며칠 뒤 활동가와 내가 마이크를 조정하는 모습이 다음 장면으로 이어진다. 프레임은 이제 두 개의 화면으로 분할된다. 오른쪽 화면에는 제1 게스트와 내가, 왼쪽 화면에는 지금까지 극도로 클로즈업된 모습만 공개된 제2 게스트가 자리하고 있다.

수천 킬로미터 떨어진 곳에서 제2 게스트가 소파에 앉아 불안한 눈으로 핸드폰을 보고 있다.

화면 오른쪽에 앉아 있던 제1 게스트와 내가 서로를 향해 고개를 끄덕이고, 화면 왼쪽의 제2 게스트는 침을 꿀떡 삼킨다.

나는 전화번호를 입력하고 제2 게스트는 시간을 확인한다.

몇 분 새 세 사람이 연결되었다. 불편한 웃음이 몇 번 오가고, 두 사람이 동시에 입을 여는 바람에 말이 어색하게 끊기기도 하고, 당황으로 얼굴이 굳는 순간도 있지만 우리 세 명은 나의 주도하에 새로운 춤의 리듬 속으로 서서히 빠져들어 간다.

그러던 중 어느샌가 〈미션 임파서블〉 주제곡은 훨씬 부드러운 선율의 음악으로 바뀌고, 두 개로 분할되었던 화면은 두 게스트 얼굴의 클로즈업 화면이 번갈아 나오는 방식으로 전환된다.

불편하게 이어지던 침묵의 자리에 말하지 않아도 안다는 뜻의 웃음이 자리한다. 뺨 위로 웃음이 번진다. 사려 깊은 끄덕임과 부드러운 흠 소리에서 '지금 당신의 말을 잘 듣고 있어요'의 의미가 전달된다.

통화 시간이 거의 끝나갈 즈음 제2 게스트가 말한다. "세상에, 이런 자리가 될 줄은 상상도 못 했어요."

"당신이 이 문제를 인지하지 못했던 게 당신이 처한 상황 때문이었다는 걸, 그 전까지는 그 문제가 당신의 지각 범위에 속하지 않았다는 걸 이제야 이해하겠네요." 제1 게스트가 대답한다.

"당신에 관해서 혹은 당신에게 그렇게 기분 나쁜 말을 쓴 것에 대해 진심으로 사과드립니다." 제2 게스트가 용서를 청한다.

"당신의 사과를 받아들입니다." 제1 게스트가 상대 게스트를 안심시킨다.

"저는… 이 대화 덕분에 다른 사람이 된 것 같아요." 누군가 확신에 차 말한다.

"저 역시 이 대화 덕분에 다른 사람이 된 것 같습니다." 다른 사람이 응답한다.

"우리 **모두** 이 대화 덕분에 다른 사람이 됐네요." 천천히 고개를 끄덕이며 갈라진 목소리로 말하는 나의 뺨 위로 눈물 한 방울이 또르르 흐른다.

머릿속으로 이 영화를 보던 나는 상상 속의 팝콘을 마구 입에 넣으며 생각했다. **뭐야, 우리 프로그램이 세상을 바꾸겠는데?**

하지만 이 영화가 아무리 흥미진진해도 그것을 현실로 만들기 위해서는 일단 몸으로 뛰지 않으면 안 되었다.

"안녕하세요! 이 메시지가 선생님께 잘 전달되기를 바랍니다. 선생님의 귀한 작업 덕분에 우리 모두의 삶이 더 좋은 방향으로 나아지고 있다고 생각합니다." 나는 트위터 DM으로 유명 작가에게 메시지를 보내며 그를 일단 띄워주었다. "선생님의 시간은 소중하므로 제 용건을 간단히 말씀드릴게요. 저는 현재 제 팟캐스트 두 번째 시즌을 준비 중입니다. 시즌2에서는 선생님같이 존경받는 분과 선생님께 악플을 보낸 사람 또는 선생님에 관해 악플을 쓴 사람 간의 대화를 제가 사회 보는 형식으로 진행해볼 예정입니다. 선생님이 게스트가 되어주시면 정말 좋을 것 같아요." 전송.

나는 거의 동일한 메시지를 한 활동가에게도 보냈고, 유명 코미디언에게 세 번째 메시지를 보냈다.

트위터 편지 아이콘의 오른쪽 코너에 드디어 파란색 동그라미 표시가 떴다. 클릭했더니 작가가 보낸 메시지가 보였다.

"미안해요, 딜런. 당신이 하는 일이 정말 대단하다고 생각하지만 난 아직은 이런 사람들과 대화를 나눌 준비가 되어 있지 않아요."

이런. 나는 그의 이름을 내 리스트에서 지웠다. **'거절'** 1.

활동가와 코미디언 역시 답이 없었다. 하지만 난 두 사람 모두 내가 메시지를 보내자마자 바로 확인한 걸 알고 있었다. 두 사람의 이름 역시 리스트에서 삭제되면서 거절의 수는 총 3이 되었다.

유명 배우도 응답하지 않았다. **넷.** 최근 안티팬들을 공개적으로 저격한 가수 역시 잠잠했다. **다섯.** 며칠 전만 해도 영상 협업을 하자고 제안해왔던 현지 기획자도 침묵했다. **여섯.**

아예 접근 순서를 바꿔 게스트를 먼저 섭외하는 게 아니라, 화제가 되는 이슈를 선택한 뒤 그와 관련된 제1 게스트를 찾는 건 어떨까 하는 생각이 들었다. 그때 소셜미디어에서 막 확산하던 것이 #미투^{MeToo} 운동이었다. 유명 언론 매체 두 곳에서 할리우드 내 성폭력을 폭로하는 탐사보도를 발표하며 촉발된 이 해시태그는 곧 성폭행 및 성추행 생존자들이 자신의 얘기를 용감하게 털어놓고 다른 사람들의 증언도 살펴볼 수 있는 일종의 디지털 파일 캐비닛이 되었다. 나는 새로운 포맷으로 시작하는 내 프로젝트가 이 중요한 문화적 순간에 함께할 수 있기를 바랐는데, 그러던 중 자신의 직장 내 성추행 사건을 공개한 한 저널리스트를 알게 됐다. 나는 그녀가 자신의 이야기를 폄훼한 사람과 서로 대화를 나누는 과정에서 위안을 얻길 바라며 조심스럽게 메시지를 작성했다.

"안녕하세요, 딜런. 분명 흥미로운 제안이긴 하지만 저는 이제야 다시 인간답게 살아가고 있답니다. 아무리 생산적인 대화를 목표로 하는 것이라 할지라도 누군가의 악의를 대하는 일이 지금 당장은 좀 힘들 것 같네요. 그래도 저를 후보로 생각해주셔서 고맙습니다. 이 문제는 나중에 다시 얘기해도 될까요?" 그녀가 보낸 답 메시지에는 마침표 대신 빨간 하트 이모티콘이 찍혀 있었다.

"충분히 이해합니다. 나중에 생각 나시거든 다시 연락 주세요." **일곱.**

그 뒤를 바짝 이어 **여덟** 번째 거절이 도착했다. "제가 생각보다 그렇게 용감한 사람이 아니었던 것 같네요." 몇 주 전에는 이 아이디어를 극찬하며 재미있겠다고 말한 셰프가 메시지를 보내왔다.

거절은 계속 쌓여갔고, 나는 내게는 너무나 만족스러웠던 이 일에 왜 이렇게 많은 사람이 관심을 보이지 않는지 통 이해가 되지 않았다.

2017년이 가고 2018년 새해가 밝았지만, 새로운 시작은커녕 계속되는 연패만 맛보는 기분이었다. 온라인 악플 때문에 자신의 정신건강이 얼마나 망가졌는지를 내게 솔직하게 털어놓은 운동선수는 자신이 출연하기로 약속한 에피소드의 제작을 당분간 미뤄도 되겠냐고 연락해왔다. **아홉.** 한 교사는 자신의 성폭행 이야기를 공개한 글에 "도대체 누가 이 여자랑 섹스하고 싶어하는데?"라고 댓글을 단 남성과는 대화를 나눌 생각이 없다고 말했다. **열.**

하지만 그래도 난 이 거절들을 나름 침착하게 받아들일 수 있었다. 굉장한 에피소드 하나가 뒤에서 조용히 진행되고 있었기 때문이었다. 원래 이 프로젝트를 질색하며 싫어한, 어릴 때부터 알고 지내온 내 절친 중 하나가 드디어 한번 해보겠다고 나선 것이다.

"그래, 해볼게." 친구는 며칠 전 내 두 번째 초대에 응한 참이었다.

하지만 그로부터 다시 며칠이 지난 어느 날 아침, 잠에서 깨니 문자 하나가 와 있었다.

"안녕 친구, 아무리 생각해봐도 이게 나한테 별로 좋은 선택이 아닌 것 같아서."

나는 막 일어나 초점이 잘 안 맞는 눈을 부릅뜨며 나머지 내용을 읽었다.

"네 일인데 이렇게 발을 떼서 미안하다. 하지만 올해 예정된 일을 지장 없이 하고 싶어." **열하나.**

"완전 이해해!" 나는 답장을 보냈다. 내 말은 분명 진심이었지만 너무 크게 낙담한 것도 사실이라서 그래픽디자이너가 불안을 이유로 출연을 취소했을 때도 나는 멍한 상태였다. **열둘.**

혹시 내가 너무 국내 문제 위주로만 찾는가 싶어 팔레스타인 친구에게 연락해보기로 했다. 초대 메시지를 작성하는데, 이스라엘-팔레스타인 분쟁 같은 거대한 이슈를 주제로 대화의 자리를 마련하는 게 얼마나 의미 있는 결과로 이어질지 벌써 기대가 됐다. 역사적 분열을 넘어 한자리에 모인 두 명의 개인이 이 문제를 어떤 시각으로 바라보는지 알고 싶었다. 친구의 답장은 며칠 뒤 도착했다.

"네 팟캐스트의 게스트로 날 생각해줬다니 정말 고마워."

드디어! 난 기뻐하며 계속 읽었다.

"솔직히 말하면, 내가 받는 악플은 그냥 악의에 찬 댓글 정도가 아니라 사실상 살해 협박에 가까워서 그것과 어떤 식으로든 엮이고 싶지도 않고 관심도 주기 싫다는 게 내 속마음이야." **열셋.**

　너무 많은 거절을 받다 보니 이젠 내가 뭘 잘못하고 있는 게 아닌가 하는 의심이 들었다. 내 단어 선택에 문제가 있나? 아니면 내 접근 방식이 잘못됐나? 아니면 사람들이 그냥 전화로 얘기하는 걸 싫어하나? 이 프로그램 전에도 나는 여러 번 거절당했다. 내 악플러들 중 상당수가 내 초대를 거절했다. 내가 연락을 시도했다는 이유만으로 나를 차단한 사람도 꽤 있었다. 하지만 이런 경우는 충분히 이해가 갔다. 나였어도 내가 물에 빠져 죽어 버리라고 악담을 퍼부은 사람이 진행하고 녹음하고 편집하는 전화 통화 프로그램에는 나가기가 꺼려질 터였다. 내 악플 폴더 속 사람들은 그저 겁을 먹고 자기를 보호하는 것뿐이었다. 하지만 **악플을 받은 사람들**이 이 기회를 잡지 않는 건 잘 이해가 되지 않았다.

　"이 프로그램에 출연하기에는 지금 제 정신건강이 좋지 않은 것 같아요." 이미 제작 준비에 들어간 에피소드의 주인공이었던 디자이너가 거절 의사를 밝혀왔고(열넷), 이혼 절차를 마무리 중인 모델은 '그렇게 감정적으로 힘든 일을 지금 당장 하기에는' 상황이 여의찮다고 말했다. **열다섯.**

　이 2인 통화의 제작 준비를 시작한 게 벌써 몇 달이 지났다. 이 새로운 포맷의 프로젝트가 아무래도 오래 지속되지 못할 것 같다는 의심이 슬슬 들기 시작했다.

✢

 며칠간 휴식을 취한 나는 새로운 눈으로 이 많은 거절의 면면을 자세히 들여다봤다. 그러자 그전까지는 보이지 않던 게 보였다. 총 열다섯 명의 사람 중 대다수가 흑인이었고, 대부분이 여성이었으며, 거의 절반이 퀴어, 두 명이 아랍인, 한 명이 트랜스젠더였다. 즉 모든 사람이 적어도 한 가지 이상의 소수자 정체성을 갖고 있었다. 나는 이게 이상한 우연 같은 게 아님을 직감했다.

 저는 이제야 다시 인간답게 살아가고 있답니다. #미투 폭로에 동참했던 저널리스트가 한 말이었다.

 올해 예정된 일을 지장 없이 하고 싶어. 내 어린 시절 친구가 혹시나 팟캐스트 출연 이후 악플 공격을 받게 될까 염려하며 한 말이었다.

 내가 받는 악플은 그냥 악의에 찬 댓글 정도가 아니라 사실상 살해 협박에 가까워. 내 팔레스타인 친구의 말이었다.

 결국 이들 모두는 지금까지 너무 독한 악플들을 견디며 살아왔기 때문에 대화를 할 에너지가 남아 있지 않다고 말하고 있었다. 내 초대에 답하지 않았던 사람들 역시 침묵으로 자신의 의사를 밝힌 것이나 다름없었다. **딜런, 난 이 아이디어에 대해 생각할 에너지조차 없어요.**

 하지만 내 게스트들이 소수자 정체성을 갖고 있는 것과 그들이 악플러와 대화할 의사가 없는 것 사이의 상관관계는 그저 내 개인적인 관찰일 뿐이었다. 하지만 그로부터 10개월 후, 이 짐작을 실제 데이터로 뒷받침한 연구가 발표됐다.

국제 앰네스티와 엘리먼트^{Element} AI가 공동 실시한 연구에 따르면, "영국과 미국의 저널리스트 및 정치인 778명이 2017년 1년 동안 받은 수백만 개의 트윗을 분석"한 결과 "여성 참가자가 받은 트윗 중 7.1퍼센트가 '문제적'이거나 '폭력적'이었다." 또한 "유색인종 여성(흑인, 아시아계, 라틴계 및 복합인종 여성)이 폭력적이거나 문제적인 트윗에서 언급될 가능성은 백인 여성 대비 34퍼센트 더 높았다." 하지만 무엇보다도 "압도적인 비율로 표적이 된 그룹은 흑인 여성으로, 폭력적이거나 문제적인 트윗에 그들이 언급될 확률은 백인 여성 대비 84퍼센트 더 높았다."

이 말은 곧, 실제 현실에서 매일 억압과 싸우는 사람들은 그 현실이 고스란히 반영된 디지털 영역에서 똑같이 편견과 증오에 시달릴 가능성이 크다는 뜻이다. 인터넷에서 욕설을 가장 많이 듣는 사람들이 감정적 소모가 큰 대화를 나눌 에너지가 없는 건 어쩌면 당연한 일이다. 그 대화의 의도가 아무리 좋다 한들 일단 살고 봐야 하는 것 아닌가. 내가 내 악플러들과 대화를 한 게 흥미진진했다고 해서 다른 사람도 그럴 것이란 보장은 없는 것이었다.

뒤돌아 생각해보면 자신의 고통을 공개적으로 터놓은 친구들에게 지지의 마음을 보내기는커녕 지금이 기회라면서 프로그램 아이디어를 투척한 내 행태가 부끄럽게 느껴졌다. 나는 돈벌이 기회만 쫓아다니는 악덕 변호사인 양 친구들이 온라인에서 겪은 좌절과 고통을 콘텐츠로 만드는 데 혈안이 되어 이런 대화를 나누는 데 사실상 얼마나 많은 에너지가 소모되는지, 자신의 악플러에게 온전히 공감하는 데 따르는 감정적 비용이 얼마나 큰지를 전혀 고려하지 않았다. 인종과 젠더와 섹슈얼리티의 교차성과 그 복잡함에 대해 알 만큼 아는 사람이라고 스스로 자부해온 시절이 길었던 만큼 이건 꽤 뼈아픈 실책이었다. 나부터가 유색인종이자 퀴어로서 소수자 정체성이 교차하는 사람이었다. 하지만 프로젝트에 대한 열정과 이 대화가 내게 가져다준 기쁨이 과했던 나머지 이런 대화를 하는 게 불가능한 사람도 있다는 사실을 보지 못했다. 분열을 초월해 누군가에게 공감하는 것은 모든 사람이 감당할 형편은 안 되는 사치품이었던 것이다.

  굳이 비교하자면 나보다 훨씬 부자인 사람으로부터 밥이나 한번 먹자는 말을 들었을 때 느끼는 기분과 비슷할 것이다. 그 사람과 식사하면 호사스러운 음식에 굉장한 미식 경험을 하게 되리란 사실을 너무 잘 알고 있지만, 계산서가 나왔을 때 이 정도 돈은 나에게도 별거 아니겠거니 하고 짐작한 상대가 혹시나 돈을 더치페이 하자고 할까 봐 미리부터 걱정이 태산이다. 그리고 가슴이 철렁 내려앉는 그 순간이 만일 실제로 도래하면 나는 머리로 계산기를 미친 듯이 두드리며 은행 잔고를 확인하고 속으로 내 한 달 치 예산을 조정하며 내 몫의 파스타와 다이어트 콜라 값을 내는 것이다. 하지만 대화에서 계산서는 언제나 반반, 더치페이다. 그리고 이 시나리오에서 나는 저 부자다. 이 감정 계산서를 감당하지 못하는 사람이 많다는 사실, 애초에 상대가 그 비용을 부담해야 할 필요가 없다는 사실조차 모르는 무심한 부자.

❖

　물론, 어떤 집단도 획일적이지는 않다. 대화를 통한 깊은 차원의 공감 형성에 특정 인구 집단 전체가 별 관심이 없다고 말하는 건 지나친 단순화일 것이다. 그리고 마침내, 내 고집 때문이었는지 인내 때문이었는지 아니면 그냥 얻어걸린 운이었는지 나는 그 공감의 순간을 직접 목격할 수 있었다.

　첫 번째로 성공한 2인 통화에서 내가 대화를 주선한 사람은 마르시아와 앤드류였다. 스탠드업 코미디언인 마르시아는 페이스북에 '남자는 쓰레기다'라는 말을 써서 여러 번 계정 정지를 당했는데, 이건 '여자는 쓰레기다'라는 말을 포스팅한 남성은 자신과 같은 수준의 처벌을 받지 않는다는 사실을 보여주기 위한 일종의 행위예술이었다. 마르시아가 사는 지역으로부터 여러 주 떨어진 곳에 거주하는 앤드류는 안티페미니스트로 유명한 한 유튜버의 영상을 통해 마르시아의 이야기를 알게 되었고, 댓글로 마르시아를 '꼴통'이라고 불렀다. 이 둘의 대화는 진이 빠질 만큼 어려웠지만 동시에 머리가 쭈뼛 설 만큼 재미있었다. 두 사람이 전화로 얘기하는 걸 듣고 있는 것만으로 나는 이 일을 계속 해 나가는 데 필요한 힘을 얻었다.

　해병대 참전용사들인 타일러와 매디와의 대화도 진행했다. 지금은 삭제된 페이스북 게시물에서 타일러는 트랜스젠더 군인의 군복무를 금지하는 법안의 발의를 지지했고, 최근 트랜스젠더로 커밍아웃한 매디는 해당 법안에 반대하는 입장이었다. 두 사람의 대화는 실제 전쟁 이야기가 오고 가는 가운데 아름답게 진행되었고, 타일러는 통화 마지막에 매디에게 감사 인사를 전하면서 자기가 처음으로 만난 트랜스젠더 해병이 매디였음을 털어놓았다. 이들 두 사람의 대화는 내가 이 새로운 포맷을 기획하며 상상했던 장면과 정확히 일치했다.

자야와 톰의 대화의 경우, 이 만남이 어떻게 흘러갈지 전혀 예상되지 않았다. 저널리스트인 자야는 최근 사회적 문제로 떠오르는 직장 내 괴롭힘 문화를 언급하며 인기 시트콤 〈오피스(The Office)〉에 대한 비판 기사를 〈GQ〉에 기고했고, 톰은 자야에게 "오피스를 모욕한 죄로 화형대에 묶어 놓고 화형시켜야 한다"는 악플을 달았다. 하지만 내가 주의 깊게 듣고 있는 가운데 두 사람은 점차 대화에 몰입했고, 두 사람이 애초에 한자리에 모이게 된 이유인 〈오피스〉 시트콤과 관련해 서로 놀라운 공통점이 있다는 사실이 밝혀졌을 때는 나도 함께 기뻐했다. 그 공통점은 바로 자야와 톰 모두 〈오피스〉를 부모님과 함께 봤다는 것인데, 톰은 어머니와, 자야는 아버지와 같이 시청했다고 했다. 두 사람은 통화 내내 서로의 말을 경청하고 중간중간 웃음을 터트렸으며, 전화가 끝날 즈음에는 나까지 포함해 언제 한번 초밥을 먹자는 계획까지 세웠다.

나는 대화의 힘을 믿는다. 어떻게 믿지 않을 수 있을까? 나는 대화가 인터넷이라는 게임의 해독제로서 얼마나 효과적인지를 직접 경험했다. 광활한 협곡에 막혀 서로의 얼굴을 제대로 보지도 못하는 비인간적인 인터넷 세상에서 대화는 일종의 탈출구 역할을 한다. 내가 진행한 이 전화 통화들은 한순간에 불과할지 몰라도 저 협곡의 간극을 조금이나마 좁혀 상대를 좀더 온전히 볼 수 있게 해주었다.

타일러는 매디 같은 트랜스젠더 해병을 한 번도 만나본 적이 없었으나 이제는 만나봤다고 얘기할 수 있게 됐다. 톰은 자야로부터 교묘한 직장 내 여성혐오에 대해 들었다. 앤드류와 마르시아는 설령 단 한 시간에 불과했을지언정 좀더 가까워졌다. 유령의 집의 일그러진 거울처럼 모든 걸 왜곡시키는 소셜미디어로 메시지를 주고받는 게 아닌, 그냥 직접 서로 대화를 나눈 게 비결이었다.

이들의 대화에서 이런 순간들을 목격할 때마다 순수한 기쁨과 가능성에 가슴이 벅차오른 나는 이 자리의 증인이 됐다는 것 자체가 말도 안 되게 운이 좋다고 느꼈다. 이럴 때는 내가 사회자가 아니라, 평생에 한 번 볼까 말까 한 엄청난 콘서트의 맨 앞 좌석표를 운 좋게 얻어 콘서트를 직관하는 사람처럼 느껴졌다.

하지만 내가 어떤 것에 대한 믿음이 있다고 해서 다른 사람들도 그걸 꼭 경험해봐야 한다고 고집을 부려서는 안 되는 것이다. 나는 여전히 대화가 운동의 한 형태라고 생각하고, 운동은 모자이크와 같아서 큰 그림을 그리자면 무수히 많은 작은 타일들이 한데 모여야 한다고 생각한다. 앞으로 진일보하기 위한 방법도 많고, 운동의 형태도 많으며, 타일도 많다. 대화는 그저 그중 하나일 뿐이다.

내가 이런 프로젝트를 진행하는 것에 찬사를 보냈던 보수주의 청취자가 다시 생각났다. "당신과 같은 생각을 가진 사람 중에 당신처럼 침착하고 상대를 존중하는 태도로 대화를 나눌 줄 아는 사람을 한 명도, 정말 단 한 명도 본 적이 없어요." 이 댓글을 처음 읽었을 때 나는 내가 사람들이 '마땅히' 해야 하지만 용기가 없어서 차마 하지 못한 일을 대신하는 대담한 유니콘처럼 느껴졌다. 하지만 왜 더 많은 사람들이 이 일을 하고 싶지 않아 하는지 알게 된 이상, 이 칭찬은 아쉽지만 거절해야 하는 선물처럼 다가왔다. 이 말을 곧이곧대로 받아들이는 건 '침착하고 상대를 존중하는 태도로 대화를 나누는' 기술을 발휘할 정서적 자원이 없는 게 어쩌면 너무 당연한 내 잠재 게스트들을 무시하는 처사였다.

알고 보니 용기는 한 가지 형태만 있는 게 아니었다. 용감할 수 있는 방법은 여러 가지였다. 온라인에서 나를 욕한 사람과 어려운 대화를 하는 건 분명 용기다. 하지만 스스로를 보호하고, 본인의 한계를 잘 알아서 그런 대화는 **하고 싶지 않다**고 정확하게 의사를 밝히는 것 역시 용기다.

누군가에게 공감을 발휘하는 게 일종의 사치라면, 이런 대화를 했다고 내게 쏟아지는 찬사의 말들은 마치 부자에게 집이 참 아름답다고 칭찬하는 것이나 다름없다. 물론, 리모델링한 그 집 부엌은 말도 안 되게 멋있고 원목 마루는 우아함의 절정을 달리지만, 돈과 자원을 갖춘 사람이 좋은 취향을 갖는 건 어려운 일이 아니다. 자기한테 심한 말을 한 악플러에게 온전히 공감하는 일 역시 그렇게 공감하는 것이 할 만하다고 생각하는 사람에게는 쉬운 일이다.

  그리하여 나는 앞으로 하게 될 모든 전화 통화에 설레는 마음을 안고, 게스트들과 계속해서 유대를 쌓겠다는 자세로, 하지만 이 프로젝트의 비싼 입장료를 형편상 감당하지 못하는 사람도 많다는 사실 역시 가슴에 새긴 채 나아갔다.

8장

심문은 대화가 아니다

"딜런?" 한 여성이 내게 다가오며 긴가민가한 투로 물었다.

"맞아요!" 나는 자리에서 일어나 그녀를 맞이하며 기합이 너무 들어간 게 아닌가 싶을 정도로 크게 외쳤다. "엠마… 맞으시죠?" 나 역시 그녀를 따라 확실하지 않다는 투로 물으며 그녀를 잘 모르는 척했다.

문화 뉴스를 대충이라도 훑어보는 사람이라면 누구나 알았던 것처럼, 나도 엠마 슐코위츠Emma Sulkowicz의 이야기를 알았다. 조금 더 정확히 말하자면 그녀의 이야기를 들어본 적이 있었다. 예를 들어 2014년, 대학 캠퍼스에서 침대 매트리스를 들고 다니며 일종의 항의 시위를 벌인 그녀가 대학 성폭행 생존자들의 대변인이 되었다는 사실 말이다. 거의 모든 유력 언론사에서 그녀의 이야기를 다루었고, 그 결과 대중에게 널리 알려진 그녀가 '매트리스녀'라고 불렸다는 사실도. 2014년경 나는 그 캠퍼스를 지나칠 때마다 혹시나 이 역사에 남을 순간을 잠시나마 볼 수 있지 않을까 하고 언제나 목을 기린처럼 빼고 다녔다. 그리고 오늘, 우리는 함께 저녁을 먹을 예정이었다.

내 앞에 서 있는 사람은 사진으로만 보던 엠마와 꽤 달랐다. 그때보다 네 살 더 먹은 그녀는 더 이상 대학생이 아니었다. 어깨까지 오던 머리 역시 지금은 짧은 파란색 머리로 바뀌어 있었다.

"이 자리 괜찮아요?" 내가 우리 자리로 잡아놓은 창가 옆 테이블을 가리키며 말했다.

"좋아요!" 엠마가 다정하게 웃으며 외쳤다.

이번 저녁 식사 자리는 일 때문이 아니었다. 우리는 그냥 서로를 알고 싶어서 만났을 뿐이었다. 엠마와는 몇 주 전 이메일을 통해 처음 연락을 주고받았다. 컨퍼런스에서 만난 엠마의 아버지 케리가 주선해준 덕이었다. 시간이 갈수록 나는 친한 친구와 오랜만에 만나 서로의 근황 얘기를 나누는 것 같은 기분이 들었다. 엠마는 가슴에서 기포처럼 솟아오른 즐거움이 환한 미소로 터져 나오는 웃음을 지을 수 있는 사람이었는데, 이 전염성 강한 웃음은 나까지 기분 좋게 만들었다. 그녀는 자신의 예술에 대해 열정적으로 얘기했고, 나는 그녀가 얼마나 영리한 사람인지 단박에 알 수 있었다.

대화의 주제가 내 일로 옮겨갔을 때 나는 '나를 혐오하는 사람들과의 대화'에 대한 얘기를 꺼내며 이 프로그램이 어떻게 시작됐고, 어떤 과정을 거쳐 지금과 같은 2인 대화 체제 형태를 갖추

게 됐는지 설명했다. 내 이야기에 매료된 듯 그녀의 눈이 동그랗게 커졌다. 그녀는 많은 사람들이 놓치는 내 프로젝트의 본질을 꿰뚫고 있었다. 예술가인 엠마는 이 프로젝트의 근간이 사회 실험과 행위예술의 하이브리드라는 사실을 완전히 이해하고 있는 듯했다. 그러자 그녀가 자신의 악플 경험에 대해 솔직히 털어놓기 시작했다. 그녀의 경험은 내가 겪었던 것에 비하면 거의 쓰나미 수준이었다.

"나랑 에피소드 하나 같이할 생각 있어요?" 선수를 치는 마음으로 내가 불쑥 물었다.

"아! 혹시 생각 좀 해봐도 되나요?" 그게 가능하다는 생각조차 해본 적 없다는 듯 그녀가 놀라서 물었다.

"당연하죠!" 하지만 나는 내심 그녀가 당연히 거절하겠거니 생각했다. 실제로 거절하더라도 충분히 이해되는 일이었다. 강간 생존자, 특히 대중에게 얼굴이 알려진 생존자는 강간 사실을 공개했다는 이유만으로 악플이 쏟아진다. **공감은 사치재다.** 나는 이 말을 되뇌었다.

작별 인사를 하며 언제 또 한번 만나자고 얘기했지만, 그 자리가 내 팟캐스트 때문은 아닐 거라고 생각하고 있었다. 그래서 일주일 후 "같이 에피소드 해요!"라며 엠마가 메일을 보내왔을 때 나는 훨씬 더 놀라고 말았다.

이후 몇 주간 엠마와 나는 무수히 많은 이메일과 문자, 전화 통화를 주고받으며 제2 게스트 섭외 계획을 짰다. 그때쯤 내가 이미 수십 번도 더 읊은 섭외 조건에 따르면 제2 게스트는 '게스트가 될 만큼은 부정적이되 위험하다고 느낄 만큼 혐오로 가득 차지는 않은' 악플을 쓴 사람이어야 했다.

　"선택지가 너무 많아요!" 엠마가 보낸 이메일의 제목이었다.

　이메일을 클릭한 나는 열 개의 스크린샷을 보고 눈이 휘둥그레졌다. 열 개의 네모 상자 하나하나에 들어 있는 포악한 말들이 놀라웠다.

　"역겨운 돼지."

　"너같이 멍청한 년도 여자로 쳐줘야 하냐? 창녀 ㅉㅉ."

　"구라 꺼고 있네." 그나마 세 번째 악플은 오타 덕에 날 선 비난의 분위기는 조금 덜한 편이었다.

　각각의 스크린샷 옆에는 작성자의 프로필로 바로 연결되는 링크가 있었다. 난 이 링크를 하나씩 클릭해 엠마 악플러들의 디지털 거주지를 방문했다. 어떤 남자들은 비공개 계정이라는 뚫을 수 없는 요새 뒤에 숨어 있어 출신 대학 이름과 저해상도 프로필 사진 외에는 거의 정보를 찾을 수 없었다. 혹은 이런 메시지를 보낼 법하다는 생각이 들 정도로 전형적인 빌런처럼 보이는 사람들도 있었다. 이들의 최신 글은 주로 여성혐오적인 밈이나 외국인 비하 욕설이었다. 하지만 내 오랜 대학 친구 같은 모습을 한 사람들도 있었다. 친절하고 평범한 얼굴을 한 이들은 광활한 소셜미디어 네트워크 속의 무난한 사람들 중 하나처럼 보였다. 사람을 섭외하는 이 단계에서는 길을 잃기가 쉬우므로, 생판 모르는 사람의 삶을 추측하는 데 꽂혀 애먼 시간만 보낼 수 있으므로, 나는 여기서는 두 가지만 파악하면 된다는 사실을 스스로에게 상기시켰다. 하나, **이 사람은 안전한 것 같은가?** 둘째, **이 메시지가 흥미로운 대화를 이끌어낼 것 같은가?**

비공개 계정의 익명 악플러들은 알려진 게 너무 없었고 여성혐오 밈만 잔뜩 있는 사람들은 너무 무서워서 나는 "구라 꺼고 있네"라고 말한 사람의 프로필을 클릭했다. 남자는 가족으로 보이는 두 명의 여성 옆에 서서 카메라를 보고 웃고 있었다. 이 여자들은 누굴까? **집중하자, 딜린.** 이 남자는 누구지? 살펴보니 그의 이름은 조녀선이었다. 그리고 내 첫 번째 질문에 대한 대답, 그렇다. 그는 안전해 보였다. 이제 두 번째 질문에 답할 차례였다.

강간 생존자가 피해 사실을 고발하면 많은 경우 끊임없는 질문과 말꼬리 잡기로 그 주장이 진짜 맞냐며 의심의 눈초리로 압박하는 사람들을 마주하게 된다. 하지만 성폭력 무고는 대단히 드물다는 게 연구 결과로도 밝혀진 바 있다. 예를 들어 2010년 연구에 따르면 성폭력 신고 중 거짓으로 밝혀진 건 오직 2퍼센트에서 10퍼센트 정도에 불과했다. 여기에 강간 중 63퍼센트는 애초에 아예 신고조차 들어오지 않는다는 2002년 법무부의 조사 결과를 고려하면 저 수치는 표면상 훨씬 더 낮아진다. 게다가 저 63퍼센트라는 수치조차 실상을 온전히 반영하고 있는 게 아니다. 여기에는 남성 강간 피해자가 포함되지 않기 때문이다. 유명 사건은 실제 재판도 재판이지만(일단 그 단계까지 가는 것도 힘들다), 여론 법정에 세워져 영원히 끝나지 않는 심리에 갇혀버리는 경우가 많다. 그 사회의 집단의식 속에 존재하는 무형의 공간인 여론 법정에서는 일반 시민이 배심원, 검사, 청중, 판사 역할을 모두 도맡아 한다.

조너선의 저 세 마디 메시지를 보면서 나는 이 대화가 어떻게 진행될 것인지 이리저리 머리를 굴려봤다. 나는 내 모든 통화가 디지털 전화망 구름 속 어딘가의 방에서 이루어지고 있다고 상상하곤 했다. 공중에 떠 있는 이 아담한 무도회장에서 게스트들의 목소리들이 서로 원을 그리며 돌다가 시간이 되면 각자의 삶으로 돌아가는 것이다. 이 방, 공중에 떠 있는 이 무도회장은 소셜미디어라는 게임에서 벗어나 한숨 돌릴 수 있는 쉼터이자 '오만가지 태풍'에서 몸을 보호할 수 있는 피난처이고, '토론 경기장'과는 완전히 반대편에 있는 곳이었다. 무엇보다 이 방은 여론 법정과 아주 멀리 떨어져 있었다. 나는 엠마와 조너선이 이 공간에서 어떤 교류를 할지가 궁금해졌다.

"조너선은 어때요?" 며칠 후 어깨와 귀 사이에 핸드폰을 끼고 그의 프로필을 다시 살펴보며 엠마에게 물었다.

"조너선….." 그게 누구였는지 기억하려는 듯 엠마가 그의 이름을 멍하니 읊조렸다. "잠깐만, 누가 조너선이었죠? 다 뒤죽박죽됐어요!" 그녀는 이렇게 후보가 많은 게 어이없다는 듯 웃음을 터트렸다. 전화 너머로 그녀가 노트북을 열어 후보 명단을 살펴보는 소리가 들렸다. "아! 조너선! 근데 이 사람은 아주 심한 악플을 쓴 사람도 아닌데요."

"알아요, 하지만 이 친구가 적격인 것 같아요." 나는 아주 자신 있게 답했다. "엠마가 보기엔 어때요?"

"딜런이 괜찮으면 나도 괜찮아요!"

"여보세요?" 목소리가 답했다.

얼마 전까지만 해도 이 목소리는 그저 스크린샷과 링크에 불과했는데, 이제는 생생하게 살아 있는 인간의 일부가 되어 등장했다.

"조너선 맞으신가요?"

"안녕하세요."

2인 대화 에피소드를 만들 때마다 내가 매번 꼭 하는 건 나를 포함한 세 명이 본격적으로 그룹 통화를 하기 전에 제1 게스트와 제2 게스트를 따로 인터뷰하는 것이었다. 사전 개별 인터뷰는 분명 만만치 않을 이 경험 속으로 두 사람 모두가 자연스레 몰입하는 데 도움이 되기도 하지만, 사실 제2 게스트에게 특히나 중요한 과정이었다. 엠마와는 달리 나는 조너선과 저녁 식사를 함께 하지도 않았고, 전화로 이 에피소드에 대해 열정적으로 얘기한 적도 없으며, 지금 하는 작업을 왜 하는 것인지 서로에게 속내를 터놓지도 않았다. 조너선으로서는 자기가 2대 1로 밀리는 것 아니냐고 의심의 눈길을 보낼 법하다는 생각이 들었다. 자기가 인터넷에 쓴 말에 책임을 지려면 용기가 필요한 법이다. 그래서 나는 이 개별 통화를 제2 게스트에게 **저기요, 난 믿어도 돼요**라는 신호를 주기 위한 기회로 썼다.

나는 통화 초반에 분명히 짚고 넘어갔다. "이건 당신을 창피 주려고 하는 팟캐스트가 아닙니다. 여기에는 악당도 없고 피해자도 없어요."

많은 제2 게스트가 이 지점에서 겁을 먹는다. 내가 실은 자기를 해고하기 전에 자백을 받아내려고 위장 접근한 고용주일까 봐 걱정하는 것이다. 그래서 나는 그가 난처해질 일은 없고, 나는 어떤 형태의 권위도 갖고 있지 않으며, 무엇보다 이 통화는 그가 엠마에게 쓴 말 때문에 재판 같은 것을 받는 자리가 아니라는 점을 확실하게 얘기해야 했다. 이후 그의 신뢰를 어느 정도 얻었다는 판단이 든 나는 내가 제일 좋아하는 부분, 바로 그가 어떤 사람인지 알아가는 단계로 넘어갔다.

조너선은 자기가 스물네 살이고, 대학은 몇 학점만 더 들으면 졸업이지만 주식으로 돈을 좀 벌기 시작한 후부터는 복학할 생각이 없어졌다고 말했다. 말하는 그의 목소리에서 희미한 악센트의 흔적을 들을 수 있었지만, 아마도 그건 내가 페이스북에서 그의 고향이 어디인지를 봐서 그에게 투사하는 것일 수도 있었다. 그는 상냥하고 점잖은 사람 같았다. 예의 바르고 매너 좋은 사람. 그는 데이트를 한 지가 꽤 됐으며 외로울 때가 가끔은 있지만 그래도 전반적으로는 자기가 '정말 복 받은 사람'이라고 고백했다. 그리고 그의 말에 따르면 그는 백인 이성애자 남성이었다.

"당신 청취자들 사이에서는 제가 인구통계적으로 소수 그룹에 속하는 게 아닐지 모르겠네요." 그가 농담을 던졌다.

"아니에요, 우리는 모든 유형을 환영하거든요." 내가 단호히 답했다.

그는 자기가 엠마에게 그런 메시지를 쓴 건 '증거에 비춰봤을 때 엠마의 주장을 그대로 믿는 게 그냥 좀 어려웠기' 때문이라고 말했다. 그는 정확한 매체는 생각나지 않지만 '여러 기사와 다수의 출처'를 통해 관련 정보를 알게 됐다고 어렴풋이 기억했다. 엠마의 주장에 그가 유독 크게 반응한 것은 본인이 당시 '대학 입학을 앞둔' 고등학교 졸업반으로서 연애를 꿈꾸고 있었기 때문이었다. 그는 강간범으로 낙인찍힐 수 있다는 두려움이 '한 개인의 삶에 큰 영향을 끼칠 수 있는 정말 심각한 일'이라고 내게 말했다.

"엠마에게 꼭 하고 싶은 질문이 있나요?" 내일 있을 그룹 통화에 그가 호기심을 갖고 임할 수 있게끔 질문을 던졌다.

"글쎄요, 지금 당장은, 없어요. 혹시나 제가… 왜냐하면 저도 이제는 그분 심정이 이해가 되거든요. 흙탕물이 다 가라앉은 지금에 와서 생각해보면, 분명 굉장히… 사람들이 그분에게 어떤 말을 해댔을지는 오직 신만이 아시겠죠. 저는 얼마든지 제 생각을 바꿀 마음의 준비가 되어 있습니다."

"그게 인생을 사는 가장 건강한 방식인 것 같아요." 나는 그의 유연함에 고마워하며 말했다.

나는 그가 엠마와 얘기하고, 그녀의 목소리를 듣고, 그녀를 알아가는 이 단순한 행위를 통해 그가 얘기하는 상대가, 한때 그 주장의 진위에 대해 의심했던 그 사람이 뉴스에 나오는 아무개 이름이 아닌, 진짜 실존하는 인간임을 깨달았으면 했다.

"이 팟캐스트의 핵심은 질문하는 거예요." 나는 그에게 내일 녹음을 위한 숙제를 내주듯이 말했다. E와의 통화에서 내가 깨달았듯 질문은 '토론 경기장'에 끌려 들어가지 않기 위한 최고의 방법 중 하나였다.

통화를 마무리하며 내가 말했다. "자, 이제 다음 단계는 당신과 엠마가 서로 얘기하는 거겠네요."

"멋지네요. 저도 기대됩니다."

"자, 오늘 기분 어때요?"

"너무 신나요." 엠마가 완전히 들뜬 목소리로 얼른 대답했다.

우리는 마이크 거치대, XLR 케이블, 헤드폰 선들이 산처럼 쌓여 있는 내 부엌 테이블에서 서로 얼굴을 마주 보고 앉아 있었다. 5월 말 날씨치고는 너무 더웠던 수요일 오후, 엠마와 나는 마지막으로 에어컨 바람을 온몸으로 맞은 뒤 녹음을 위해 에어컨을 껐다. 한 달여간의 조율 끝에 드디어 그날이 왔다.

나는 조너선의 번호를 입력했다.

"여보세요?" 그가 바로 전화를 받는 바람에 헤드폰으로 그의 목소리가 불쑥 들어왔다.

"안녕하세요, 조너선!" 나는 진심으로 반가운 마음에 큰 소리로 외쳤다. "엠마, 이쪽은 조너선이고요. 조너선, 이쪽은 엠마입니다."

"안녕하세요, 조너선. 당신이 참여해주셔서 너무 기쁘고, 이 일이 이렇게 성사된 것도 너무 기쁘다는 말을 하고 싶네요. 감사합니다."

"저도 마찬가지예요. **제가** 더 감사합니다." 그가 다정한 말투로 답했다.

온몸에 짜릿한 전율이 흘렀다. 디지털 전화망 구름 속 어딘가에서 방 하나가 만들어지고 있었다.

"조너선, 몇 년 전에 당신은 단 몇 단어로 된 댓글을 엠마에게 쓴 적이 있었죠. '구라 끼고 있네'라고요. 쇠뿔도 단김에 빼랬다고, 엠마, 저 댓글을 봤을 때 기분이 어땠나요?"

"솔직히 말해서 제가 힘들었던 건 조너선이 보낸 그 하나의 메시지 때문이 아니었어요. 그때는 인터넷에서 이런 종류의 메시지가 제게 폭우처럼 쏟아졌었거든요."

엠마는 내가 내 악플러들과 대화할 때 가장 효과가 좋았던 전략을 본능적으로 사용하고 있었다. 자신이 받은 그 모든 악플 세례와 조너선 개인을 분리함으로써 그녀는 조너선이 유일한 악당은 아니었음을 부드럽게 얘기해주었다. 엠마는 내가 공감 쿠션이라고밖에 말할 수 없는, 대화의 진전을 돕는 '이해'라는 부드러운 보호대를 제시하고 있었다.

"그때 상처 드린 점 사과드립니다. 진심으로 죄송해요."

나는 그가 이렇게나 빨리 직접적인 사과를 해오리라고는 예상 치 못했지만, 기분은 정말 좋았다. 그렇게 이 영광스러운 순간을 막 음미하려고 하는 순간 조너선이 계속 말을 이었다.

"하지만"이라고 운을 뗀 그가 말했다. "저는 제 의견이 달랐던 점에 대해서는 죄송하지 않아요."

양측의 화해가 곧바로 이루어질 거로 생각했던 것 자체가 어쩌면 지나친 희망 사항이었을는지도.

"당신은 얼굴이 많이 알려진 사람이 됐잖아요?" 조너선이 압박을 계속했다. "그렇다면 그런 댓글들을 어느 정도는 예상했어야 한다고 생각해요."

조너선은 내가 생각했던 것보다 조금 더 직설적으로 나오고 있었다. 하지만 난 그의 이런 태도가 이런 종류의 통화 초반에 보통 고개를 드는 방어심리라고 짐작했다.

"일이 어떻게 된 건지 얘기를 다시 하는 게 정말 중요하겠다는 생각이 드네요." 엠마는 조너선에게 성폭행 이후 있었던 일을 처음부터 설명해주겠다고 말했다. 나는 그녀가 당시 사건을 다시 떠올리기 위해 모든 에너지를 끌어모으며 마음을 다잡는 모습을 지켜봤다. 하지만 난 그게 충분히 가치 있는 일이라고 생각했다. 당사자인 엠마로부터 직접 사태의 전말을 듣고 나면 그녀의 주장에 대한 조너선의 의심도 분명히 사라질 터였다.

"그 일이 그냥 기억 속에서 지워지길 바랐어요." 폭행 직후 그녀가 떠올린 소망이라고 했다. 그녀가 자신에게 일어난 일을 겨우 받아들이게 된 건 피해자가 자기뿐만이 아니라는 사실을 알게 된 후였다. 가해자로 지목된 남학생에게 비슷한 피해를 입은 사람들이 더 있었다. 결국 엠마는 그를 성폭행 가해자로 지목한 다른 여성들 중 두 명과 함께 대학 내 강간위기 센터에 그를 고발했다. 하지만 그 남학생은 이 사건을 거의 1년이나 끌었다. 바로 그 시기에 해당 대학 잡지사의 한 학생 기자가 대학의 강간 사건 처리 방식에 대한 탐사 기사를 쓰며 엠마와 두 명의 생존자를 인터뷰했다. 세 명 모두 익명으로 나갔지만, 해당 기사는 캠퍼스에서 큰 화제가 되었다.

한편, 이 일이 벌어지고 있을 당시 커스틴 길리브랜드Kirsten Gillibrand 상원의원은 대학 강간 사건의 처리 방식을 개혁하기 위한 법안을 준비 중이었는데, 그녀의 보좌관 중 한 명이 엠마의 기사를 쓴 학생 기자에게 연락해 혹시 생존자 중 공개 석상에 나설 사람이 있겠느냐고 물어왔다. 하겠다고 나선 사람은 엠마가 유일했다. "그때는 '제길, 아무도 안 하겠다고 하면 나라도 해야겠지'라는 심정이었어요." 그렇게 그녀는 얼떨결에 국내 언론사와 인터뷰를 하며 자신의 이야기를 다시 한번 이야기했다. 사람들은 그녀가 경찰에 신고하지 않은 것을 두고 즉각 비난했고, 스스로를 규칙 잘 지키는 모범생이라고 생각해온 그녀는 사람들의 충고를 받아들여 3학년 말 경찰에 신고했다. 하지만 그녀를 심문하는 경찰의 태도는 잔인했다. 경찰은 엠마가 가해자로 지목된 남학생과 이전에 합의된 성관계를 한 적이 있으므로 그건 강간이 아니라는 식으로 말하거나, 그가 저지른 잔인한 폭행에 대한 그녀의 주장을 '이상하다'며 무시했으며, 급기야 한 형사는 이 강간 혐의자의 행동을 '폭력적인' 것이 아닌 '창의적인' 것이라고 칭하기까지 했다. 엠마의 설명에 따르면 해당 사건은 이후 담당자가 계속 바뀌는 바람에 그녀는 자신의 이야기를 하고 또 할 수밖에 없었었고, 그러다 맨 마지막에 만난 지방검사로부터 이 사건이 재판까지 가려면 1년이 걸릴 수도 있다는 얘기를 들었다. 1년 후면 그녀는 이미 졸업한 후가 될 터였다. "그냥 다 없던 일로 하는 수밖에는 없었어요. 건설적이기는커녕 감정적 타격이 훨씬 더 컸거든요." 그녀는 이 모든 것을 뒤로 하고 그해 여름에 초청받은 작가 레지던스에 들어가 예술 창작에 전념하기로 마음먹었다.

"조너선, 혹시 내가 어떻게 매트리스 퍼포먼스를 하게 됐는지도 설명해도 되겠나요?" 엠마가 잠시 이야기를 멈추며 그에게 의사를 물었다.

"물론이죠!" 그가 다부지게 말했다.

엠마가 웃음을 터트렸다. "내 얘기가 너무 지루하지 않았으면 좋겠네요." 그녀가 활짝 웃으며 말했다.

"전혀요, 제가 알고 있는 정보는 그냥 기사와 인터넷에서 얻은 게 전부라서 당사자한테 직접 듣는 게 좋죠." 조너선이 예의 바르게 답했다.

우리는 드디어 방으로 진입했다. 무도회장이 반들반들하게 준비되고 있었다.

조너선의 허락하에 엠마는 이야기를 계속했다. 작가 레지던스에 들어간 그녀는 무엇이든 다 할 수 있는 자유를 얻었다. 자신의 창작 과정을 기록하기 위해 엠마는 친구에게 방에서 가구를 치

우는 자신의 모습을 영상으로 찍어달라고 부탁했는데, 그 영상을 돌려보던 중 그녀는 별거 아닌 어떤 순간에 매료돼 눈을 뗄 수 없었다. 자신이 매트리스를 옮기는 모습, 그 무게에 짓눌려 아등바등하면서도 어찌저찌 옮기는 데 성공한 모습이 그녀의 마음을 사로잡은 것이다.

이 장면과 더불어, 장기간에 걸쳐 육체적으로 고된 행위예술을 하는 작가인 테칭 시에$^{\text{Tehching Hsieh}}$에게서 영감을 얻은 엠마는 4학년 내내 캠퍼스에서 매트리스를 들고 다니는 아이디어를 떠올렸다. 그녀는 이 장소특정형 행위예술 작품에 '매트리스 퍼포먼스'라는 이름을 붙이게 된다. 그녀는 이것이 화제가 될 것이라고는 전혀 예상하지 못한 채, 졸업할 때까지 이 거추장스러운 매트리스를 끌고 다니다가 결국 조용히 잊힐 것이라고 확신했다. 하지만 첫날이 채 끝나기도 전에 이미 기숙사 방을 나서는 그녀의 뒤를 따라다니는 기자들이 생겨났고, 갑자기 그녀의 퍼포먼스는 처음 생각했던 것과는 굉장히 다른 양상으로 흘러가기 시작했다. 미디어에서는 그녀를 '매트리스녀'라고 부르기 시작했고 그녀는 예의고 뭐고 없이 다시 전국적인 스포트라이트 속으로 내던져졌다.

"어쨌든 조너선, 제가 지금까지 이 모든 얘기를 한 건 당시 제 상황이 어땠는지 좀더 정확한 맥락을 알려주고 싶어서예요. 사람들은 '아, 그래도 당신이 대중의 시선을 받게 된 건 본인이 그렇게 나섰기 때문 아닌가요'라고 말하지만 그건 그냥 우연이었거든요. 이것에 대해 당신은 어떻게 생각하는지 궁금하네요."

"음, 먼저 사건에 대해 이렇게 다 말씀해주신 점 감사드려요. 저는 그렇게 인터넷에서 화제가 된 적은 없지만 그게 정말 폭발적으로 갑자기 일어나는 일이라는 건 바로 알겠네요. 게다가 당신은 대학생에 불과했으니까요. 어떻게 대처해야 하는지 잘 모르는 게 당연하죠. 엠마 당신 입장에서 생각해보면 그럴 것 같아요."

좋아! 조너선이 이쪽으로 오기 시작했어! 이해의 씨앗이 그의 내면에서 싹을 틔우는 소리가 들리는군. 그럼 이제 다음 단계로-

"하지만," 그가 방향을 전환했다. "매트리스를 계속 들고 다닌 건 당신이잖아요. 음, 어떻게 말해야 하는지 잘 모르겠는데. 어쨌든 당신은 잡지 표지에도 나왔고⋯."

나는 여기에 이상한 패턴이 있음을 감지하기 시작했다. 조너선은 공감을 하며 한발 다가오는 것 같다가도 매번 바로 물러나는 패턴을 보였다. 이안류* 방식의 대화라고나 할까. 한발 내밀었다가 물러나고, 한발 내밀었다가 물러나고.

"그 부분을 말해줘서 고마워요." 엠마가 진심을 담아 말했다. "미디어는 사람들이 제게 화를 내고 분노하기를 바라죠. 충분히 이해해요. 미디어는 사람들이 놀라고 당황할수록 돈을 버니까요. 제 말 무슨 말인지 아시죠?"

엠마는 조너선에게 또 한 번 공감 쿠션을 내밀었다. 어쩌면 이 안류 대화에는 이 공감 쿠션이 치료약일지도 몰랐다.

"강간은 정말 있어서는 안 되는 범죄라고 생각하고, 전 정말

---

* 離岸流: 해안으로 밀려 들어오던 파도가 갑자기 바다 쪽으로 빠르게 되돌아가는 해류.

이 부분에 있어서는 당신을 100퍼센트 지지합니다. 절 믿어주셨으면 좋겠어요. 진짜로요." 조너선이 말했다. "하지만-"

또 시작이다. 한발 내밀었다가 물러나기.

"하지만 전 청취자든 시청자든 그걸 찾아서 읽어봤으면 좋겠어요. 실제 사건에 대한 보도 내용, 공개된 문자 메시지들이요."

"잠깐만요, 누가 공개한 문자 메시지를 말하는 거예요?" 나는 정말로 그가 무슨 말을 하는지 몰라서 물었다.

"해당 사건과 관련해서 공개된 메시지요."

개별 인터뷰 때 그가 이 부분을 언급했던 게 갑자기 기억났다. 하지만 그때도 난 그가 무슨 말을 하는지 몰랐다. 나는 엠마에게 주도권을 넘기며 이 부분을 더 살펴봐도 괜찮겠는지 물었고, 엠마는 괜찮다고 말했다.

알고 보니 조너선이 말한 문자는 가해자로 지목된 남학생이 엠마와 주고받은 페이스북 메시지를 문서로 편집해 대학을 상대로 제기한 보복성 소송 중에 증거로 제출한 것이었다. 조너선은 한 기사를 통해 이 편집된 메시지를 읽은 모양이었다. 나는 허둥지둥 내 컴퓨터로 화면을 준비했는데 결국에는 엠마가 직접 메시지를 열었다. 그녀는 그 메시지들을 하나하나 그에게 읽어주며 어느 부분이 의도적으로 잘렸고(가해자로 지목된 그 학생에 의해서든, 메시지를 공개한 기자에 의해서든, 아니면 둘 다든), 그게 의미를 어떻게 바꿔놓았는지를 꼼꼼하게 설명했다. 엠마는 당시 친구들과 나눴던 그들끼리만 아는 농담에 대해 이야기하면서, 그 맥락 속에서 보면 이러한 메시지들이 그렇게 이상하게 보이지 않는다는 말을 덧붙였다. 조너선은 그 메시지들이 맥락이 생략된 것임을 이제 알겠다고 인정했다.

엠마가 부드러운 목소리로 말했다. "저는 이제 좀 궁금한데요, 조너선. 당신이 의심스러워하는 부분을 제가 어느 정도 해명했다고 생각하는데, 당신은 여전히 증거를 보면 제 잘못인 것 같나요?"

"한 시간 전보다는 당신이 하는 말이 100퍼센트 진실이라고 믿는 쪽으로 분명 기운 것 같아요. 다만 전 그냥 모든 정보가 제 앞에 딱 있었으면 좋겠거든요."

이후 한 시간 내내 조너선의 이안류 대화법은 계속됐다. 그는 대부분은 여성을 믿지**만**, 동시에 남성 역시 부당한 비난을 받는다고 생각했다. 강간당한 여성에게 안타까움을 느끼지**만**, 강간은 사실 딱 잘라 말할 수 없는 복잡한 문제라고 말했다. 엠마가 '쓰레기 같은 놈'들한테 괴롭힘을 당한 것에 대해서는 마음이 안 좋지**만**, 여전히 해소 안 된 의문들이 있다고 말했다. 엠마의 말에 대한 신뢰가 더 커진 것은 사실이지**만**, 여전히 청취자들이 스스로 알아보기도 해야 한다고 생각했다. 그는 엠마가 대중의 시선 속으로 던져진 것은 알겠지**만**, 왜 매트리스를 계속 갖고 다녔는지는 완전히 이해되지 않는다고 했다. 그는 엠마를 역할모델로 생각하지**만**, 그녀의 사건에 대해서는 생각이 달랐다.

"저는 지금 이상한 양가적 입장에 서 있어요. 제가 본 증거만으로 누군가를 강간범이라고 규정하는 건 어렵다고 생각해요. 하지만 그렇다고 그런 일이 일어나지 않았다고 말하는 건 아니거든요."

"제 사건과 관련해서 당신이 혼란을 느끼는 지점들을 자세하게 얘기하고 싶었고, 실제로 꽤 많은 부분을 다뤘다고 생각해요." 엠마의 목소리에서 짜증의 기미가 느껴졌다. "여전히 불분명한 지점이 있나요?"

조너선은 엠마의 이 말을 자신이 놓치고 있다고 생각한 부분을 물어봐도 된다는 허락으로 받아들였다. 그는 사건의 타임라인을 이해하지 못했고, 엠마가 자신이 당한 폭행을 재연하는 영상을 만들었다는 사실에 혼란을 느꼈으며, 왜 엠마가 그것을 예술 프로젝트로 제작해 학점용으로 학교에 제출했는지 명확한 설명을 원했다. "그러니까, 이게, 그 뭐냐…. 다 예술인 거에요?" 확실한 결론을 원하지만 어느 것 하나 시원하게 풀리는 게 없자 그가 답답해하며 물었다.

엠마는 이 질문 하나하나에 성실히 답했다. "저는 슬프거나 화가 나거나 분노하면 그것을 주제로 예술 작품을 만드는 사람이에요."

"그런데 당신은 그거, 본디지 머시기도 하셨잖아요?" 조너선의 질문은 끝날 기미가 보이지 않았다.

이번 대화는 뭔가 느낌이 달랐다. 그런데 뭐가 다른지 콕 짚어 말하기가 애매했다. 나는 이 대화를 다시 궤도로 올려놓을 의무가 있었지만, 원인을 정확히 진단하지 못한 문제에 답을 내놓을 수 있을 리 만무했다. 우리는 지금 소셜미디어 게임에 빠져 있지도 않았다. 개인 대 개인으로 통화 중이었다. '오만가지 태풍'은

코빼기도 보이지 않았다. 오히려 우리는 단 한 가지 주제에 초집중하고 있었다. 그렇다고 우리가 토론하는 것 같지도 않았다. 그럼 지금 무슨 일이 벌어지고 있는 걸까? 이안류 대화를 하고 있는 걸까? 하지만 내 생각에 그건 문제의 증상이지 원인이 아니었다. 나는 녹음 앱에서 돌아가고 있는 타임코드를 흘긋 곁눈질했다. 두 사람의 목소리에서 지친 기색이 역력해지기 시작했다. 엠마는 취조당하는 기분에 시달리고 있었고, 조너선은 원하는 답을 얻지 못하고 있었다. 안타깝지만 이쯤에서 마무리하는 게 좋겠다는 생각이 들었다.

"자 여러분, 통화를 마쳐야 하는 시간이 오고 있는데요." 내가 힘 빠진 목소리로 말했다. "두 분께 소감을 여쭤보고 싶네요. 조너선, 오늘 통화 어떠셨나요?"

"좋았어요. 이런 기회를 주셔서 정말 감사합니다. 즐거운 시간이었어요." 그가 밝은 목소리로 말했다.

나는 이제 엠마를 쳐다봤다.

"처음 시작할 때는 정말 신이 났고 '오 잘됐다, 이 사람한테 어떤 일이 있었던 건지 설명하면 이해하겠지'라고 생각했었어요." 엠마가 피곤함을 애써 추스르며 말했다. "하지만 아까 마지막으로 얘기했을 때 당신이 여전히 나를 못 믿고 있다는 느낌이 들었습니다. 그래서, 저는 약간 제 날개가 꺾인 것 같은 기분이구요. 좀 슬프고 힘도 빠지고 그렇네요." 엠마는 웃음으로 말끝을 장식했지만 그건 그녀의 쾌활한 원래 웃음과 달랐다. 웃음이 무색하게 그녀의 얼굴에는 실망감이 진하게 묻어 있었다.

조너선이 그녀를 달랬다. "제가 당신을 믿지 않는다는 게 아녜요. 확실하게 증명하기가 워낙 어려운 일인 건 아는데, 누군가의 평판을 망칠 수 있는 일이라면 그런 분명한 증거가 있어야 한다고 저는 생각하는 거죠. 저는 그런 대우를 받고 싶거든요. 제 말 이해되세요?"

만일 다른 대화였더라면, 엠마의 말을 믿고 싶지 않아 하는 그의 저항이 실은 **본인**이 부당한 취급을 당할지도 모른다는 두려움 때문이라는 이 고백은 아름다운 자기성찰로 받아들여져 여러 갈래의 의미 있는 대화로 이어질 수 있었을지도 모른다. 미국의 남성성에 대한 심도 있는 대화를 나누고, 정말 성품이 좋은 남성들조차 갖고 있는, 언젠가 거짓 혐의를 뒤집어쓸 수 있다는 이 두려움에 대해 얘기해볼 수도 있었을 것이다. 하지만 아무래도 그 배는 이미 떠난 듯싶었다. 자기 입장을 설명하기 위해 애를 쓰고 있는 엠마에게서 에너지가 방전되는 게 실시간으로 보였다.

"한 가지 분명히 하고 싶은 게 있는데요. 조너선 당신은 '난 누군가를 강간범으로 잘못 몰아서 그 사람 인생을 망치고 싶지 않아'라는 입장인 거잖아요. 맞죠? 당신은 그러고 싶지 않은 거죠?"

"맞아요."

"그건 **저** 역시 절대로 하고 싶지 않은 일이에요. 내가 누군가를 강간범으로 무고하는 건 생각하는 것만으로도 끔찍해요. 그건 페미니즘 운동의 후퇴라고 생각하거든요." 엠마는 침착하게, 하지만 직설적으로 말했다. "그런데 그런 제가 누군가를 강간범으로 고소했어요. 그렇다면 여기서 중요한 것은 제가 절대 누군가를 강간범으로 무고할 사람이 아니라는 사실을 당신이 믿어야 한다는 점이에요. 제가 누군가를 강간범으로 고소하는 유일한 이유는 실제 그 사람이 강간을 했기 때문이거든요. 이 말이 논리적으로 이해가 가나요?"

이 말만큼은 조너선이 이해할 것이라고, 이것이 조너선이 그녀의 말을 믿게 되는 결정적인 이유가 될 것이라고 확신했다.

"논리적으로는 이해가 가요. 하지만 저는, 저는 그럴 수가 없어요. 누구한테라도 그렇게는 못 해요. 당신은 정말 좋은 사람 같아요. 그걸 부정하는 건 아녜요. 하지만 누군가가 강간범이라고 믿기에는 그것만으로는 부족하다는 게 제 입장입니다. 저는 증거가 필요해요. 빼도 박도 못하는 확실한 증거. 저한텐 그게 필요합니다. 법의학… 동영상 같은… 그런 게 필요해요."

그가 자신의 의심을 또다시 내세우면서 우리는 또 다른 교착 상태에 봉착했다. 지금 하고 있는 얘기와 맞닿아 있는 건 맞지만 사실상 다른 영역의 주제로 떠밀려 간 것이다.

이번의 주제는 법의학 증거의 오류, 성폭력 응급 키트로는 성적 동의를 취소한 뒤 벌어진 성관계를 알아낼 수 없다는 점, 강간 신고를 대하는 일부 경찰의 잘못된 태도 등이었다.

"그런 일이 일어난다는 게 저는 상상이 안 돼요." 강간 생존자를 무시하는 경찰에 대한 얘기가 나오자 조너선이 말했다. "상상할 수가 없어요."

이제야 이 두 사람이 세상을 보는 관점이 얼마나 다른지가 보였다. 조너선은 악한 세상을 옹호하고 있는 게 아니었다. 그는 마땅히 그래야만 하는 당위의 세상을 옹호하고 있었다. 규칙을 지키면 선이 승리하고 악은 패배하는 권선징악의 세상. 그가 **생각하는** 세상. 반면 엠마는 **현실적인** 세상, 자신이 가까이 들여다본 세상, 살아남기 위해 생존하는 방법을 찾은 세상에 대해 말하고 있었다.

"그 악성 메시지 저한테 보냈을 때요, 그런 걸 제가 수백 개씩 받을지도 모른다는 생각을 한 번이라도 했나요?" 엠마가 물었다. 통화하는 내내 그녀가 조너선에게 공감 쿠션을 내밀지 않은 것은, 그가 자신에게 준 상처를 직접적으로 언급한 건 이번이 처음이었다.

"아니요." 조너선이 솔직하게 답했다. "맞아요. 당신 입장이 되어서 '이걸 보내는 건 헛소리 하나 더 추가하는 거겠지'나 '누군가 이미 이런 말을 했을 거야', '또 얘기할 필요는 없어' 같은 생각은 하지 않았어요. 맞아요, 그 부분에 대해선 아무 생각 없었어요."

어쩌면 이것이 우리가 도달할 수 있는 최선의 종결일지도 몰랐다. **이게 끝이야? 정말 이게 이번 통화의 끝이라고? 무슨 일이 일어난 거지?**

"그런 메시지를 보낸 것에 대해 사과드려요. 당신의 기분을 상하게 한 것도 죄송하고요. 정말 죄송합니다."

"네, 그렇게 말해줘서 고마워요. 우리 대화는 여기까지가 최선인 것 같네요." 엠마는 딱 잘라 말했다.

나는 뒤엉켜 있는 헤드폰 선과 마이크 케이블 선 너머로 엠마를 쳐다봤다. 통화를 막 시작했을 때 이곳에서 본 그녀는 흥분으로 가득 차 있었는데, 지금은 맥이 빠지고 지친 모습이었다.

우리 팟캐스트에서 대부분의 게스트는 작별 인사를 할 때 즐거움과 깊은 카타르시스 그사이 어딘가의 감정을 느끼며 헤어졌다. 2인 대화 에피소드에서 몇 쌍은 서로 연락하며 지내자는 얘기까지 나왔고, 일부는 온라인상에서 활발하게 우정을 나누었으며, 대다수는 적어도 좋은 경험을 할 수 있게 해주어 감사하다는 마음을 조용히 표하며 헤어졌다. 하지만 오늘은 아니었다. 오늘은 뭔가 달랐다.

"서로에게 마지막으로 하고 싶은 말이 있나요? 작별 인사?"

조너선이 먼저 말했다. "이런 기회를 주셔서 정말 감사해요. 저는… 그 메시지를 보냈을 때 실제로 당사자분과 얘기하게 될 거라고는 상상조차 못 했었거든요. 그리고 엠마, 그리고 청취자분들이라고 하나요, 어쨌든 이걸 들으시는 분들은 제 말이 믿기 어려우실 테지만 저는 정말로 엠마 당신이 최고의 인생을 사시길, 오직 좋은 일만 일어나기를 진심으로 바랍니다. 오래도록 행복한 인생 사세요. 그리고 딜런도요. 다시 한번, 이런 기회를 주셔서 감사하다고 말씀드리고 싶어요."

"고마워요, 조너선." 엠마는 진심으로 말했지만 목소리에서는 낙담이 감춰지지 않았다.

"엠마는요? 마지막으로 할 말 있나요?"

"네, 오늘은, 아시다시피… 이 모든 일을 얘기하는 건 저로서는 옛날의 트라우마가 고스란히 되돌아오는 느낌이었어요. 오늘 한 것과 똑같은 이야기를 학교 청문회 때 했었고, 경찰한테 했었고, 저를 믿지 않는 수많은 사람에게 해야 했거든요. 이 일이 또 반복된 게 가슴 아프고, 제가 사람들이 요구하는 이 과학적 증거라는 걸 제시하지 못해서 상대편 사람이 날 믿지 못한다는 게 좀 힘드네요. 그러니, 맞아요. 이 대화를 끝낸 저의 심정은 뭐랄까…. 내가 원했던 종류의 해결은 절대로 가능하지 않겠구나 정도일까요. 이게 언제나 슬픈 게 뭐냐면, 저는 애초에 강간을 당하고 싶어서 당한 게 아니라는 거죠. 저는 이 자리에 있고 싶어서 있는 게 절대 아니에요. 그러니 지금 저는 마음이 좀 아프구요…. 부디 이 대화가 언젠가 누군가에게는 어떤 식으로든 의미가 있었으면 좋겠습니다."

분명 심오한 에피소드가 될 것이라고 확신한 통화는 이렇게 처참하게 끝나면서 결국 심오한 실망이 되어버렸다. 완전히 기진맥진해 있는 엠마를 보면서 난 이것이 전혀 대화가 아니었다는 사실을 마침내 이해했다. 이건 심문이었다. 우리는 디지털 전화망 구름 어딘가에 있는 시적인 방 안에 있지 않았다. 사실 한 번도 그곳에 있지 않았다. 이곳은 여론 법정이었고, 엠마는 재판을 받는 중이었다.

이 팟캐스트의 핵심은 질문하는 거예요. 조너선과의 사전 통화 때 그의 호기심을 자극하려고 했던 말이 생각났다. 하고 싶은 질문은 뭐든지 하라고 독려한 나는 사실상 수사를 부추긴 셈이었다. 그의 의심은 해답을 구하기 위한 신성한 투쟁이 되었고, 나는 그를 대화에 초대함으로써 그 여정을 계속해도 된다는 허가를 내린 것이었다. 지금껏 나는 혹시나 조너선이 자기가 쓴 메시지 때문에 비난받고 있다는 기분을 느낄까 봐 그의 부담을 덜어주는 데만 신경 썼지, 엠마가 본인의 경험 때문에 자동으로 피고의 역할을 맡게 될 것이라고는 깨닫지 못했다.

✥

한 사람이 페이스북에 댓글을 달았다. "존 저 무지성 새끼는 특권층 남성의 전형인 듯."

"이 정도면 거의 사이코패스 수준 아니냐;;"

"존, 혹시 이 글을 읽고 있다면 부디 들개한테 산 채로 잡아먹히길 기원합니다." 세 번째 사람이 단 댓글이었다.

"뇌에 우동사리가 들었냐? 논리적인 사고가 불가능하면 주둥이라도 닥치고 꺼져."

조너선과 엠마의 에피소드를 소개한 내 페이스북 게시글의 댓글창은 흡사 '조너선 타도 모임' 같았다. 두 사람의 대화가 공개된 지 딱 한 시간밖에 되지 않았는데도 이미 강한 반응이 오고 있었다. 한동안은 이걸 공개해도 되는지조차 확신이 서지 않았지만, 엠마의 허락을 받은 후 나는 편집과 후반작업에 박차를 가했고, 그렇게 이 에피소드는 드디어 세상에 나오게 되었다.

이 댓글들을 쭉 읽는데 조너선이 대중의 시선 속에 사는 게 어떤 느낌인지, 여론 법정에서 자기만의 소규모 심리가 진행되는 게 어떤 느낌인지 조금이나마 맛보게 된 현 상황이 슬픈 아이러니로 다가왔다. 하지만 동시에 걱정도 됐다. 내 목표가 조너선의 마음을 여는 것이었다면, 이 악플 세례로 그가 두 배는 더 마음이 닫히지 않을까 싶었기 때문이다. 댓글창의 그 많은 청취자가 한결같이 화를 내는 지점이 이해는 될지언정 이게 정의라는 생각은 들지 않았다. 내 이전 게스트들도 마찬가지였지만, 강간 생존자들을 의심하는 문화를 조너선이 만든 건 아니었다. 그는 그저 자기도 모르게 그 문화를 따르고 있었을 뿐이었다.

이번 일은 엠마에게도, 청취자들에게도, 조너선에게도, 나에게도 모두 쉽지 않은 경험이었다. 그렇다고 없던 일로 할 수도 없는 노릇이었으므로 내가 할 수 있는 차선의 선택은 이 경험에서 교훈을 얻는 것이었다.

호기심은 그 자체로 덕이 아니다. 그저 질문만 한다고 저절로 생산적인 대화가 이루어지지는 않는다. 오히려 그건 재앙의 원인이 될 수 있다. 대화가 일종의 즉흥 댄스라면, 특히 춤추는 사람들이 서로 동등하게 주고받는다는 느낌을 갖는 자유로운 춤판이라면, 심문은 어떤 대가를 치러서라도 답을 찾고야 말겠다며 감정적으로 무모하게 파고드는 끊임없는 착굴 행위다.

이 통화를 시작할 때만 해도 나는 내 주요 임무가 엠마와 조너선이 서로 얘기할 수 있게 자리를 마련해주는 것이라고 생각했다. 그리고 두 사람이 '오만가지 태풍'을 피할 수 있게 도와주고 '토론 경기장'에 입장하지 않도록 잘 안내하면, 이들이 서로의 목소리를 듣고 서로의 이야기를 경청하는 것만으로 일이 저절로 해결되리라 생각했다. 공감 어린 유대감이 **그냥 생길 것**이라고 생각했다. 설마 우리가 여론 법정으로 기습 소환되리라고는, 게

다가 최종 변론이 끝날 때까지도 우리가 어디에 서 있는지 알아채지 못하리라고는 알지 못했다.

얼굴이 알려진 공인의 경우에는 우리가 설명을 요구할 권리가 있다고 느끼기가 특히나 쉽다. 우리는 그들을 우리가 바라는 어떤 상징들로 납작하게 치환해 일종의 프로젝터 스크린으로 만든 다음, 그 위에 우리의 꿈과 환상과 편견과 선입견과 자기도 모르게 주입받은 문화적 서사를 투사한다. 그래서 그들과 얘기할 기회가 주어지면 뭔가를 요구할 권리가 자신에게 마땅히 있다고 느낀다. 그래서 파고, 파고 또 판다. 그들 역시 인간이라는 사실을 잊고서.

하지만 이건 단지 공인의 문제만도 아니었다. 어떤 대화든 의도치 않게 취조실 분위기로 흘러가 돌연 증인석에 서 있는 자신의 모습을 발견하게 될 수도 있다. 많은 이들이 자신과 다른 사람들, 자기가 **도저히 이해하지 못하는** 방식으로 사는 사람들에게 설명을 요구할 권리가 있다고 생각한다. **말도 안 되는** 일들을 겪은 사람들. 주변 사람들의 농담거리가 되는 일이 흔한 그런 사람들. 그리고 우리는 때때로 궁금한 게 있으면 답을 얻어내는 게 당연하다고 착각한다. 호기심, 그 고귀한 씨앗이 순식간에 가차 없는 반대 심문으로 변해버릴 수 있다는 사실을 잊고서 말이다. 그래서 우리는 답을 찾을 때까지 파고 또 판다. 우리가 얘기하는 상대가 인간임을, 답을 캐내려고 하면 할수록 지치는 게 당연한 사람임을 잊고서.

결국 심문은 관련자들을 모두 비인간화한다는 점에서 대화의 적이다. 심문을 당하는 사람은 자신이 정보 찾기를 명목으로 끊임없이 곡괭이질 당하는 물건 같다고 느낀다. 게다가 그들은 갑자기 자신을 방어해야 하는 입장에 처하게 되는데, 이 구도에서는 상대에게 공감을 느끼기가 어렵다. 하지만 심문은 심문을 하는 사람 역시 비인간으로 만든다. 그들의 목표는 탐구가 아닌 정보 추출로 바뀌게 되고, 인간이었던 그들은 점점 석유 굴착기처럼 변모해 절대 손에 쥘 수 없는 정보를 얻고자 상대의 속내를 파고 또 판다. 결국 아무도 존중받지 못하고 아무도 존중하지 않는 가운데, 모든 사람이 그 공간에서 기대했던 정의가 실현되지 않았다며 실망한다.

이번 통화는 그때까지 진행했던 통화 중 가장 어려웠던 터라, 순간 이 프로젝트를 계속하는 것이 옳은지 고민이 됐다. **어쩌면 여기까지인지도 모르겠어.**

하지만 그때 새 메시지들이 도착하기 시작했다. 이 대화에서 자신의 모습을 발견한 강간 생존자들이 보낸 메시지였다.

"엠마가 조너선의 의심에 너무도 완벽히 대처하는 걸 듣는 것만으로 힐링이었습니다." 한 남성이 본인의 성폭행 사실을 털어놓으며 쓴 말이었다.

엠마와 나에게 이메일을 보낸 사람도 있었다. "당신의 얘기에 너무 깊이 공감할 수 있었다는 점에서 이번 대화는 저에게 큰 울림으로 다가왔어요. 당신이 보여준 용기에 그리고 우리의 목소리를 대변해준 점에 진심으로 감사의 말을 전하고 싶습니다."

"이번 에피소드를 듣는데 엠마의 이야기가 과거의 제 트라우마를 자극했다기보다는 내가 만일 그때 경찰을 불렀더라면 어떻게 됐을까 곰곰이 생각해보는 계기가 됐어요." 강간범의 강요로 침묵할 수밖에 없었던 한 남성이 남긴 메시지였다.

이 청취자들 덕분에 이 어려운 에피소드를 공개하길 잘했다는 생각이 들었다. 그토록 많은 사람들이 엠마를 통해 자기 모습을 보고 있다는 것에서 이 문제가 얼마나 시의성 있는 이슈인지를 알 수 있었다. 하지만 내가 특히 놀란 건 조너선에게서 자기 모습을 본 사람들도 있다는 것이었다.

"엠마는 정말로 용감한 일을 해낸 거예요. 우리 사회의 영웅이라고 말할 수 있을 정도로요. 저는 이제 엠마를 믿어요. 제가 조금이라도 엠마를 의심했었다는 게 너무 부끄럽네요. 이 팟캐스트를 듣고 제 생각이 바뀌었어요. 그리고 제 생각에는 조너선의 생각도 바뀌었을 것 같아요. 그 사람 딴에는 녹음 중에 그 사실을 인정하는 게 어려웠을 수도 있고요. **혹시 모르니까** 조너선이 이 대화를 충분히 곱씹었을 1~2주 후쯤에 다시 물어보는 것도 좋을 것 같아요."

9장

극적인 변신이라는 환상

"집 고쳐주는 프로요." 사람들은 내게 이런 대화를 진행한 뒤 어떻게 기분 전환을 하냐고 계속 물었는데, 그럼 나는 솔직하게 답했다. 집 고쳐주는 프로, 구체적으로 말하면 〈픽서 어퍼^{Fixer Upper}〉를 본다고.

〈픽서 어퍼〉의 골자는 단순하다. 이 프로그램의 슬로건은 "우리는 최고의 동네에서 최악의 집을 골라 고객의 드림 하우스로 변신시켜 드립니다"이다. 여기서 '우리'는 부부인 칩 게인스^{Chip Gaines}와 조안나 게인스^{Joanna Gaines}(애칭으로 조)를 지칭하며, 모든 에피소드의 구조는 완벽히 동일하다. — 1막에서 칩과 조는 집을 구하고 있는 한 텍사스 커플과 만난다. 두 사람은 이 커플에게 총 세 개의 집을 보여주는데, 이 집들의 수준은 '살짝 구축 느낌이 나는' 정도에서 '절대 사람이 살 수 없는' 정도까지 다양하다. 이후 커플이 한 집을 선택하면 그때부터 우리의 사랑스러운 칩과 조는 각자의 분야로 흩어져 제 실력을 발휘한다. 조가 리모델링 계획안을 멋진 3D 렌더링 이미지로 변환해 커플에게 하나씩 설명해주면, 칩은 대부분 무명으로 등장하는 그의 일꾼들과 함께 낡은 벽과 가구를 철거하기 시작한다. "철거 날입니다!" 이 단계에 이르면 거의 언제나 칩은 카메라를 쳐다보며 신이 난 목소리로 외친다. 그런 뒤 우리는 새 벽이 세워지고, 목재 패널이 설치되고, 조의 매서운 눈썰미 하에 주방 싱크대 벽이 아름답게 완성되어 가는 걸 지켜본다. 3장쯤 되면 보통 칩이 문제를 발견한다. ─ 잘못된 전기선, 엉뚱한 곳에 설치된 홈통, 비가 새는 지붕 등등. 그럼 당연히 이 문제는 4장에서 칩의 빠른 판단력과 손재주로 말끔하게 해결된다. 칩의 일이 다 끝나면 이제 조가 등판한다. 그녀는 '대망의 그날'이 오기 전 며칠간 밤낮을 새우며 흡사 예술 작품 같은 가구들로 실내를 꾸미고 가끔은 가계 족보를 유리 케이스에 넣어 선물로 준비한다. 드디어 에피소드가 끝나기 한 6분 전쯤, 실물 크기로 프린트한 옛날 집 사진 앞에 새 집주인들이 모이면 칩과 조가 그 사진을 찢으며 환골탈태한 새 보금자리를 공개한다. 집주인들은 펄쩍펄쩍 뛰며 울고 비명을 지르다가 원래는 벽이 있었던 자리를 지나가며 "세상에나, 이번에는 정말 역대급이네요"라든가 "다 큰 어른을 울리시다니"라든가 "상상했던 것보다 훨씬 좋아요" 같은 말을 한다.

내가 〈픽서 어퍼〉를 좋아한 건 이것이 '나를 혐오하는 사람들과의 대화'의 대척점에 있는 프로그램이었기 때문이었다. 칩과 조는 매 에피소드 마지막에 극적인 변신이 기다리고 있음을 자신 있게 예고했지만, 내가 보여줄 수 있는 건 이 통화가 끝나면 모두가 원래의 자기 삶으로 되돌아갈 것이라는 암묵적인 약속하에 두 사람이 서로의 얘기를 경청할 때 도달하는 조용한 평화가 전부였다. 게다가 〈픽서 어퍼〉의 모든 에피소드는 사실상 동일한 형식으로 진행됐지만, 내가 녹음한 모든 통화는 매번 새로운 장애물 코스 같아서 나는 언제나 다른 깨달음을 소화하기 위해 통화가 끝난 뒤에도 한참을 숙고해야 했다. 나는 〈픽서 어퍼〉의 43분짜리 에피소드가 주는 그 극적인 만족감을 내 통화도 줄 수 있었으면 했다. 그래서 좀 이상하게 들릴 수도 있겠지만 나는 〈픽서 어퍼〉를 볼 때 어떻게 하면 저런 만족스러운 결론을 끌어낼 수 있을까 조금은 질투하는 마음으로 시청했다.

2018년 9월, 내 프로젝트의 두 번째 시즌이 막바지를 향해 달려가고 있었다. 내게는 휴식이 필요했다. 거의 1년 반을 쉬지도 않고 '나를 혐오하는 사람들과의 대화' 작업만 해온 참이었다. 이때까지 나는 게스트 섭외를 위해 250여 명에게 연락을 취했고, 거의 30명과의 통화를 녹음했으며, 그중 22개를 에피소드로 공개했다.

대화 대부분은 문제없이 잘 진행됐다. 최근에는 예비선거에서 어느 민주당 후보를 밀어야 하느냐를 두고 의견이 갈려 페이스북에서 서로 친구끊기를 한 두 친구 간의 대화를 진행했는데, 통화가 끝난 후 두 사람이 다시 친구맺기를 했다는 소식을 들었다.

젠더 중립적 용어인 라틴엑스*에 대해 생각이 다른 두 명의 라틴계 미국인을 연결해 문화에 대한 진솔한 얘기를 나누고, 문화를 뺏길 수 있다는 두려움에 우리가 어떻게 반응하는지도 얘기했다. 내 악플러들과 얘기할 때도 의견 충돌은 종종 있었지만, 서로를 온전한 인간으로 대하는 태도만큼은 변함없었다. 대부분의 통화는 춤사위였고, 무엇보다 내 입장에서는 '오만가지 태풍'에 발이 묶이지 않고, '토론 경기장'으로 빨려 들어가지 않고, 취조실을 피해 간 대화라면 모두 성공이나 다름없었다. 하지만 그 사실이 아무리 기뻐도 딱 한 가지, 여전히 머릿속에서 떨쳐낼 수 없는 게 있었다.

팟캐스트 첫 번째 시즌이 끝났을 때 지인 한 명이 내게 이메일을 보내왔다. "딜런, 네 팟캐스트 에피소드 전부 다 들어봤는데 흡인력 있게 잘 만들었더라. 근데 듣다 보면 **진짜 개빡치긴 해.** 프로그램 만들 때 타깃 청취자를 누구로 설정했던 건지 물어봐도 돼? 왜냐면 네 팟캐스트를 들을 때 내 반응이 딱 두 가지였거든. 하나는 '와, 딜런 얘는 그냥 보살이네'였고 다른 하나는 '으, 저 편견충들. 진짜 극혐' 이거였거든. 그래서 내가 너의 타깃 청취자는 아닐 것 같다는 생각이 들더라구. 물론 그래도 전혀 상관

---

* Latinx: 스페인어권 문화에서 전통적으로 쓰이던 Latino(남성)/Latina(여성)를 대신하기 위해 만들어진 말이다. 스페인어는 대부분의 명사에 성별이 있는 언어라 전통적으로 남성형이 기본값처럼 쓰인다. 그러나 성 소수자들과 페미니스트들이 "왜 남성형이 기본이 되어야 하나"는 의문을 제기했고, 이에 따라 모두를 포괄할 수 있는 성 중립 용어로 Latinx가 등장했다. 하지만 일부 라틴계 사람들은 이 용어가 미국 내 특정 진보 진영에서 만들어진 것이며, 정작 자신들의 언어 및 문화권에서는 사용되지 않는 표현이라는 이유로 거부감을 드러내기도 한다.

없긴 해! 그냥 궁금해서 물어보는 거야. 이 프로그램의 요지가 뭐야?"

이제는 그의 이메일을 거의 토씨 하나 빼놓지 않고 줄줄 외울 수 있을 만큼 나는 그의 말에 대해 자주 생각했다. 일단 나는 내 게스트들에 대한 그의 평가에 기분이 상했다. 일부 게스트들의 특정 신념에 내가 절대 동의하지 못하는 건 사실이지만 함께 대화를 나누며 그들을 온전한 인간으로 보게 된 지금, 나는 이제 그들을 한마디로 싸잡아 이야기할 수 없게 되었다. 게다가 그들은 같이 대화하자는 내 초대에 응함으로써 자신이 쓴 글에 책임을 졌고, 이건 사실 아무나 하지 못하는 일이었다. 하지만 이 이메일에서 내 신경을 가장 건드렸던 건 그의 마지막 질문, **이 프로그램의 요지가 뭐야?**였다. 이메일을 받았던 1년 전이나 지금이나 이 질문은 나를 이상하게 불편하게 만들었다. 내가 분한 건 이 말이 부당해서가 아니라 칩과 조에게 질투가 나서였다. 아무도 두 사람에게는 당신네 프로그램의 요지가 무엇이냐고 물어보지 않을 터였다. 그들은 최고의 동네에서 최악의 집을 골라 고객의 드림하우스로 변신시키는 일을 하고 있었으니. 그렇다면 나는 내 친구에게 내 프로젝트의 요지를 어떻게 보여줄 수 있을까? 내 녹음에서 사람이 변하는 모습을 어떻게 포착할 수 있을까?

두 번째 시즌을 마무리하는 여러 방법을 모색하는 중에 내가 바랐던 종결을 보지 못한 대화 하나가 계속 생각났다. 내 아픈 손가락이 되어버린 대화. 전기 분전함에 문제가 있음을 칩이 확인하는 순간 〈픽서 어퍼〉의 에피소드가 끝나버리는 것에 비견될 만한 대화.

좋은 아이디어가 하나 떠올랐다. 하지만 그러자면 먼저 전화를 몇 통 돌려야 했다.

전화 신호음이 울린다. 무슨 일이 벌어질지 전혀 예측이 안 된다. 한 번 더 신호음이 울린다. **과연 그가 전화를 받을까?**

"딜런?" 누군가 전화를 받았다. 익숙한 목소리긴 하지만 한동안 듣지 못했던 목소리다.

"안녕하세요, 조너선. 잘 지냈나요?"

그와 통화를 한 지가 벌써 3개월도 더 됐다. 유독 험난했던 엠마와의 대화를 마칠 때쯤 했던 작별 인사말이 우리가 서로의 목소리를 들으며 나눴던 마지막 말이었다. 통화를 마친 이후로 나는 '그때 내가 뭘 어떻게 해야 했던 걸까'를 내내 고민했었다.

"팟캐스트에 출연해보니 어땠어요?" 내가 그에게 물었다.

"지금 와서 돌아보면 상대를 좀더 배려했어야 했다는 생각이 들어요. 제가 좀 완고하고 방어적인 태도를 많이 보였던 것 같아서요." 이제 그의 목소리는 엠마와의 통화 때에 비해 훨씬 부드러워졌으며, 자기 성찰적인 느낌을 주었다.

조너선은 자신이 출연한 에피소드 아래에 달린 댓글 몇 개를 읽었다고 했다.

"읽어보니 어땠어요?"

"사실, 저는 SNS 활동을 거의 안 하는 편이라서 아마 그때가 처음으로 노골적인 악플을 받아본 때였던 것 같아요."

그는 스스로를 돌아볼 줄 아는, 객관적 자기 인식 능력이 매우 뛰어난 사람이다. 물론, 엠마와 대화를 나누기 전에 사전 인터뷰를 진행할 때도 그가 그런 사람이라고 생각했었지만…. 아무튼 나는 조녀선의 이런 겸손한 태도 덕분에 새로 떠오른 아이디어를 계속 밀어붙일 용기를 얻었다. 그 말인즉, 내가 마지막으로 또 한 통의 전화를 걸어야 한다는 뜻이었다.

"여보세요?" 아일랜드 악센트가 묻어나는 목소리가 답했다.

"여보세요, K 씨 맞나요?" 전화를 제대로 건 것이 맞기를 바라며 내가 물었다.

"제 말 들리세요?" 전화 너머로 그녀의 목소리가 살짝 갈라진 것이 느껴졌다.

"네, 잘 들립니다. 제 말은 잘 들리나요?"

"네, 아주요."

"아, 너무 다행이네요." 이 통화가 드디어 성사된 것에 진심으로 기분이 좋아진 내가 말했다. "오늘 어떠신가요?"

"의식 멀쩡하고, 카페인 주입했고, 옷도 차려입었으니, 아주 좋습니다."

K의 악센트부터 위트 있는 말장난까지, 난 벌써 그녀가 편하

게 느껴졌다. 솔직히 말하면 며칠 전 그녀에게 메시지를 보낼 때까지만 해도 일이 어떻게 진행될지 전혀 예상이 가지 않았다. 조너선에게는 '무지성 새끼'라든지, '덕분에 기분이 아주 좆같아졌네'라든지, 심지어 '거의 사이코패스' 아니냐는 진단까지 수많은 댓글이 쏟아졌는데, 그중 내 시선을 사로잡은 건 K의 댓글이었다. "존 때문에 하루 종일 너무 열이 뻗쳐서 이 말을 하기 위해 굳이 댓글을 답니다. 무지한 그의 모습은 생존자들 면전에 대고 '해맑게 웃으면서' 그들의 경험을 부정하는 사람의 완벽한 전형이에요. 이 사람은 지가 무슨 말을 하고 있는지 전혀 몰라요. 존, 혹시 이 글을 읽고 있다면 부디 들개한테 산 채로 잡아먹히길 기원합니다."

과거 엠마의 안전을 위해 조너선이 괜찮은 사람인지 확인했듯, 오늘 나는 조너선을 위해 똑같은 일을 하고 있었다. 조너선이 개한테 잡아먹히길 바라는 여성과 사전 인터뷰를 하며 이 둘을 서로 소개해줘도 괜찮을지 사전 확인하는 것이었다. 그 답이 완벽한 '예스'임을 나는 거의 확신하고 있었지만 그래도 내 마땅한 의무를 저버릴 수는 없었다.

본인 소개에 따르면 K는 '아일랜드 피 조금, 캐나다 피 조금, 작가 피가 조금 있는 사람' 혹은 '그냥 지구에 사는 흔한 2족 보행 동물'이었다. 그녀는 자신에 대해 바닷가 산책을 즐겨하고 음악, 글쓰기, 책 디자인을 깔짝거리는 내향인이라고 묘사했다. "매체에 조금씩 손대는 정도랄까요."

그녀는 일을 하던 중에 엠마와 조너선의 이야기를 들었다며,

조녀선이 말귀를 못 알아듣는 데 '점점 더 화가 났다'고 말했다. 실제로 그녀는 극대노한 상태로 집에 돌아온 뒤 오직 이 에피소드에 대한 댓글을 달기 위해 페이스북 계정을 다시 활성화시켰다고 했다. "이게 보통 일이 아니라구요." 그녀는 항변했다. "내가 페이스북을 얼마나 싫어하는 사람인데."

"그럼 K, 사랑과 존중을 담아 물어볼게요, 어떤 것에 그렇게 화가 나서 조녀선에게 들개한테 산 채로 잡아먹히길 바란다는 말을 썼나요?"

"기본적으로 저는 존이 남의 고통을 하찮게 여긴다고 느꼈어요. 그 심정이 어떤지 잘 알지도 못하고 존중할 마음도 없다고요. 제가 말하는 건 비단 엠마의 고통만이 아닌, 그 대화를 듣고 있을 수많은 사람의 고통을 뜻해요. 저에게 있어서, 성폭행이라는 이 문제에서 제일 끔찍한 건 누군가 내 몸을 침범했다는 것뿐 아니라, 내가 갖고 태어난 이 몸, 내가 내 것이라고 절대 의심하지 않았던 내 손가락, 발가락, 이 몸뚱이를 누군가 별안간 아주 가혹하게 그건 네 것이 아니라고 알려준다는 점이거든요. 여기서 진짜 트라우마가 생기죠. **그런** 종류의 고통을 말하는 거예요, 저는."

나는 이런 통화를 할 때마다 조금 전까지만 해도 전혀 모르는 사이였던 사람이 자신의 가장 깊은 속내를 친한 친구에게 하듯 내게 스스럼없이 드러내는 것에 놀라곤 했다.

K는 '부모 혹은 신뢰하는 경찰, 교사, 목사 같은 사람들'에 의해 자신이 생존자임을 부정당하는 경험은 '정말 지랄 맞게 화가

치솟고, 기운 빠지고, 두려운 일'이라면서 엠마의 주장을 믿지 않고 계속 의심하는 조너선의 모습에 특히 큰 충격을 받았다고 말했다.

그렇게 극단적인 말을 하면 그에 대한 방어기제로 인해 조너선이 자신의 태도를 돌아보기가 더 힘들어질 수도 있지 않겠느냐는 질문에 K는 이 주제에 대해 차분히 얘기할 수 있는 날도 있지만 자신의 분노를 생산적인 대화로 승화시킬 수 없는 날도 있다고 말했다.

"그러니까 저도 좀 엿같은 일들을 겪은 생존자거든요. 대부분은 기억도 안 나지만요. 제가 여섯 살 때요."

"방금 한 말을 잘 못 들었어요. 지금 여섯 살이라고 했나요?" 나는 내가 잘못 들은 것이기를 바라며 물었다.

"여섯 살 때요." K가 또박또박 말했다.

목 안이 조이는 느낌이 들었다.

"불편하면 그 얘기는 안 해도 돼요." 나는 말까지 더듬으며 목소리를 높였다. 나는 그녀의 과거 트라우마를 캐내고 싶지도 않았고, 심문하듯 집요하게 질문할 생각도 없었다. 하지만 그녀가 얘기를 털어놓고 싶어한다면 얼마든지 경청할 준비는 되어 있었다.

"그냥 솔직해지고 싶을 뿐이에요." 그녀가 당당하게 선언하듯 말했다.

통화가 마무리될 즈음 나는 이번 아이디어가 잘 풀릴 것 같다는 예감이 들었다.

"공식적으로 말씀드리는데, 저는 정말로 조너선을 살해할 생각은 없습니다. 이렇게 말해둬야 제가 무작정 나가서 남자를 죽일 사람이 아니라는 걸 세상 사람들이 알겠죠."

K 본인으로부터 이렇게 확답을 들어 짜릿했던 것과는 별개로 사실 정말 그럴 위험이 있다고는 한 번도 생각해본 적이 없었다. 무엇보다 이제 퍼즐의 마지막 조각을 완성했으니, 다 같이 통화할 날을 정할 차례였다.

나는 다이닝 룸 테이블에 혼자 앉아 있었다. 보통 2인 대화를 녹음할 때는 나와 참여자 한 명이 같이 앉아 다른 게스트에게 전화를 거는 형식이었는데, 이번에는 세 명(조너선, K, 나)이 사는 지역이 모두 달라서 우리는 각자 전화기 옆에서 대기 중이었다.

엠마의 허락을 받고, 조너선에게 이 통화가 불편하진 않은지 확인하고, K가 안전한 사람인지를 확인한 다음에야 나는 조너선과 K가 만날 시간을 정할 수 있었다. 두 대의 컴퓨터와 마이크, 국수 가닥처럼 얽혀 있는 온갖 선을 앞에 둔 채 앉아 있으려니 내가 마치 옛날 전화교환원이 된 것 같은 기분이었다. 입력 단자와 출력 단자를 연결하고 깜빡거리는 버튼을 주르륵 누르면 수천 킬로미터 떨어진 곳에 사는 두 사람이 서로의 목소리를 듣게 되는 것이다.

시계를 봤다. 뉴욕 시의 시간으로 저녁 7시 59분. 밖은 깜깜했지만 표준시간대가 다 다른 우리 셋이 모두 괜찮은 시간은 이때가 유일했다. **1분 남았네.** 통화를 시작하기 직전에 종종 그러했듯 걱정이 밀려왔다. **혹시나 조너선과 엠마의 대화가 똑같이 반복되면 어쩌지? K도 취조실로 끌려가려나? 조너선이 다시 한번 청취자들의 피드백 폭격을 맞게 될까?** 나는 이번 에피소드가 잘 풀리지 않으면 공개를 안 하면 된다는 사실을 떠올리며 이러한 생각들을 잠재우기 위해 최선을 다했다. 하지만 아무래도 이번이 그 경우가 될까 싶어 내심 걱정이 됐다.

저녁 8시. **시간이 됐다.** 나는 두 사람에게 전화를 걸고 기다렸다.

"여보세요?" 조너선이 받았다.

"여보세요?" 거의 동시에 K가 답했다.

세 지역을 잇는 삼각형이 드디어 완성됐다.

"조너선, 지금 K와 연결되셨구요. K, 지금 조너선과 연결되셨습니다. 드디어 이렇게 셋이 다 모였네요." 나는 내 전화교환원 역을 충실히 수행했다.

"안녕요." K가 인사했다.

"안녕하세요." 조너선도 인사를 나눴다.

나는 두 사람에게 각자 자기 소개하는 시간을 주었고, 그들은 취미와 고향, 직업과 목표에 대해 짧게 이야기를 나누었다. 마치 둘 사이에 아무 일도 일어나지 않았던 것처럼, 그냥 처음 만나 통성명하는 사람들처럼. 만일 정부 감시기관이 지금 이 통화를 몰래 엿듣는다면 뭐라고 할까 하는 생각이 잠깐 들었다. 왠지 **업무 관계로 만난 두 사람이 서로 알아가는 연습을 하는 중**이라고 노트에 적고 다음 감시 상대로 넘어갈 것 같았다.

"K, 당신부터 시작할까 해요. 조녀선에게 왜 이 댓글을 썼는지 설명해주시겠어요?"

"처음에 이 댓글을 썼을 때는 설마 당신이 읽을까 싶었어요. 정신을 어디 먼 데 두고 사시는 분인 줄 알아서. 하지만 맞아요, 그 에피소드 들었을 때 정말 화가 났어요."

나는 조녀선에게 주의를 돌리며 물었다. "그러면 조녀선, 그 댓글을 읽었을 때 기분이 어땠나요?"

"음, 처음 봤을 때는 조금 충격이었어요. 전 SNS를 많이 하는 편이 아니라서 누가 저한테 했던 말 중에는 단연코 가장 극단적인 표현이었죠."

분위기를 조금 풀어보기 위해 나는 K가 그 댓글을 쓰겠다는 일념 하나로 페이스북 계정을 재활성화했다는 사실을 조녀선에게 알려주었다. 두 사람 모두 웃음을 터트렸다.

"어떤 면에서는 영광이네요, K!" 조녀선이 농담을 건넸다.

대화는 잘 진행되고 있었지만 나는 너무 자신하지 말자며 긴장을 늦추지 않았다. 엠마와 조녀선의 통화도 똑같이 잘 되고 있다고 좋아했지만 결국 반대신문이 되지 않았나. 기대치를 낮출수록 실망도 덜 한 법이었다.

"그 에피소드에서 정말 화가 났던 조녀선의 발언은 뭐였나요?" 나는 K가 조녀선에게 어디까지 얘기할지 궁금해하며 물었다.

"제가 어렸을 때 좀 거지 같은 일을 겪었거든요. 그때 내가 제일 바랐던 건 누군가가 나를 봐주고 이해해주는 거였어요. '맞아,

정말 지랄 맞은 일이지. 일어나서는 안 되는 일이었어. 그건 잘못된 일이야'라고 말해주는 사람이요. 누군가 '글쎄, 난 모르겠네. 난 너 안 믿어. 증거가 불충분하잖아'라고 노골적으로 단정하잖아요? 그거 정말 기운이 빠지는 일이고, 상처에 소금 뿌리는 일이에요."

나는 조녀선에게 이 말에 대해 어떻게 생각하냐고 물었다.

"음, 제가 도덕적 권위 같은 게 있는 사람도 아니고. 저는 신이나 전지전능한 존재가 아니거든요. — 그냥 다른 사람들이랑 다를 바 없는, 진화 수준이 낮은 영장류죠. 저는 그냥 인터넷에서 본 대로 말한 거였어요."

그의 말투는 방어적이지 않았고 거의 공손하기까지 했다. 몇 달 전 엠마와 얘기하던 그 조녀선이 전혀 아닌 것 같았다. 그 조녀선은 답을 캐묻고 증거를 파헤쳤지만, 이 조녀선은 진지하게 경청하고 있었다. 모든 내용을 샅샅이 들어야 성에 차던 그는 이제 K가 자기 얘기를 원하는 만큼 할 수 있도록 공간을 내어주고 있었다.

"당신 한 사람만을 말하는 게 아네요, 존." K가 부드러운 목소리로 말했다. 그녀의 말에서 공감 쿠션이 막 만들어지고 있는 게 들렸다. "당신과 비슷한 얘기를 했던 모든 사람을 말하는 거죠. 이렇게 당신은 더 이상 존으로 보이지 않고, 내게 그런 식으로 상처 줬던 모든 사람의 총합이 되어버리는 거예요. 내가 상태가 좋을 때는 나도 합리적이고 인내심 있는 사람이 되어서 당신에게 찬찬히 설명해주고 관련 링크도 보내줄 겁니다. 그 사람들이 어떤 일을 겪었는지 당신이 정확히 이해할 수 있게, 그들의 경험을 당사자의 시선에서 볼 수 있게요. 그런 이야기에는 모두가 공감할 수 있다고 생각하거든요. 하지만 내가 상태가 나쁘거나 이때처럼 최악의 순간이다? 그러면 완전 원시 상태로 돌아가죠. 한 방향으로 직진밖에 못 해요. 다른 생각도 전혀 못 하고. 그렇게 강한 분노예요."

엠마가 조너선에게 호의를 베풀었듯이, K도 똑같이 조너선은 시스템 그 자체가 아니며 비공식적으로 선출된 대표자 중 한 명에 불과하다는 사실을 온화하게 인정했다.

똑같이 반복된 이 구도 속에서 나는 한 가지를 깨달았다. 조너선이 엠마를 착하고 선량한 남성에게 벼락처럼 닥칠 수 있는 어떤 운명의 상징으로 받아들였듯, K는 조너선을 자신을 불신한 모든 사람의 상징으로 받아들였다. 그런데 K가 이 상징으로서의 조너선과 한 개인으로서의 조너선을 구분하는 걸 들으니 이 대화, 아니 사실상 **모든** 대화의 진가가 무엇인지를 다시 한번 깨닫게 되었다. ― 대화는 개인과 시스템을 구분하고, 부분과 전체를 구분하고, 미시와 거시를 구분하는 데 특효약인 것이다.

하지만 여전히 나는 조너선이 엠마에게 그랬듯이 K의 공감 쿠션에도 똑같이 이안류식 대화로 대응할까 봐 걱정됐다.

"제 말이 그렇게 느껴지셨다니 정말로 죄송합니다." 나는 이 말 뒤에 나올 **하지만**을 숨죽이고 기다렸다. "다른 사람의 기분을 상하게 하려는 의도는 전혀 없었어요. 제 생각에 그 발언은, 음, 이 주제에 대한 제 무지에서 나온 것 같아요."

내가 예상한 이안류식 대화는 없었다. 그는 말꼬리를 잡지 않았다. 정제되지 않은 순수한 사과만이 있었다.

"그렇게 말해줘서 고마워요. 나도 그렇게 모든 걸 당신 탓으로 돌리는 건… 당신을 비인간화하는 것이고 공평하지 않다는 것을 잘 알고 있어요."

"그런 일을 겪은 분들께 왜 제 말이 트리거가 될 수 있는지 알 것 같습니다."

"그렇게 생각해준다니 고맙네요."

조녀선은 어떤 조건도 달지 않고 사과했다. 두 사람은 자기들만의 리듬 속으로 빠져들었고, 나는 이 둘 사이에 눈치 없이 낀 제3자가 된 것이 오히려 신났다. 하지만 느긋하게 뒤로 빠져 두 사람의 진솔한 대화를 듣는 게 흡족한 것과는 별개로 나는 이 기세를 몰아 두 사람이 애초에 이 자리에 모이게 된 바로 그 주제, 바로 '무고'를 다시 한번 짚고 넘어가기로 했다.

K가 말했다. "조녀선, 우리도 당신만큼이나 강간을 무고하는 사람들을 혐오해요. 왜냐면, 우선 첫째로 그건 아무 죄 없는 사람을 고기 그라인더 기계 속으로 쑤셔 넣는 거나 다름없는 거니까요. 그런 사람들은 천벌 받아 마땅한 것이고. 그리고 두 번째로는, 무고가 세간의 그 오해를 더 키운다는 거예요. … 오죽하면 성폭행 혐의 소식이 들리면 사람들이 거의 제일 먼저 꺼내는 말이 혹시 무고 아니냐는 거겠어요. 그러니까 내 말은, 상대를 나락으로 떨어뜨리기 위함이든 감정적 복수든 고의로 무고하는 건 결국 다른 강간범들이 처벌받지 않고 법망을 빠져나가게 두는

데 일조한다는 거죠."

"네, 완전히 동의합니다." 조너선이 말했다. "한 발짝만 물러서서 봐도 무고를 하는 사람이 정말, 아주 드물 거라는 생각이 들어요." 조너선은 이안류식 대화를 구사하지 않는 것은 물론이고 K의 말에 적극 동의하기까지 했다.

조너선이 말을 이었다. "제 첫 번째 인터뷰를 대여섯 번 들었는데 사람들 반응이 이해가 가더라고요…. 제가 봐도 쟤 왜 저러나 싶을 때가 있었어요. 특히 그런 일을 겪은 분한테 대고요."

나는 그가 엠마와의 대화를 그렇게 여러 번 다시 들었다는 것을 이때 처음 알았지만, 그랬다는 그의 말에 반가움을 느꼈다.

"미안하다고 사과하고 싶네요, 조너선. 제가 당신한테 너무 심하게 굴었던 것 같아요." K가 진심으로 말했다.

"음, 사과하신 거 당연히 100퍼센트 받아들일게요. K 님을 비롯해 그때 팟캐스트를 들으면서 비슷하게 불쾌한 경험을 하신 모든 청취자분들께 저도 사과드립니다. 아주 솔직하게 말씀드리면 전 꽤 무지했고 얘기가 길어질수록 더 심해지기만 했던 것 같아요. 덕분에 저는 이 주제에 대한 생각이 완전히 달라졌어요. 이렇게 말하면 좀 가볍게 들릴지 모르겠지만, 덕분에 저는 이전에는 상상도 못 했던 방식으로 생각할 수 있게 되었어요."

그의 마지막 말이 머릿속에서 울려 퍼졌다. **이전에는 상상도 못 했던 방식으로 생각할 수 있게 되었어요.** 무엇이 그를 이렇게 바꾸어놓았는지 아직 잘 이해되지는 않았지만 그의 이런 태도에 나는 깊은 고마움을 느꼈다.

"들개한테 산 채로 잡아먹히거나 죽은 채로 잡아먹히지 않았다니 무척 기쁘군요." K가 농담조로 말했다. "당신과 실제로 대화를 하니 정말 후련해요. 그런 의미에서 시간을 내서 여기에 나와주셔서 고마워요. 제게 큰 힘이 됐습니다. 다시 한번 감사합니다."

"저도 감사드려요. 절대 가능할 것 같지 않았던 곳에서 새 친구를 만드는 건 언제나 좋은 일이죠. 저는 이것 역시 기쁩니다."

"저도 마찬가지예요. 앞으로 달릴 거지 같은 댓글이나 밈에 마음의 준비 하시고요." K가 웃음을 터트렸다. 처음에는 만화 캐릭터처럼 과장되게 낄낄거렸던 그녀는 곧 부드러운 진짜 웃음을 지었다.

"그러겠습니다!" 조녀선이 말했다.

다 같이 작별 인사를 한 후 나는 전화를 끊고 녹음이 저장되었는지 확인했다. 그런 뒤 멍하니 일어나 소파로 가서 털썩 누운 채 천장을 바라보며 방금 있었던 일을 소화해보려고 애썼다.

이건 내가 그토록 고대하던 극적인 변신, 내가 꿈꿔온 〈픽서 어퍼〉식 엔딩이었다. 다만 그 시기가 내가 기대했던 것보다 몇 달 늦어졌을 뿐. 〈픽서 어퍼〉의 새 집주인들이 확 트인 거실을 보고 황홀해하는 것처럼, 이랬던 공간이 저렇게 180도 바뀐 것을 보며 기뻐하는 것처럼, 나 역시 방금 일어난 일에 입을 다물 수가 없었다.

조녀선은 진짜로 **변한** 것 같았다. 그런데 도대체 어떻게 그럴 수 있었던 거지? 이번 에피소드가 다른 에피소드들과 다른 지점은 뭐였을까? 분명 전에도 감동적인 순간들은 있었다. 게스트들이 자신의 선입견을 돌아보고, 강경하기 그지없었던 입장에서 한발 물러서는 경우가 그러했다. 자신이 쓴 댓글이 생각했던 것보다 상대에게 더 큰 상처를 입혔음을 깨달은 게스트가 말을 잇지 못해 정적이 이어지는 순간도 있었다. 하지만 누군가가 이렇게 진짜로 **달라진** 경우는 보지 못했다. 몇 달 전만 해도 조너선은 엠마의 이야기에 완강히 저항했는데 오늘 밤 그는 처음 만난 사람이 털어놓는 **당사자**의 성폭행 얘기를 주의 깊게 들었고, 그녀의 얘기에 의심으로 일관하는 게 아닌 경청의 자세를 견지했다.

나는 지난번 엠마와 그의 대화에서 혹시 내가 실수한 게 있었던 건 아닌지 덜컥 의심이 들었다. 그때도 원래는 이 조너선이었는데 내가 질문할 때 단어 선택을 잘못해서 그의 이런 면모를 못 끌어낸 건가? 아니면 조너선이 댓글을 받는 사람 입장이 되어보니 마음이 달라진 건가? 혹시 그날 조너선 기분이 별로여서 그랬던 걸까? 그의 변화를 끌어냈을 법한 요인들을 하나씩 살펴보는데, 아무리 생각해도 말이 되는 단 한 가지 답은 너무 단순해 보였다. 정말 그건가? 그냥 **시간**인 건가?

사실 변화는 주택 리모델링 프로그램에서 묘사되는 것처럼 깔끔하게 떨어지지 않는다. 〈픽서 어퍼〉만의 얘기가 아니다. 텔레비전 프로그램, 영화, 책 등 어떤 것을 봐도 성장의 기승전결은 정해진 시간 내에 깔끔하게 완료된다. 하지만 우리는 이 모든 매체의 시간이 압축된 것임을 잊는다. 실제 시간은 숨겨지고 편집으로 잘린다. 솔직히 말하면 내 팟캐스트의 시간도 압축된 것이다. 나는 청취자들이 편하게 들을 수 있게 통화 내용을 편집한다. 같은 구조의 같은 이야기를 40분짜리 편집본에 담을 수 있다면 두 시간짜리 통화를 다 들을 필요가 없지 않은가? 우리는 엔터테인먼트를 위해 시간을 접는다. 그리고 이것이 내가 〈픽서 어퍼〉를 좋아하는 이유다. 눈에 보이지 않는 편집점 사이의 시간을 다 숨기고 몇 달, 심지어 몇 년이 걸리는 일을 43분짜리 하이라이트로 깔끔하게 압축한 결과물이기 때문에 시청자들이 편하게 볼 수 있는 것이다.

하지만 불행히도 현실은 이렇게 굴러가지 않는다. 인생에 편집은 없다. 단 몇 컷 만에 성장하는 일도 없고, 빨리감기도 없다. 긴 시간을 몇 장면으로 요약한 짜깁기 영상이 신나는 노래에 맞춰 흘러가는 일도 없다. 중간 광고 시간 이후에 문제가 마법처럼 저절로 해결되지도 않는다.

진짜 변화는 삶이 원래 그러하듯 지저분하고 무질서한 방식에 따라 실제 시간 안에서 벌어진다. 하지만 우리는 여러 이야기를 통해 '변했다', '달라졌다'라는 말을 할 수 있으려면 자신이 기존에 믿던 것을 완전히 버리고 '올바르고' 새로운 사고방식을 갖게 된 사람 정도가 되어야 한다고 주입받는다. 과거의 삶을 모두 버리고 완전히 새로운 인생을 사는 사람을 가리키는 말이라고 은연중에 생각한다.

하지만 현실은 유명 내러티브의 매끈한 구조에 끼워 맞춰지지 않는다. 안타까운 점은 우리가 이 유명 내러티브의 틀을 바탕으로 자기 자신과 주변 세상을 이해한다는 것이다. 내러티브가 내세우는 기준을 자기 기준으로 삼는다. 그리고 이 현실과 판타지, 실제 시간과 편집된 시간 사이의 긴장이 바로 '극적인 변신이라는 착각'이라고밖에 설명할 수 없는 오해, 즉 변화가 아주 빠르고 압축적으로 일어날 수 있다는 무의식적인 기대를 만들어낸다.

실시간으로 진행되는 이야기는 지루하다. 6,000시간짜리 주택 리모델링 라이브스트림 영상을 보고 싶은 사람은 없을 것이다. 우리는 하이라이트를 원한다. 그래서 대신에 우리는 주택 리모델링 프로그램을 본다. 하지만 인간은 텔레비전에 나오는 집이 아니다. 우리의 신념은 43분 만에 만들어질 수 없다. 아무리 느리고 고통스럽다고 할지라도 우리는 실제 시간의 속도에 따라서만 움직일 수 있다.

내게 이메일로 팟캐스트의 '요지'를 알려달라고 졸랐던 그 지인은 어쩌면 이 '극적인 변신이라는 착각'에 스스로 속고 있었던 건지도 모르겠다는 생각이 들었다. 당연히 그 사람 잘못은 아니지만, 그는 텔레비전 시간보다 실제 시간에 훨씬 더 가까운 대화를 왜 보여주는지 이해하지 못했던 것이다.

물론 시간 자체가 변화를 담보하지는 않는다. "시간이 지나면 모든 상처는 아물기 마련이다"라는 말은 듣기에는 좋지만 사실 공허한 구호가 되기 쉬운 관용구로, "사랑이 증오를 이긴다"와 더불어 유명 문구들의 무덤에서 영원한 안식을 얻게 될 운명을 갖고 태어났다. 이 두 관용구 모두 사랑과 시간이라는 크고 심오한 개념을 쉽고 편리한 개념으로 단순화시켰다. 우리가 가만히 쉬는 동안 귀찮은 집 청소를 다 해주는 로봇청소기처럼, 우리는 이 편한 관용구에 기대 별다른 노력 없이도 시간과 사랑에 대해 다 아는 것 같은 착각에 빠진다. 하지만 이 거대한 개념들을 실행에 옮기는 데 얼마나 많은 노력이 필요한지 저 말들은 알려주지 않는다. 행동하지 않는 사랑은 증오를 이길 수 없고, 의료 처치 없이는 아무리 시간이 흐른들 상처가 아물지 않을 수도 있다. 붕대와 항생제 연고, 때에 따라서는 봉합 수술도 필요한 법이다.

조너선의 태도가 두 번째 전화 통화 때 누그러진 것은 단지 첫 번째 통화와 두 번째 통화 사이에 꽤 많은 시간이 흘러서도 아니고, 사람의 생각이 바뀌게 되는 어떤 마법의 숫자가 있어 그만큼의 일출과 일몰이 반복된 결과 그가 자기 입장을 재고하게 된 것도 아니다. 그의 생각이 바뀐 건 통화가 끝난 후 그가 시간을 들여 엠마의 말을 소화했기 때문이다. 그가 엠마와의 대화를 '대여섯 번' 다시 들었기 때문이다. K로부터 "들개한테 산 채로 잡아먹히기를 기원한다"라는 말을 듣고도 그녀의 말에 귀 기울였기 때문이다. K가 사람으로서의 조너선과 상징으로서의 조너선을 구분하고, 후자가 아닌 전자와 대화할 수 있었기 때문이다.

내가 성공의 기준을 〈픽서 어퍼〉에 두었기 때문에 나는 필연적으로 실패할 수밖에 없었다. 조너선(혹은 그 누구든)이 단 한 번의 전화 통화로 바뀌기를 기대한 내가 비현실적이었다. 그 누구도 완전히 새로운 개념을 접하자마자 즉시 달라질 수는 없다. 적어도 나는 그렇게 못 한다. 조너선이 자신의 오래된 저항의 벽을 철거하고 생각을 개조할 수 있었던 건 오직 시간과 공간이 주어졌기 때문이었다.

근본적인 변화는 단 한 통의 전화로 생기지 않는다. 대화가 즐겁게 끝났다고 생기는 것도 아니다. 그것은 누군가가 기꺼이 상대의 말을 듣고, 누군가가 상대에게 다가가고, 그들이 서로 만날 수 있는 다리가 세워졌기 때문에 생긴 것이다.

이 프로그램의 요지가 뭐야? 라고 내 지인은 이메일로 물었다. 자, 드디어 나는 그 답을 찾아냈다.

그에게 친절하게 말해주고 싶었다. 이 프로그램의 요지는 바로 그 다리를 세우는 것이라고. 다리를 건널 의향이 있는 사람들을 위해 가능한 한 편안하고 안전한 다리를 만드는 것이라고. 그 다리 위에서 성사된 사람들의 만남을 기록하고, 그 복잡하고 아름답고 까다로운 영광의 과정을 사람들에게 알리는 것이라고. 그 대화를 통해 사람들이 텔레비전 시간이라는 불가능한 기준을 버리고 실제 시간의 속도로 기대치를 조정할 수 있기를, 적어도 현기증 나게 빠른 주택 리모델링 프로그램의 시간보다는 훨씬 현실에 가까운 속도에 맞춰 나갈 수 있기를 바라는 것이라고.

>>> 10장 <<<

쓰레기 낙인과 조리돌림 군대

텅 빈 워드 페이지가 나를 노려보고 있다. 커서는 부산스럽게 깜빡이며 나를 조롱한다. 바닥에는 온갖 메모와 기사 프린트물, 게스트들과의 전화 통화 녹취록 등이 여러 뭉텅이로 나뉘어져 있다. 나는 이 뭉텅이 하나하나를 너그럽게도 '챕터'라고 부르기로 했다. 그렇다, 나는 현재 책을 집필 중이다. 음, 아무래도 '집필'이라는 말 역시 너그러운 단어 선택이다. 현재 나는 내 책을 어떻게 쓸 것인지에 대해 **고민** 중이다. 내가 나만의 사회 실험을 통해 배운 모든 것에 관한 책. 약 1년 전에 첫 번째 마감일을 넘겼고 두 번째 마감일 역시 얼마 전에 지나간 책, 혹시나 출판되지 못할 운명을 지닌 것은 아닌가 걱정되는 책.

때는 2020년 6월 말, 조너선과 K와의 통화 이후 벌써 2년이 지났다. 이 책은 원래 지금쯤 최종원고가 나와야 했다. 사실 처음 계획대로라면 내 책은 바로 이번 달에 출간될 예정이었다. 내가 팟캐스트 때문에 바빴던 것도 아니었다. 오히려 나는 책 집필에 집중하기 위해 에피소드 제작 개수를 일부러 줄였다. 그렇다고 글 쓰는 게 어려웠던 것도 아니었다. 물론 글 쓰는 건 **실제로** 어렵다. 가끔은 거의 불가능한 일처럼 보이기도 한다. 하지만 글쓰기는 원래 모든 사람한테 어려운 법이다. 나만 그런 게 아니다. 여기서 웃기는 지점은 그렇다고 내가 글 작업을 안 한 게 아니라는 사실이다. 나는 글을 썼다. 매우 성실하게. 하지만 그 모든 작업의 결과물은 두터운 메모 더미에서 벗어나지 못했다.

도대체 왜 이러는 걸까. 나는 친구들과 산책하며 이 답답함을 토로했다. **정말 이해가 안 된다고.** 매일 밤 토드에게 지친 마음으로 불평했다. 그래 놓고 편집자에게 보내는 이메일에는 **곧 완성될 거예요, 곧 보내드릴게요**라며 희망차게 약속했다. 하지만 솔직히 말하자면, 마음 깊은 곳에서는 내가 왜 이렇게 늑장을 부리는지 대충 짐작이 갔다. 이 책을 썼다가 공개적으로 망신당하면 어떡하느냐는 강한 두려움이 나를 꼼짝도 못 하게 만들고 있었다.

많은 사람들이 내 두려움을 '캔슬 컬처$^{\text{cancel culture}}$'(취소 문화) 때문이라고 말했다. 하지만 이 용어는 사용하는 사람에 따라 그 뜻이 조금씩 달라지는 듯했다. 첫 번째 부류는 캔슬 컬처를 진보 좌파의 징벌적 행위를 가리키는 뜻으로 썼고, 두 번째 부류는 '나쁜 녀석들'을 물리치는 데 꼭 필요한 포퓰리즘 도구라고 치켜세웠다. 세 번째 부류는 캔슬 컬처의 존재 자체를 완전히 부정했다.

"그런 문화는 없다. 그건 캔슬 컬처가 아니라 자신이 한 행동에 대한 결과를 돌려받는 '결과 문화(consequence culture)'다."

나는 이 각각의 주장 모두에 조용히 동의하지 않게 된 게 이미 꽤 됐다.

일단 '캔슬 컬처'는 특정 정치 진영에만 국한된 게 아니다. 단 한 번도 그랬던 적이 없다. 10대 때 나는 칙스^{Chicks}(당시 활동명은 딕시 칙스)의 리드 싱어가 부시 대통령을 비판하는 발언을 했다는 이유로 보수주의자들이 칙스의 CD를 불태우는 것을 봤다. 미식축구 선수 콜린 캐퍼닉$^{Colin\ Kaepernick}$은 애국가가 울려 퍼지는 동안 국가 폭력의 흑인 피해자들과 연대한다는 의미로 무릎을 꿇기 시작했다가 미국프로미식축구연맹(NFL)에서 거의 퇴출당했다. 그리고 이건 내가 현장에서 목격한 건데, 일 때문에 공화당 전당대회를 취재했을 때 테드 크루즈$^{Ted\ Cruz}$ 상원의원이 당시 대통령 후보였던 트럼프를 지지하지 않는다는 이유로 동료 공화당원들로부터 야유를 받는 것도 봤다. 게다가 '캔슬'이라는 행위를 진보주의자들의 전유물로 만들어버리면 역사의 올바른 재해석을 '캔슬'과 혼동하기 쉽다. 크리스토퍼 콜럼버스는 '캔슬'된 게 아니다. 특정 인간 집단 전체를 공포에 떨게 한 인물의 업적에 대해 사람들의 재평가가 이루어진 것뿐이다.

또한 캔슬 컬처가 '나쁜 녀석들'을 응징하는 것이라는 관점 역시 이 말이 속 시원한 것과는 별개로 사실이 아니다. 보편적으로 합의된 '대단히 나쁜' 범죄를 저지른 사람들 — 연쇄 성범죄자, 인종차별적 혐오범죄 가해자, 악랄한 상사 등 — 이 응징의 대상이 될 때도 있지만, 심각성이 훨씬 덜한 잘못을 저지른 사람들도 표적이 되는 경우가 많기 때문이다. 나는 일반 개인이 별 생각 없이 한 농담을 트윗했다가 조리돌림당하고, 소셜미디어 사용자가 '잘못된 견해'를 내세운 죄로 조롱당하고, 그저 '오글거린다'는 이유로 욕을 먹는 광경을 많이 봐왔다.

하지만 내가 반대 의견을 내는 게 가장 어려운 쪽은 캔슬 컬처라는 것 자체가 존재하지 않는다고 주장하는 사람들이었다. 이 그룹에는 무척 똑똑한 내 친구들을 비롯해 이념적으로 같은 편인 사람들이 다수 포함되어 있기 때문이다. '캔슬'된 사람들이 소위 '캔슬'당한 뒤에도 직업적으로 승승장구하는 경우가 많은 마당에 이 '캔슬'이라는 단어가 실제로 무엇을 의미하는 것이냐고 의문을 제기하는 것은 나 역시 타당하다고 생각하지만, 이런 예외적인 사람들이 있다고 해서 '캔슬 컬처'란 애초에 없다고 결론 내리는 건 비약이라는 게 내 입장이다. 맞다, 트랜스젠더 혐오적인 농담으로 비판 세례를 받은 한 유명 코미디언은 이후 거액을 받고 코미디 특집 프로그램의 주인공을 맡았고, 인종차별적이고 반유대주의적인 발언 및 폭언으로 악명 높은 할리우드 감독은 여전히 메가폰을 잡고 있다. 하지만 엘리트들이 일반인에 비해 자신의 과오에 대한 책임을 덜 진다는 사실이 '캔슬 컬처'가 실재하지 않는다는 걸 뜻하지는 않는다. 그저 처벌이 형평성 있게 이루어지지 않는다는 사실을 의미할 뿐이다.

이 현상의 정확한 이름은 여전히 정립되는 과정 중에 있지만 — 사실 엄밀히 말하면 **재**정립 중에 있다. '캔슬'이라는 개념은 지금처럼 주류로 진입하기 전에 이미 흑인 온라인 커뮤니티에서 널리 쓰이던 것이기 때문이다 — 어쨌든 **어떤** 문화가 존재한다는 사실은 분명하다. 그리고 난 그 '어떤' 무언가가 너무 두려웠다. 수년 전 저널리스트인 존 론슨Jon Ronson은 이것을 수치라고 명명했다. 그는 2015년 자신의 명저 《조리돌림을 당하셨다구요》(So You've Been Publicly Shamed)에서 "조리돌림의 위대한 르네상스가 이제 막 시작되었다"라고 밝힌 바 있다. "수치는 굉장히 강력한 도구다. 그것은 강압적이고, 경계가 없으며, 속도와 그 여파가 빠르게 증가하고 있다."

나는 이 '굉장히 강력한 도구', 이 수치 문화(culture of shame)의 덫에 걸릴까 봐 매일 두려웠다. 그 두려움이 너무 커서 글을 쓰는 것 자체가 거의 불가능할 정도였다. 그러니 상황에 따라 굉장한 반발을 사게 될 게 뻔히 보이는 내용의 책은 아예 엄두도 내지 못하는 게 당연했다.

2018년 11월 출판사 대표들을 상대로 책 기획서를 프레젠테이션했을 때 탈고까지 얼마나 걸릴 것 같냐는 질문을 받으면 나는 언제나 아주 자신감 있게 대답했다. "저는 글을 빨리 쓰는 편이라 6개월이면 송고할 수 있습니다."

대담한 — 되돌아보면 낯이 뜨겁기도 한 — 선언이었지만 하고 싶은 이야기가 머릿속에 꽤 명확했기 때문에 사실 걱정되는 건 없었다. 시작 부분에는 조쉬와의 대화를, 맨 마지막에는 조녀선과 K의 통화를 배치하고, 지금도 진행 중인 내 사회적 실험을 통해 깨달은 모든 것을 그 사이에 채워 넣는 구조. **껌이네.** 하지만 정작 본격적으로 글쓰기에 돌입하자 내 생각이 책이라는 형태로 영원히 박제된다는 사실에 나는 꼼짝할 수가 없었다. 물론, 내가 만든 모든 영상은 여전히 인터넷에서 검색이 가능하고, 팟캐스트 에피소드도 마찬가지다. 또한 내가 지금까지 공유한 모든 트윗, 페이스북 게시물, 인스타그램 사진 모두 어딘가에 있을 서버에 영원히 남게 되리란 사실도 알고 있었다. 하지만 책에는 뭔가 다른 것이, 거의 성스럽다고까지 할 수 있는 무언가가 있었다. 책은 사실상 돌 위에 새겨진 공공 기록물 같아서 내게는 이것이 내 생각과 의견이 담긴, 절대 지워지지 않는 소중한 기록물처럼 느껴졌다. 일단 출간되면 그때부터는 낙장불입. 그만큼 내가 책에 쓰는 모든 말은 정확한 팩트여야 하고, 감정은 솔직해야 하며, 무엇보다 도덕적으로 흠잡을 데가 없어야 했다. 책과 저자인 나 모두가 조롱당하지 않으려면 내 책은 '역사의 옳은 편'에 확고히 뿌리 내리고 있어야 했다.

수치가 특정 정치적 진영의 전유물은 아니지만(위 참고) 나는 **나와 같은 부류**의 사람들, 내 동료 진보주의자들로부터 수치를 당하는 일만큼은 꼭 피하고 싶었다. 나와 이미 생각이 다른 사람들에 의해 내 의견이 폄하되는 건 그렇다 쳐도, 내 편 사람들에 의해 갈가리 찢기는 걸 보게 되면 특히나 마음이 쓰릴 것 같았다. 하지만 이 두려움은 내가 생각해도 좀 이상한 구석이 있었는데, 애초에 내가 쓰겠다고 나선 책 자체가 나를 혐오하는 — 혹은 나를 **혐오하는 것처럼 보였던** — 사람들과 대화하는 것이 얼마나 값진지를 보여주는 것이었기 때문이었다. 하지만 온라인 조리돌림은 온라인 혐오와는 결이 다른 짐승이었다. 악플은 분명 상처가 되긴 해도 악플을 받는 사람보다는 쓰는 사람이 이상한 쪽이라는 생각을 하게 만드는 반면에, 조리돌림은 그 대상이 되는 사람이 '용납되지 않는' 행위를 하여 소속 커뮤니티의 기준을 위반한 것이기 때문에 비난의 화살을 받는 것이라고 느끼게 했다. 그래서 나는 책을 막 쓰기 시작한 초반에 책 내용으로 트집 잡히지는 않겠다는 일념으로 소셜미디어를 적극적으로 모니터링하여 용납되는 것과 되지 않는 것을 파악하려고 했다.

매일 나는 인터넷의 외야석에 앉아 모든 것을 흡수했다. 얼마 지나지 않아 내가 팔로우하는 사용자와 **그들**이 팔로우하는 사람들, 그리고 그 모든 사람이 사용하는 다양한 종류의 매체는 끊임없이 업데이트되는 도덕 나침반 같은 존재가 되었다. 거기서 나오는 온갖 해석과 의견과 단상은 내가 책에서 쓰려고 계획했던 주제, 즉 온전한 공감, 대화의 중요성, 악플러들에게서 발견한 인간성 등을 구체화하는 데 도움이 될 비공식 포커스 그룹의 메모 역할을 하게 되었다.

내가 담당 편집자에게 첫 번째 글 꼭지를 보낸 지 일주일도 채 되지 않아 국제 앰네스티와 엘리먼트 AI의 공동 연구 결과가 발표됐다. 유색인종 여성, 특히 흑인 여성들이 온라인에서 악플을 받는 비율이 지나칠 정도로 높았다는 바로 그 연구였다. 앰네스티 소속 전략적 연구 수석 고문인 밀레나 마린[Milena Marin]은 해당 연구를 공개하는 공식 보도자료에서 "트위터는 이 문제를 타파하는 데 실패함으로써 이미 소수자인 목소리를 억압하는 데 일조했다"라고 지적했다. 이런 상황에서 인터넷 악플러들과 대화하는 일의 미덕을 설파하는 책을 어떻게 쓸 수 있겠나? 그런 프로젝트를 하는 게 불가능한 사람도 있다는 사실이 객관적인 데이터로 분명하게 입증된 마당에? 온라인에서 가교 놓는 행위를 공개적으로 독려하되 현실을 너무 모르는 순진한 자의 말처럼 들리지 않으려면 어떻게 해야 할까? 이 책을 쓰는 것은 정말 이런 사회적 실험은 상상조차 할 수 없을 만큼 에너지도 시간도 없는 사람들 면전에 대고 내가 가진 특권을 과시하는 것일까?

그래도 나는 꿋꿋하게 일을 밀고 나갔다. 그렇게 각 챕터의 얼개를 대충이나마 짰을 즈음 작가인 린디 웨스트$^{Lindy\ West}$의 인터뷰 기사를 보게 됐다. 린디 웨스트는 내가 '나를 혐오하는 사람들과의 대화'를 시작하기 수년 전에 이미 〈디스 아메리칸 라이프$^{This\ American\ Life}$〉에 출연해 자신의 악플러와 대화를 나눈, 지금은 레전드가 된 에피소드로 유명한 작가였다. 웨스트의 악플러는 그녀의 작고한 아버지를 사칭해 가짜 계정을 만들어 그녀를 괴롭혔는데, 웨스트가 방송에서 침착한 태도로 그와 맞서는 것을 들으며 입이 떡 벌어졌던 게 아직도 기억난다. 나는 그런 그녀를 오랫동안 이 방송 형식의 선구자로 여겨왔다. 하지만 이번 인터뷰를 보니 그녀는 생각이 달라져 있었다. 웨스트는 저널리스트인 조 버커위츠$^{Joe\ Berkowitz}$와의 인터뷰에서 "2019년 기준 현시점에는 인터넷 악플러들을 구원하는 데 별 관심이 없다"고 말했다. 이게 그녀 본인의 이야기에 국한된 것임을 분명 알았지만 그래도 저 말은 왠지 나를 겨냥한 것처럼 들렸다. **딜런, 아직도 그**

러고 있어? 정말 그런 걸까?

이후 몇 달간 내 손가락은 나의 비공식 포커스 그룹의 강령에 어긋나는 내용을 입력하는 데 점점 큰 저항을 느꼈다. 지나치게 희망찬 내용이다 싶으면 내 두 손은 파업을 하며 움직이길 거부했다. 이 저항은 계속됐고, 내 첫 번째 마감일인 2019년 5월 28일이 결국 지나버렸을 때 나는 접근 방식을 달리해야 할 때라는 사실을 인정해야 했다.

구성원이 수백만 명에 달하는 내 포커스 그룹에서 내놓는 메모는 끝도 없이 이어졌다. 친구들은 화합을 표방하는 공개적 행위에 콧방귀를 뀌었고, 서로에게 친절하자는 좋은 의도의 호소에 내가 존경하는 사람들은 곧바로 조롱의 말로 응수했으며, 공감하는 태도가 필요하다는 말에는 '무책임하다'는 꼬리표가 붙었다. 내 프로젝트의 핵심이라 할 수 있는 요소들이 내 비공식 포커스 그룹의 구성원 중에서도 가장 날카롭고 재치 있는 사람들에 의해 조롱당하는 모습을 지켜보는 건 무척 어려웠지만, 그래도 나는 어떻게든 집중해야 했기 때문에 글쓰기 센터에서 자리 하나를 빌렸다. 그리고 내 모든 메모를 인덱스 카드로 옮겨 내용을 다시 새롭게 정리했다. 그렇게 2019년 가을, 내 책상에는 한 무더기의 노트들이 높이 쌓였고, 나는 이것이 곧 한 권의 책으로 순식간에 탈바꿈하리라 의심하지 않았다.

2019년 10월 초 어느 일요일, 책의 개요를 다듬고 있을 때 우연히 사진 한 장을 보게 됐다. 유명 코미디언이자 MC인 엘런 디제너러스$^{\text{Ellen DeGeneres}}$와 조지 W. 부시 전 대통령이 미식축구 경기장 응원석에 나란히 앉아 정답게 담소를 나누는 장면이었다. 보기 좋은 사진이었다. 사진 속 동성애자 여성은 남성과 여성 간의 '결혼제도 보호'를 위해 공개적으로 싸웠던 대통령과 농담하며 웃고 있었다. 두 사람이 무슨 얘기를 하며 웃고 있는지 전혀 알지 못한 상태로도 이 사진을 보고 있으니 내가 경험한 이런 순간들이 절로 떠올랐다. 조쉬가 왜 동성애가 죄라고 생각하는지를 한참 설명하다가 레고 블록을 밟았을 때 나는 웃지 않을 수가 없었다. E에게 동성애자들이 길에서 마주하는 차별을 설명할 때 사람들이 마치 '돌진하려는 듯 다가온다(lunging)'고 말했는데 그가 "사람들이 갑자기 런지 운동을 한다고요?" 하고 잘못 이해했을 때도 웃음이 나올 수밖에 없었다. 엠마와 조녀선이 엠마의 성폭행을 주제로 까다로운 대화를 나누고 있는 와중에 엠마가 조녀선을 벌써 '존'이라고 불러도 되는지 설왕설래할 때 내가 순간적으로 느낀 안도감도 기억났다. 이런 인간적인 순간들은 도움이 될 뿐 아니라 필연적으로 생겨나는 것이기도 했다. 유명 토크쇼 진행자와 전직 대통령이 비범한 인물들인 건 맞지만, 이 두 사람이 저 다정한 순간을 통해 보여준 진귀한 종류의 관계는 나 역시도 잘 아는 것이었다. 그런데 이 사진을 향한 사람들의 반응이 눈에 들어왔다.

한 친구는 이 다정함이 "용서가 안 된다"고 말했다.

또 다른 사람은 사진에 대해 해명하는 엘렌의 게시물에 "됐고, 꺼져"라는 댓글을 달았다.

하지만 훨씬 섬세한 비판도 있었다. 문화 전문 기자 콘스턴스 그레이디$^{\text{Constance Grady}}$는 뉴스 웹사이트 〈복스^{Vox}〉에 올린 글에서 "작금의 정치적 분위기 속에서, 친절은 더 이상 만병통치약이 아닌 듯 보인다. 무비판적인 친절은 더 이상 설득력 있는 방식이 아닐지도 모른다. 여러 면에서 친절은 더 이상 충분하지 않은 것, 심지어 다소 비도덕적인 것으로까지 느껴진다"라고 말했다.

내가 '나를 혐오하는 사람들과의 대화'에서 전직 대통령과 대화를 한 건 아니지만, 혹은 내 게스트 중 누구도 한 나라를 부당한 전쟁으로 몰고 가지 않았지만, 온라인에서 나를 상처 준 사람들에게 공감하는 게 여기서 말하는 '무비판적인 친절'을 부추기는 일일까? 사람들이 서로 차분하고 친절하게 대화할 수 있는 공간을 조성한 것이 '다소 비도덕적인' 일을 도모한 걸까? 화합을 표방하는 모든 공개적 행위를 사람들은 억지로 강요당하는 명령처럼 해석하는 것 같았는데, 나 역시 이 명령을 내리고 있었던 걸까?

내 포커스 그룹이 보내는 메시지는 명확했다. 온전한 공감, 화합, 심지어 대화 그 자체조차 내가 거주하는 인터넷 구역에서는 사회악처럼 보였고, 이런 유의 메모를 받을 때면 마치 내가 사는 동네 광장 전체에 '용의자 수배전단'이 빼곡히 붙은 것 같았다. 그리고 무슨 내용이 적혀 있는지 보려고 그 전단에 한 발 가까이 다가가면 딱 나처럼 생긴 용의자 그림이 보이는 것이다. 어쩌면 내 포커스 그룹이 내게 하고 싶었던 말의 요지는 이것이었을지 몰랐다. ─ 공감한다는 말은 곧 인정한다는 뜻 맞아.

✧

    2020년 1월, 은혜로우신 편집자가 조정해준 두 번째 마감일을 대차게 넘긴 이후 나는 아예 글쓰기를 완전히 중단했다. 내가 '잘못된 생각'을 종이에 쏟아내 '잘못된 생각'을 출판하는 바람에 무자비하게 조롱당하면 어쩌나 하는 두려움에 잡아먹혔기 때문이었다. 처음에는 몇백만 명으로 구성된 내 포커스 그룹이 겁나지만 영리한 길잡이로 보였다면, 이제는 내게 조리돌림 공격을 자행할 수도 있는 무지막지한 세력으로 보였다. 나는 이들을 '조리돌림 군대'로 생각하기 시작했다. 이에 나는 책 집필은 잠시 제쳐두고 이 기동성 좋은 병력의 패턴과 공격 방법, 움직임 등을 면밀히 연구해보기로 했다. 아는 것이 힘이라는 말처럼 이들에 대해 잘 알면 그 손아귀에서 벗어날 수 있을까 싶어서였다. 내가 관찰한 바는 다음과 같다.

    조리돌림 군대의 핵심은 명령을 수행하는 군인들이었다. 이 군인들은 각자의 이유로 순식간에 입대했다. 농담에 참여하기 위해 합류하는 사람도 있고, 역사의 옳은 편에 공개적으로 깃발을 꽂는 데 진심으로 관심이 있어 보이는 사람도 있는 반면, 유행하는 주제에 의견을 내는 것만으로 자기도 모르게 전투복을 입게 된다는 사실을 깨닫지 못하는 사람도 소수지만 있어 보였다. 또한 어떠한 군대도 똑같지 않아서, 각 군대는 각기 다른 자원봉사자들이 모여 만들어졌다가 전투가 끝나면 매번 해산하는 형식이었다. 이 군인들 중에는 내 친구도 일부 있었는데, 전장에서 만

나는 그들은 완전히 딴사람이었다. 평소에는 말투도 조용조용하고 지적인 한 지인은 텔레비전 전문가가 던진 부적절한 농담에 "내 좆이나 빨아라"라는 댓글을 달기도 했다.

이 군인들이 사용한 무기 역시 다양했다. 개중에는 차마 읽는 것만으로도 무서운, 날카로운 강철 화살도 있었다. 한 회고록의 출간 예정 소식에 달린 "전기의자행" 같은 댓글이 그러했다. 하지만 그보다 훨씬 부드러운 무기도 있었다. "헐", "이건 아니지", "이걸 트윗한 게 왜 실수인지 알려주지", "이젠 그거 안 먹혀요" 등, 인터넷의 삼위일체인 냉소주의, 매정함, 묵살이 고루 버무려진 말들이 이에 해당했다. 이런 말은 하나씩 따로 보면 무해하고 가끔은 재미있기까지 한 고무탄에 불과했지만 조리돌림 군대의 위력은 무기의 질이 아닌, 양에서 나왔다. 이들은 숫자로 밀어붙여 상황을 반전시켰다. 올린 글에 비추천을 누르고, 유튜브 영상에 몰려가 '싫어요'를 누르고, 트윗에 '좋아요'보다 답글이 더 많은 경우가 그러했다. 좋아요와 싫어요, 추천과 비추천의 '비율'을 뜻하는 Ratio는 이제 동사가 되었다.

조리돌림 군대의 규모 역시 각양각색이었다. 소속 군인은 소셜미디어 사용자 수백만 명이 될 수도, 다섯 명이 될 수도, 212명이 될 수도, 그 어떤 숫자도 될 수도 있었다. 하지만 공교롭게도 이 여단의 활동은 지나치게 단순화된 제목을 달고 보도되었다. 규모와 상관없이 이 군대가 소셜미디어 플랫폼 전체의 의사를 대변하는 것처럼 소개되는 것이다. "트위터, **이 문제**에 대해 분노하다." "소셜미디어, **저 문제**에 대해 고민에 빠지다." 가끔은 인터넷 세상 전체의 의견으로 비화되기도 했다. "인터넷, **무언가**에 대해 분노하다." 내 마음 역시 이런 술수를 부리곤 했다. 열두 명 정도의 집단을 '모든 사람'이라고 부정확하게 싸잡아 표현한 다음, 왜 이 세상 전체가 가령 비디오 게임을 각색한 한 영화의 애니메이터들을 표적으로 삼았는지 당최 알 수 없다며 바보같이 의아해하는 것이다. 규모를 왜곡하는 인터넷의 이 묘한 능력 때문에 조리돌림 병력은 내 상상 속에서 그 힘이 더욱 커졌다.

조리돌림 군대는 규칙 위반자를 공격 표적으로 삼았는데, 이 각각의 표적은 그날의 인간 샌드백이 되어 무대의 정중앙에 올랐기 때문에 인터넷에서 '주인공 캐릭터'로 등극했다. 하지만 무엇을 규칙 위반으로 볼 것인가에 대해서는 명확한 답이 없었다. 누가 봐도 나쁘고 잘못된 행동인 경우도 있었지만, 자신의 진지한 생각을 인터넷에 과감히 표현한 죄밖에 없는 경우도 있었다. 한 남성이 〈왕좌의 게임〉(Game of Thrones) 시리즈 최종편의 한 장면을 트윗하며 "이 멋진 장면은 모든 영화 수업에서 소개돼야 마땅하다"라고 쓴 솔직한 감상은 단 몇 시간 만에 밈이 되어 B급 뮤지컬의 스틸 이미지나 고전 영화의 우스꽝스러운 효과, 텔레비전 드라마의 무맥락 스크린샷 위에 문장 그대로 박제되어 온 인터넷을 돌아다니게 됐다. 그는 이후 처음에 썼던 트윗을 삭제한 뒤 "이 글이 이렇게 퍼지는 게 좋지 않았다"고 말했다.

별거 아닌 실수부터 중대한 범죄까지 모든 사건은 그 심각성의 수준이 전혀 고려되지 않은 채 인터넷의 무자비한 속성으로 말미암아 같은 강도로 취급되었다. 조리돌림과 불필요하게 잔인한 조롱, 정당한 비판, 집단적 정의가 한데 섞이기 시작하면서 나는 '인터넷은 잔인하다'라는 두루뭉술하고 단순화된 결론을 내리게 되었다. 내 책을 쓰는 동안, 정확히 말하면 쓰려고 **애쓰는** 동안, 내가 목격한 조리돌림 군대의 공격 대상은 다음과 같았다. ─ '잘못된' 기사를 쓴 기자, '잘못된' 트윗을 쓴 사람, 커트 머리의 좌우 대칭을 못 맞춘 이발사, 기차에서 흑인 여성에게 인종차별적이고 외국인 혐오적인 폭언을 퍼부은 남성, 저크 치킨$^{jerk\ chicken}$(자메이카 전통 닭고기 요리)을 만들 때 시즈닝을 너무 적게 뿌린 남성, 보수 성향의 뉴스 채널에 출연한 좌파 저널리스트, 사망한 래퍼에 관한 농담을 한 코미디언, 관심받으려고 비욘세^{Beyoncé}를 좋아했다고 하는 유튜버, 멸종 위기 동물을 사냥한 사업가, 트랜스젠더 혐오적인 농담을 한 코미디언, 출산하는 부인 옆에서 격려의 말이 적힌 카드를 들고 서 있던 남성, 여성 록 아이콘에 대한 기사에 성차별적인 제목을 붙인 뉴스 매체, 슈퍼볼 하프타임 쇼의 공연자로 선정된 두 명의 라틴계 여성, 저명한 보수주의자에 대한 심층 기사를 쓴 저널리스트, 경기를 실망스럽게 끝낸 레슬링 단체, 여름 계절학기 수업 후 학생들로부터 나쁜 평가를 받은 저널리스트, 유명 뮤지컬 영화의 디지털 효과 팀, 한 영어덜트(YA, 청소년 대상 소설) 작가의 작품이 싫다고 말한 일반 시민과 그에 대한 보복으로 해당 일반 시민을 비난한 해당 영어덜트 작가, 감정적 번아웃 상태임을 나타내는 문서 양식을 공유한 교육자, 가끔 아기 목소리로 부담스럽게 말하는 리얼리티 쇼의 출연자, 지나치게 솔직하다는 평가를 받는 10대 활동가.

조리돌림 군대의 표적이 됐을 때 겪게 되는 일은 온라인상에서 솜방망이로 한 대 살짝 맞는 정도에서 실직까지 각양각색이었다. 어떤 일을 겪게 되는가는 실제 죄의 경중과 비례하지 않았다.

하지만 조리돌림 군대가 절대 건드리지 않는 것처럼 보이는 사람들도 있었다. '어떤 상황에서도' 철통 보호를 받는, 소위 '까임 방지권'을 얻은 특정 부류의 사람들. 대표적으로 인터넷의 언어를 유창하게 구사하는 유명인들, 인터넷의 언어를 유창하게 구사하지는 **못하지만** 그 모습이 사랑스럽고 어떻게든 잘 해보려고 노력하는 유명인들, SNS 활동을 거의 하지 않아 팬들이 자신의 생각과 의견을 마음껏 표출해도 괜찮은 유명인들, 유명 액션영화 시리즈의 캐릭터들, 케이팝 그룹, 특정 연령대의 과소평가된 여배우들, 필라델피아 하키팀의 마스코트 그리티^{Gritty} 등이 여기에 속했다. 물론 평범한 사람도 이 지위에 오를 수 있었다. "피자 두 개를 겹쳐서 샌드위치처럼 먹는 사람을 방금 봤는데, 이 사람 2020년 대통령감 아님?"이라고 트윗한 한 여배우가 그랬다. 이 보호받는 계층의 사람들은 불가침의 반신반인 지위를 누리며 레전드, 여왕, 왕 같은 수식어를 달았다. 때로는 그들을 조롱하는 것 자체가 죄처럼 여겨지기도 했다.

조리돌림 군대로 인해 전쟁터가 되어버린 소셜미디어는 다른 한편으로 개인의 가치가 규칙 위반자와 레전드 사이의 스펙트럼 중 어디에 위치하느냐에 따라 결정되는 인간 주식시장이기도 했다. 불가침의 반신반인도 실수의 기미가 보인 것만으로 그 가치가 나락으로 떨어질 수 있었고, 조리돌림 군인들은 규칙 위반자를 얼마나 재미있게 조롱하느냐에 따라 가치가 올라가기도 했다.

　2020년, 글로벌 팬데믹과 늦어도 한참 늦은 인종차별 철폐운동이 하나로 합쳐지는 드문 사회적 환경 속에서 조리돌림 군대에 대한 인식이 달라졌다. 어쩌면 나는 이들이 우주의 도덕적 호孤를 정의 쪽으로 구부릴 수 있는 필수 사회 도구가 될 수 있다고 생각했던 것 같다. 혹시 이들이 많은 사람들이 갈아치워야 한다고 주장하는 문제적인 형사사법제도보다 더 나을 수도 있지 않을까. 내가 절대 동의할 수 없을 것 같은 잘못을 누군가 저질렀을 때 조리돌림 군대가 나서는 걸 보면 속이 시원했다. 이 순간에는 그들이 민중의 목소리, 고귀한 프롤레타리아 봉기 같아 보였다. 하지만 조리돌림 군대가 너무 사소한 잘못을 저지른 사람을 공격하는 걸 볼 때마다, 그들을 이 총살부대로부터 지켜줄 힘이 내게 없다는 사실을 뼈저리게 느낄 때마다, 내 낙관은 매번 흐려졌다. 지나치게 많은 군인이 너무 빠른 속도로 입대하다 보니 조준을 삐끗하는 경우도 자주 생겼다. 하지만 이들의 명백한 실수는 그저 '운이 안 좋았네' 정도로 넘어갔다. 이 새로운 형사사법제도의 결함은 예전 결함을 다시 섞어놓은 것에 지나지 않아 보였다.

　결함 있는 시스템을 파괴하려는 그들의 노력은 분명 의로웠지만 이 보병들은 왠지 시스템이 아닌 인간 개인을 무너뜨리는 데만 골몰하는 듯 보였다. 그들은 규칙 위반자가 시스템 **자체**인 것처럼 이들 개인의 뒤를 쫓았다. 소위 '카렌'*은 백인 기득권 **그 자**

---

* Karens: 인종차별적인 행동을 하거나 특권의식에 사로잡힌 백인 중년 여성을 가리키는 여성 비하 표현.

체가 되었고, 유명 텔레비전 크리에이터는 족벌주의 **그 자체**였으며, 노래 〈이매진^{Imagine}〉을 부른 유명인들은 그들이 누리는 특권 **그 자체**가 되었다.** 조리돌림 군대는 자기들이 사회악을 장난치듯 놀리거나, 무너진 의료체계를 대상으로 '좋아요', '싫어요' 투표를 하거나, 수 세기 동안 이어져 온 인종차별에 대고 '헐'이라고 가볍게 말할 수 없음을 알고 있는 듯했다. 물론, 할 수는 **있겠지만** 굳이 그래야 할 필요가 없어 보였다. 조리돌림 군대는 피를 보려고 전쟁에 나선 것인데 피가 나지 않는 것에 왜 화살을 낭비하겠나?

이 병력의 패턴과 활동을 자세히 관찰하다 보니 조리돌림 군대 생도들이 표적에 총부리를 조준할 때 어떤 자부심을 갖고 한다는 게 언뜻 보였다. 그리고 이 자부심은 내가 내 영상에서 골리앗을 처단할 때 느꼈던 영광을 떠올리게 했다. 인터넷에서 코인이 우수수 떨어졌을 때 내가 빠졌던 흥분의 도가니며 역사의 옳은 편에 공개적으로 섰다고 생각했을 때 느낀 뿌듯함이 기억났다. 인정하기 어려웠지만 난 조리돌림 군인들에게서 내 모습을 봤다. 수년 전 카메라 렌즈를 노려보며 당시 적이라고 생각했던 모든 사람을 향해 독한 농담을 던졌던 나와 정확히 똑같은 일을 다른 사람이 하고 또 하는 걸 보게 된 것이다. 하지만 이제 나는 이 군인들의 전술을 비판하며 그들이 나를 잡으러 올지도 모른

** 배우 갤 가돗을 비롯해 할리우드 연예인들이 코로나 위기를 극복하자는 의미로 올린 '이매진 함께 부르기 영상'을 의미. 하지만 온라인에서는 부족할 게 없는 유명인들이 이 노래를 부르는 것이 가식적이고 공허하다는 비판이 일었다.

다는 두려움에 떨고 있었다. 내가 바로 이 전쟁에서 훈장까지 받은 베테랑 군인이었다는 사실을 까맣게 잊어버린 채. 그러자 두 번째 깨달음이 머리를 쳤다. 내가 지금 목격하고 있는 건 희한한 새로운 사회현상이 아니라, 내가 한때 주름 잡았던 게임의 업데이트 버전에 새로운 플레이어들이 유입돼 서로 싸우고 있는 것이라는 사실을. 토론으로 인해 대화가 일종의 스포츠로 변해버린 것처럼, 조리돌림으로 인해 정의는 구경거리가 되어버렸다.

하지만 그때와 지금 사이에는 큰 차이점이 두 개 있었다.

첫째, 내가 이 게임을 하던 당시에는 하달되는 명령이 '반대편을 공격하라'였으나 지금은 **서로**를 공격하라는 것 같았다. 총기 소지 권리를 주제로 한 두 진영 간 토론보다 경찰 폐지 대 경찰 개혁을 둘러싼 싸움이 내 눈에는 훨씬 더 흔해 보였다. 민주당 예비선거 후보들을 향한 공격이 트럼프 대통령보다 훨씬 더 많아 보였고, 세계평화를 소망하는 감성 충만한 트윗을 비난하는 게 '미국을 다시 위대하게(MAGA)'라고 외치는 사람을 비난하는 것보다 훨씬 가치 있는 일처럼 보였다. 사회가 이렇게 보이는 건 어쩌면 내가 알고리즘이 만든 버블에 갇혀서일 수도 있고, 아니면 자신의 화살이 반대편까지 도달하지 못한다는 사실을 깨달은 사람들이 이제는 화살을 서로에게 겨누게 된 것일 수도 있었다.

두 번째 차이점은 훨씬 개인적인 차원의 일이었다. 예전의 나는 MVP였으나 지금의 나는 외야석에 앉아 변방에서 구경하는 처지였다. 한때 내 구역이었던 곳이 낯선 영역처럼 느껴지면서, 내가 한때 휘두르던 바로 그 디지털 무기가 나를 향해 겨눠질 수 있다는 사실이 새삼스레 실감 났다. 이렇게 처지가 바뀌고 보니 예전에는 별로 와닿지 않았던 이 게임의 무시무시한 결과가 보였다. — 이곳에서는 실수를 만회할 수 있는 확실한 길이 없다는 것이었다. 조리돌림 군대는 규칙 위반자에게 사과하라고 요구하고는 정작 그들이 사과하면 받지 않았다. 더 최악인 것은 사과문이나 사과 영상 **바로 밑**의 댓글창에 사과 내용을 대놓고 조롱하는 풍조가 생겼다는 점이다. 해당 사과문을 스크린샷으로 캡처해 빨간펜으로 잔뜩 수정한 뒤 "제대로 한번 고쳐봤어요"라는 댓글과 함께 올리는 사람들이 많아졌다. 물론 이러한 수정은 진심으로 책임지는 자세란 무엇인가를 알려주는 좋은 충고가 될 때도 있지만, 그저 당사자를 더 창피 주고 동료 군인들에게 웃을 거리를 던져주기 위한 유희에 가까워 보일 때도 많았다.

하지만 내가 제일 무서웠던 건 조리돌림 언어의 극단적 성격이었다. 규칙 위반자들은 '괴물'이나 '역겹다' 같은, 일말의 여지도 없는 확정적인 단어로 불렸다. 구경꾼들은 잘못을 저지른 사람을 '사회에서 낙오시키라'든지 '나락으로 보내라'고 다른 조리돌림 군인들을 부추겼다. 하지만 내가 정말 거슬렸던 수식어는 '쓰레기'였다. 이 단어는 없는 곳이 없는, 사람들이 제일 많이 선택하는 무기였다. 이 단어에는 이상하리만치 최종적인 느낌이 있었다. 단 세 글자로 이루어진 이 한마디 말로 규칙 위반자는 언제든 내다 버릴 수 있는, 가치 없는 존재가 되어버렸다.

어쩌면 이 극단적인 언어는 과장법과 농담을 장려하는 디지털 시대의 부산물 같은 것일지도 모른다. 하지만 동료 인간을 '쓰레기'라고 지칭할 때 우리의 정신은 과연 멀쩡할까? 타인을 언제든 버릴 수 있는 일회용품으로 바라보게 된다면 우리는 서로를 어떻게 인식하게 될까? 나 자신을 어떻게 인식하게 될까?

이것이 내가 매일 목격했던 광경이었다. 변방에 앉아 이 모든 질문으로 머릿속이 어지러운 가운데, 조리돌림 군대가 내 주변에 빠르게 모여드는 걸 지켜보고, 폐기장으로 보내진 규칙 위반자들이 다시는 돌아오지 못하고, 시스템이 사람으로 혼동되고 사람이 샌드백으로 혼동되는 현실이 빤히 보이는데, 나는 이런 상황 속에서 화합과 공감과 이해를 적극 옹호하는 책을 써야 했다. 쓰레기 취급당하는 사회 무법자와 그들을 그렇게 쓰레기라고 일축한 군인 '모두'가 사실은 인간임을 설파하는 프로젝트에 관한 책. 저자인 나 역시 쓰레기로 낙인찍힐 게 뻔할 것 같은 책을 말이다.

텅 빈 워드 페이지가 나를 노려보고 있다. 커서는 부산스럽게 깜빡이며 나를 조롱한다.

책 계약서에 따르면 나는 8만 단어 분량의 원고를 써야 했는데, 이 새로운 버전의 게임에서는, 아니 좀더 정확히 말하면 그 게임에서 달라진 내 위상을 고려하면, 그건 마치 내가 실수할 수 있는 가능성이 8만 번 있는 것처럼 느껴졌다. 내가 '그날의 주인공'으로 등극할 수 있는 8만 개의 방법, 조리돌림 군대가 나를 쓸

모없는 쓰레기 취급할 수 있는 8만 번의 기회.

  책상에 앉을 때는 분명 내 모든 창작력을 쏟아부어 첫 문장을 써야겠다고 생각한다. 하지만 정작 글을 쓰려고 하면 단어 하나, 문장 하나가 광장에서 어떻게 받아들여질지 머릿속으로 시뮬레이션하는 걸 도대체 멈출 수가 없었다. 이건 글쓰기가 아니라 계산에 가까웠다. 나는 누구에게도 걸리지 않고 광장을 통과할 수 있는 완벽한 단어 조합을 생각해내려 애썼다. 문장 하나가 떠오르면 내 머리는 이 문장이 '틀렸을' 경우 벌어질 필연적인 파국을 상상했다. 내 책의 출간일을 공개한 인스타그램에 10대가 "이건 아니죠"라고 댓글을 달면 난 뭐라고 답해야 할까? 표현을 달리했어야 하는 문장을 누군가 발견해서 내가 '그날의 주인공'으로 등극하면 난 어떻게 대처해야 하나? 내 책의 사전예약 링크를 올린 게시글에 나와 같은 진보 진영 쪽 사람이 "왜 이 책을 쓴 게 실수인지 알려주지"라는 밈을 댓글로 달면 난 이 상처를 극복하는 데 얼마나 많은 시간이 걸릴까? — 여기서 아이러니한 점은 **왜** 내가 이 책을 쓴 게 실수인지 실제로 설명하지는 않은 채 그저 책을 쓴 게 굉장한 실수라는 단언만 있다는 점이다. 꼭 필요한 비판과 스포츠성 조리돌림은 어떻게 구분해야 할까? 나는 머릿속으로 내가 아직 저지르지도 않은 잘못에 대해 노트 앱으로 미리 사과문을 써보는 한편, 내가 이 사과문을 쓰는 데 사용한 매체를 두고 혹여나 조리돌림 군인들이 나를 조롱한다면 이에 어떻게 응수할 것인지를 브레인스토밍했다.

  한편으로 나는 그저 다 포기하고 싶은 마음뿐이었다. 책 계약

금을 돌려주고 싶었다. 팟캐스트를 그만하고 싶었다. 또 다른 대화를 녹음하고 싶지 않았다. 또 다른 에피소드를 업로드하고 싶지 않았다. 나를 '그날의 주인공'으로 등극시킬 만한 그 어떤 것도 하고 싶지 않았다.

하지만 내가 그래도 책상에 계속 앉아 있는 것은 내가 하고 있는 일이 옳다는 믿음 때문이었다. 내가 책상에 앉아 있는 건 조쉬와 프랭크가, 애덤과 E가, 엠마와 조너선과 K와 그 외 수십 명에 달하는 내 게스트들이 내게 새로운 의사소통 모델, 징벌적이거나 수치스럽지 않고 회복적이고 사랑에 바탕을 둔 모델의 가능성을 제시해주었기 때문이었다.

그래서 나는 억지로라도 한 문장을 썼다.

지금까지 내가 쓴 문장 중 최악이지만 어쨌든 이게 문장이라는 사실은 변하지 않았다.

그리고 나는 다시 힘을 내어 이 문장을 한 문단으로 늘렸다.

좋았어. 아직 재앙 수준은 아니야.

몇 시간이 지나자 내 앞에는 한 페이지 분량의 글이 놓여 있었다.

그 후 며칠에 걸쳐 나는 조리돌림 화살에 대한 두려움을 억누르며 조금씩 나아가는 한편, 조리돌림 군인들의 위치를 계속 주시하며 그들의 좌표를 확인했다. 휴식을 취할 때는 새로운 군대가 소집되고, 새로운 규칙 위반자가 표적이 되고, 변동성 높은 인간 주식시장이 크게 출렁이는 모습을 지켜봤다.

그러던 어느 날 밤, 마침내 1장 첫 번째 초고를 거의 마무리 지었을 즈음 나는 딱 10분만 시간을 내어 최신 뉴스에 대한 트윗을 하나 올리기로 마음먹었다. 트윗을 게시한 후 나는 혹시나 내가 잘못 말한 게 있나 싶어 알림창을 계속해서 새로고침 했다. 실제로 나는 조리돌림 군대가 쳐들어오고 있음을 알리는 첫 번째 징후 — 내 트윗에 반대하거나 회의적인 태도를 보이는 첫 번째 누군가의 반응 — 를 눈에 불을 켜고 찾았다. 혹시나 나타나면 제시간에 발견해 바로 삭제할 수 있기를 바라면서.

새로고침, 새로고침, 새로고침.

고개를 들었을 때 이 반복적인 행위를 하느라 한 시간을 꼬박 허비했다는 걸 알게 됐다.

조리돌림 군대에 대한 두려움 때문에 나는 이미 수년의 세월을 낭비했다. 그런데 또 한 시간을 여기에 뺏기다니. 그리하여 나는 14년 전 SNS 프로필을 개설한 이래 처음으로, 인터넷과 떼려야 뗄 수 없는 프로젝트에 그렇게 몰두해놓고, 한 번도 한 적 없는 일, 이전에는 상상도 못 할 일이라고 생각한 어떤 일을 감행했다. 모든 SNS에서 로그아웃한 것이다.

11장

재활용을 잊지 말자

소셜미디어를 끊은 지 며칠밖에 되지 않았는데도 벌써 다시 태어난 느낌이었다. 매일 오가는 산책길에서 나는 팔로워에게 어필할 만한 풍경이 아닌, 내 눈에 즐거워 보이는 네온 핑크빛 석양과 빽빽하게 우거진 참나무 잎, 완만하게 이어지는 프로스펙트Prospect 공원의 능선 등을 사진으로 찍기 시작했다. 이 사진들을 친구들에게 전송할 때면 소셜미디어 사용자 전체가 아닌 단 한 사람에게만 내가 본 것을 공유하는 옛날 감성이 다시 살아나는 것 같았다. 무엇보다 제일 좋았던 건 내가 책을 쓰고 있다는 사실이었다. 날이 갈수록 쓰는 양이 늘어갔다. 조리돌림 군대의 최근 행보에 대해 알 길이 없으니 소셜미디어의 의견 공장에 내 생각을 의탁하지 않고 실제 내 생각이 어떤지를 차근히 살펴볼 수 있게 됐다. 이렇게 내 집중력은 확연히 좋아졌지만, 그럼에도 글을 쓸 때 부산스러운 건 여전했다. 좋든 싫든 나란 사람은 변하지 않았다. 하지만 예전에는 당장 핸드폰을 켜서 부지런히 화면을 넘겼을 것을 이제는 글을 쓰다 지치면(약 90초마다 일어나는 일인데) 그냥 바깥 풍경을 쳐다봤다.

내 책상 왼편에 위치한 창문 너머로는 활기찬 브루클린 거리에서 이웃들이 그날 하루 볼일을 보기 위해, 개를 산책시키기 위해, 때로는 가야 할 곳을 가기 위해 걷고 뛰는 모습이 보였다. 나는 이것을 아날로그 버전의 새로운 소셜미디어라고 생각했고, 점점 좋아하게 됐다. 여기에서 스크롤은 내 의사와는 상관없이 유기적으로 움직였고, 알고리즘은 지리적 근접성에 근거해 자연스럽게 결정됐으며, 이 전망에 프레임을 씌운 건 잎을 커튼처럼 길게 늘어뜨리고 있는 주엽나무와 일몰 때는 불이 켜졌다가 일출 때는 불이 꺼지는 검은색 타워형 가로등이었다. 나는 이 새로운 존재 방식이 마음에 들었다. 하지만 마음가짐이 이렇게 달라지자, 바깥에서 일어나는 **모든 일**이 훨씬 예민하게 인식됐다. 그리고 그중 하나가 가로등 밑에 수거되지 않은 채로 계속 쌓이기만 하는 쓰레기였다. 조금 더 정확히 말하자면 계속 쌓이기만 하는 재활용 종이.

뉴욕 시의 거의 모든 것이 그러하듯 재활용 역시 엄격한 규칙을 따라야 한다. 첫째, 재활용 쓰레기 배출은 정해진 시간에 해야 한다. 우리 동네의 경우 배출 시간은 일주일에 딱 한 번, 화요일 오전이었다. 또한 재활용 품목은 배출 시 정해진 방식을 지켜야 한다. 유리와 금속, 플라스틱은 투명 비닐봉투에 한꺼번에 담아서 묶고, 종이류는 따로 담아야 한다. 투명 비닐봉투에 들어가지 않는 큰 택배상자는 납작하게 접고, 여러 개일 경우 노끈으로 묶어서 내놓는 게 원칙이다. 그래서 매주 월요일 밤만 되면 우리는 일주일 동안 쌓인 유리병이며 캔, 플라스틱 통, 필요 없는 우편물, 택배상자들을 이고 진 채 부지런히 계단을 내려가 이 고풍스런 가로등 밑에 쌓아두었다. 재활용 쓰레기를 정해진 시간이 아닐 때 혹은 배출 방법을 지키지 않고 내놓으면 수거가 되지 않기 때문에, 주민 모두는 지구를 살리기 위한 최소한의 자기 몫을 다하고자 이 규칙을 철저히 지켰다. 하지만 이 규칙을 알지 못하는 것 같은 누군가 때문에 지금 내 눈앞에는 택배상자들이 지저분하게 널브러져 있었다.

마구잡이로 쌓여 있는 택배상자를 본 것이 나로서는 이번이 처음이었기 때문에 나는 이게 자주 일어나는 일인지 아니면 드디어 핸드폰에서 눈을 뗀 덕에 이제야 보이는 것인지 알 수가 없었다. 처음에는 무시하려고 했지만 1분 30초마다 바깥을 내다보는 처지다 보니 쉽지 않았다. 요즘 재미 들이기 시작한 산책을 하러 매일 현관문을 나서는 순간 이 택배상자들이 나를 맞이했다. 며칠이 지나도 신경 쓰는 사람이 아무도 없어 보이길래 내가 나서기로 했다. 나는 수술용 장갑 같은 것을 비장하게 끼고 쓰레기봉투를 하나 든 채 아래로 내려갔다. 소셜미디어를 끊는다고 해서 내 연극적인 기질까지 치료되지는 않는 모양이었다.

"쓰레기 치워줘서 고마워요." 동네 타코집 사장님이 내게 문자를 보냈다. "우리가 동네 청소를 얼마나 많이 하는지 몰라요…. 그런데 사람들은 별로 신경 쓰지 않는 것 같네요."

우리 동네를 위해서 한 이 아주 기본적인 선행을 누군가 알아주자 나는 이것을 '이 아름다운 동네의 선량한 주민들'이 공동의 적에 대항하기 위해 하나로 뭉친 증거라고 해석했다. '선량한 우리' 대 '종이를 함부로 버리는 못된 자들' 간의 싸움. 그리고 이기는 사람은 우리가 될 터였다.

다음 주에도 똑같은 일이 일어났다. 며칠 전에는 짜증이 좀 난 정도였다면 이제는 공식적으로 화가 치밀었다. **누가 이런 짓을 하는 거지?** 2주 연속 대형 택배상자를 쓰레기봉투에 쑤셔 넣으며 생각했다. 이 범인을 어떻게 하면 찾을 수 있는지 막 궁리하던 찰나, 택배상자 한쪽 면에 달랑 붙어 있던 작은 흰색 스티커가 보였다. 배송 주소였다. 수수께끼는 풀렸다. 범인은 내가 사는 아파트에서 두 건물 떨어진 곳에 살고 있었다. 악당의 정체를 밝혀냈으니 이제 복수 계획을 세울 수 있게 됐다.

3주 연속 쓰레기봉투에 담겨 있지도 않고 노끈으로 묶여 있지도 않은 종이상자 무더기를 보게 된 나는 이번 주를 마지막으로 쓰레기를 대신 치워주는 내 선행은 이제 끝이라고 다짐했다. 이제는 복수의 시간이었다. 내 머릿속은 온갖 아이디어로 휘몰아쳤다. 다음 주에 또 똑같은 일이 생기면 상자를 그 집 현관 앞에 쌓아둘까? 너희가 어디에 사는지 나는 안다, 하고 놀래주는 동시에 운송장 스티커를 상자에서 떼는 걸 잊어버린 부주의함을 슬쩍 조롱할 수도 있잖아? 아니면 다음 주 월요일 밤에 내 방 창문 옆에 대기하고 있다가 그 사람들이 쓰레기를 버리는 순간 잡아서 이 사람들이 누군지 동네방네 알릴까? 동네 사람들, 이 악당이 누군지 좀 보세요, 하면서? 아니면 가로등에 큼지막한 경고문을 부착하는 건 어떨까? 나는 글씨가 대문짝만하게 적힌 경고문을 상상해봤다. "주목! 택배상자를 여기에 그냥 버리기 전에 제발 시 재활용 수칙을 찾아보기 바랍니다. 감사합니다." 이 경고문은 그 사람들이 사는 아파트 쪽을 향하도록 붙여놓는 거다. 그들이 종이상자를 아무렇게나 들고 올 때 바로 볼 수 있도록. 드디어 들켰다는 생각에 쪽팔려 하는 그들의 얼굴을 상상하니 아드레날린이 솟구치는 것 같았다. 상상 속에서 다른 모든 이웃 — 그러니까 **좋은** 내 편들 — 은 이 재활용 종이 스캔들을 한 방에 정리한 나를 열렬히 응원하고 있었다.

  4주 차 화요일이 다가왔고, 이제는 계획을 실행에 옮길 때였다. 하지만 정작 때가 되자 덜컥 겁이 났다. 상자를 그 사람들 현관 앞에 쌓아두는 건 너무 공격적인 것 같았고, 창문 옆에서 기다리다가 잡는다는 계획은 시간을 너무 많이 잡아먹을 것 같았다. 그렇다면 내게 남은 선택지는 단 하나. 대문짝만한 경고문이었는데 심지어 이것도 좀 이상해 보였다. 내가 경고문 붙이는 것을 그 사람들이 본다면? 생각만으로도 예기 불안이 싸하게 올라오는 것 같았다. 게다가 그 사람들이 사는 곳은 여기서 고작 15미터밖에 떨어져 있지 않았다. 만일 그들이 누가 경고문을 붙였는지 안다면 길거리에서 마주쳤을 때 굉장히 불편할 게 분명했다. 하지만 그렇다고 그들의 종이 쓰레기를 내가 계속 치워주고 싶지도 않았다. 창밖으로 보이는 풍경이 이 쓰레기들로 지저분해지는 것도 싫었고. 그래서 나는 흰 종이와 마커로 새로운 방식을 취해보기로 결심했다.

나는 다음과 같이 편지를 썼다. "안녕하세요! 저는 몇 집 건너 사는 사람인데요. 귀댁의 재활용 종이 쓰레기가 지난 몇 주간 봉투에 담겨 있지도 않고 노끈으로 묶여 있지도 않은 걸 봐서요. 제가 대신 분리수거를 하기도 했는데 아무래도 알려드리는 게 나을 것 같아서 이렇게 말씀드립니다. 배출 규칙이 지키기 까다로운 건 사실이니까요."

나는 쓴 글을 다시 한번 읽은 후 종이를 접어 봉투에 넣고 아래층으로 내려간 뒤 그 사람들이 사는 아파트로 가 우편함에 넣었다. 몇 주 동안 열받고 며칠에 걸쳐 계획을 짰는데, 정작 이 방법을 실행하는 데 걸린 시간은 고작 4분이었다. 편지를 써서 그들에게 개인적으로 보내는 이 단순한 행위만으로 점점 쌓여가던 화가 풀렸다. 그리고 이렇게 되찾은 평화 속에서 나는 마침내 두 가지를 깨달았다. 첫째, 조리돌림 군대를 그렇게 예민하게 의식하고 경계하는 나조차도 스스로 조리돌림 군인이 되는 걸 막지 못했다. 둘째, 지난 3년간 내가 부단히 탐색했던 주제는 나도 몰랐지만 실은 수치 문화의 해독제라는 사실이었다.

존 론슨은 《조리돌림을 당하셨다구요》의 에필로그에서 "수치의 치료제는 공감이다"라고 썼다. 나는 이에 100퍼센트 동의한다. 우리가 서로를 인간으로 볼수록 서로에게 수치를 주는 게 더 어려워진다. 하지만 안타깝게도 나는 공감, **진정한** 의미의 공감은 가르칠 수도 억지로 기를 수도 없다고 생각하는 쪽이다. **공감**이란 글자가 화려하게 수 놓아진 셔츠를 입는다고, '공감이 승리한다'라고 쓰인 스티커를 차 범퍼에 붙인다고, '공감한다는 말이 곧 인정한다는 뜻은 아니다'라는 제목의 챕터를 책에 끼워 넣는다고 갑자기 공감력이 생긴다고도 생각하지 않는다. 하지만 다행스럽게도 나는 공감이 잘 형성되는 환경은 있다고 믿는다. 그리고 그런 환경 중 하나가 대화다.

인터넷이라는 게임과 스포츠로서의 토론 모두에 대화가 해독제가 될 수 있음을 알게 된 것처럼, 나는 대화가 수치 문화를 해결할 수 있는 가장 강력한 해독제라는 사실 역시 깨닫게 됐다. 대화는 포인트 정산 시스템을 없애고 미묘한 뉘앙스와 복잡성이 끼어들 여지를 줌으로써 대화에 참여한 모든 사람을 인간으로 보게 만드는데, 이 부분이 바로 수치 문화에 결여된 특성이다. 우리가 서로를 적이나 표적, 샌드백이 아닌 인간으로 보게 되면, 우리는 제명이나 파문이 아닌 구원 쪽으로 마음이 기울게 돼 있다. 어떤 잘못이 발생했을 때 토론은 그것을 싸움의 명분으로 보고, 수치 문화는 그것을 추방과 조리돌림의 근거로 삼는다면, 대화는 그것을 더 깊은 이해가 필요한 신호로 본다.

수치 문화에 대화로 대응하자는 아이디어는 새롭지 않다. 수치 문화는 '저격 문화'(call-out culture)라고도 불리는데, 활동가이자 교수인 로레타 J. 로스$^{\text{Loretta J. Ross}}$는 이것 대신 '초대 문화'(call-in culture)를 오랫동안 주장해왔다.

로스 교수는 2019년 〈뉴욕타임스〉 사설에서 말했다. "저격은 표적이 될 수 있다는 두려움을 불러일으킨다. 무엇 하나 봐주지 않는 완벽주의자가 누가 봐도 실수에 불과한 것을 매번 지적하고 나서면 사람들은 의미 있는 대화를 회피하게 되는데, 이것은 피아 구분 없이 모두를 희생양 삼는 캔슬 컬처를 더욱 키울 뿐이다. 우리는 이 문화를 바꿀 수 있다. '초대'는 '저격'과 마찬가지로 비판은 하되 사랑을 전제로 하는 것이다. 고쳐야 할 게 있으면 따로 불러서 얘기하면 된다. 꼭 공개적으로 얘기해야 하는 상황이라면 그렇게 하되 존중하는 태도를 견지하면 된다."

재활용 종이 쓰레기를 그냥 버린 이웃에게 직접 연락함으로써 나는 그들의 '잘못'을 처단하는 방식이 아닌, 문제를 해결하고 복구하는 방식을 선택한 셈이다. 동네 가로등에 공개 경고문을 붙여 창피를 주는 게 아니라 개인적으로 편지를 보냄으로써, 나는 망신 주기가 아닌 대화를 선택한 셈이다. 왜 이런 결정을 내리는 데 그렇게 오랜 시간이 걸렸을까? 왜 나는 이것을 맨 처음 떠올리지 못했을까? 나는 바로 이런 일을 하는 데 지난 3년의 세월을 바친 게 아니었나?

사실 수치에 대해 다루는 것은 '나를 혐오하는 사람들과의 대화'의 기획 의도가 절대 아니었다. 적어도 처음에는 그랬다. '수치'라는 단어는 내가 팟캐스트를 시작한 이유나 이것을 계속하는 목적에 관해 쓴 초기 글 어디에서도 찾아볼 수 없다. 원래 이 프로젝트는 나의 힘듦을 극복하기 위해 시작한 것이었다. 계속 늘어만 가는 악플 폴더를 내 나름대로 소화하기 위한, 악플러들과 일대일로 대화하며 그들을 인간으로 바라보기 위한 내 나름의 방법이었다. 그러던 것이 '상반된 진영 간의 대화'라는 지금의 형태를 갖춘 건 아주 자연스럽게 이루어진 결과였다. 하지만 이제는 내가 팟캐스트에서 직접 하기도 하고 주선을 하기도 한 그 통화들이 수치 문화에 명확한 대안을 제시한다는 사실 역시 이해한다. 악플러들을 망신 주기보다 그들에게 직접 다가감으로써 나는 훨씬 생산적으로 그들과 연결될 수 있었다. 악플러들에게 수치심을 안기지 않음으로써, 즉 그들의 다양한 익명 요청을 존중하고 그들을 '트롤'이 아닌 인간으로 대함으로써, 나는 나도 모르게 반反수치 모델에 참여하게 됐다. 수치 문화에서 책임을 요구하는 방식이 망신 주기라면, 내가 게스트들과 한 전화 통화는 사랑을 바탕으로 책임을 묻는 형태라고 말한다.

많은 사람들이 책임을 진다는 건 곧 사과하는 것이라고 생각한다. 그런데 내 경험상 대화야말로 행동으로 하는 사과다. 아무리 엉망진창이어도, 때로 어색해도, "미안해"라는 말을 단 한 번도 하지 않더라도 그러하다. 물론 여기서 내가 말하는 대화는 **진정한** 대화다. 논쟁도 아니고, 취조도 아니고, '오만가지 태풍'에 갇힌 통화도 아닌 춤, 서로를 진심으로 이해하고 이해받고 싶어 하는 두 사람 간의 평화로운 주고받음일 때 그것은 사과가 될 수 있다. 나에게는 제아무리 시적인 '내 탓이로소이다'조차도 나를 '병신'이라고 부른 조쉬가 이후 마음을 열고 속내를 털어놓은 것이나, 프랭크가 나를 왜 '좆같은 새끼'라고 불렀는지 설명해준 것에 비할 바 못 된다. 제아무리 진솔한 "미안해"라는 말도 애덤이 자기 신앙의 근간에 대해 찬찬히 알려준 것이나, E가 유년 시절의 일을 털어놓은 것에 비할 바 못 된다. 앎은 두려움에 대한 해독제인데, 두려움은 서로의 거리가 멀 때 기승을 부린다. 그리고 그 거리를 최대한 좁혀줄 수 있는 게 대화다. 내 게스트들이 나와 대화하는 데 동의했기 때문에, 즉 내가 그들을 온전히 볼 수 있도록 그리하여 그들을 알 수 있도록 허락해주었기 때문에, 나는 더 이상 그들이 두렵지 않았다. 더 이상 그들이 두렵지 않으니 나는 그들을 용서할 수 있었다.

물론 용서는 그 잘못으로 인해 상처 입은 사람만이 해줄 수 있다는 점에서 까다롭다. 다시 말해, 우리가 사과 — 그것이 어떤 형태든 — 를 받아들일 수 있는 건 그것이 자신에게 건네졌을 때뿐이다. 엠마가 자기를 구라쟁이라고 부른 조너선을 그와 통화한 것만으로 용서할 수 있는지는 내가 결정할 수 있는 일이 아니고, 조너선에게 K가 대화에 응했으니 들개한테 산 채로 잡아먹히길 바란다며 공개적으로 기원한 그녀를 용서하라고 요구할 권한 역시 내게는 없다. 같은 선상에서 K에게 조너선이 대화에 적극적이지 않았냐며 그에게 다시 한번 기회를 줘야 한다고 말할 수는 없는 노릇이다. 그것을 결정하는 건 당사자 개인이다. 그럼에도 대화라는 무도회장은 훨씬 지지적인 분위기를 조성하기 때문에 용서가 일어나기 쉽고, 이 지지적인 분위기는 수치 문화를 억제하는 역할을 한다.

그렇다면, 대화가 이렇게 좋고 수치심을 주는 게 그렇게 나쁜데 왜 사람들은 연결이 아닌 망신 주기를 택할 때가 많을까? 그건 한 가지 큰 문제 때문이다. 바로 망신 주기가 인간의 자연스러운 충동이기 때문이다. 실제로 이것이 잘못을 대할 때 우리의 기본 반응이다. 나부터가 대표적인 예 아닌가. 내가 악플러들과 대화하기 전에 제일 먼저 떠올린 대응 방법은 악플 폴더에 있는 스크린샷을 SNS에 올려서 오타와 논리 오류를 비웃는 것이었다. 내가 악플러를 저격해서 보복하는 대신 그들과 대화를 해보자고 나선 건 그 방법이 별 소용없다는 게 입증되고 나서다. 하지만 난 이 깨달음을 내면화하지 못한 게 분명했다. 일종의 '초대'(call-in)이자 디지털상의 회복적 정의를 구현하기 위한 사회적 실험에 몇 년을 쏟아부어 놓고는, 이웃의 사소한 잘못을 목격했을 때 자동 반사처럼 나온 반응이 조리돌림 군사들이 휘두르던 바로 그 무기를 찾는 것이었으니. 슬프게도 망신 주기는 우리의 반사작용인 것이다.

  그렇다면 이 수치 문화에 우리는 어떻게 대처해야 하는가? 조리돌리는 사람들을 조리돌리면 되나? "사람 망신 주는 행위를 하지 말 것을 다시 한번 알려드립니다"라는 선언을 여러 개의 느낌표를 달아 공격적으로 트윗하고 이게 실시간 트렌드에 오르기를 희망하면 되나? 아니면 그냥 조리돌림 군대의 힘에 굴복하여 못마땅하더라도 군인으로 입대하면 되나? 어쩌면 해결책은 내 이웃과의 재활용 쓰레기 일화에 있을 수도 있다. 구체적으로는 내가 그들을 저격하지 않기로 한 **이유** 말이다. 내가 그 이웃들을 망신 주는 것에 주저했던 이유는 내가 성자여서도, 인간 수용의 모범 같은 인물이어서도 아니다. 내가 그들을 공개적으로 저격하지 않고 직접 연락을 취한 것은 동네의 평화를 지키고 싶은 내 사적인 욕망 때문이었다.

  현실 동네는 사실상 공동연대의 네트워크다. 다양한 사람들이 모여 다양한 실수를 저지르지만, 모두의 안녕이 궁극적으로는 서로와 밀접하게 결부된 집단. 옆집 사는 사람이 내게 불만이 있다면 내 하루는 더 힘들어진다. 위층 사는 세입자가 한밤중에 운동하는 루틴이 있다면 나는 숙면을 취하지 못할 것이고, 아래층의 가게 주인과 사이가 별로 안 좋다면 바깥에 나가는 게 주저될 것이다. 그렇다면 이 단절된 관계를 우리는 어떻게 해결하는가? 최선을 다해 복구할 것이다. 우리 건물에 사는 모든 사람과 절친이 되기 위해서가 아니라 최대한 평화롭게 일상을 살아가기 위해서.

  하지만 디지털 커뮤니티에서 통용되는 해결책은 훨씬 극단적이고 최종적이다. 우리는 사람들을 차단하고, 음소거하고, 신고하고, 악플을 달고, 망신을 준다. 우리는 정체를 숨길 수 있고, 이름을 바꿀 수 있고, 계정을 아예 삭제할 수도 있다. 하지만 현실 커뮤니티에서는 이런 해결책을 동원하는 게 그리 간단치가 않다. 누구 때문에 여덟 시간 통잠을 자지 못했다고 해서 그 사람을 퇴거시킬 수도 없고, 갈등의 기미가 생기는 것만으로 새로운 동네로 이사가 버릴 수 있는 재력과 에너지가 있는 사람도 드물다. 이 일련의 생각을 인터넷에 적용해보면 어떨까? 디지털 영역을 하나의 커다란 동네로 생각하고 이곳에서 스쳐 지나가는 사람을 동네 이웃이라고 생각한다면?

물론 이런 태도를 사이버 공간에 적용하는 건 훨씬 힘들다. 현실 동네는 규모가 당연히 한정돼 있기 때문에 내 근방에서 살거나 일하는 사람을 지엽적으로나마 알고 지내는 게 가능하다. 반면 디지털 동네는 끊임없이 변하기 때문에 44억 8천만 명의 소셜 미디어 사용자를 동네 친구로 여기는 건 헛웃음이 날 정도로 비현실적이다. 그럼에도 우리가 온라인에서 만나는 모든 사람을 이웃사촌이라고 생각하는 것은 갈등 해결 방법을 재고하는 데 도움이 될 수 있다.

분명히 짚고 넘어가자면, 이런 은유를 사용한 것은 모든 사람이 절대 나쁜 짓을 못 하는 무해한 천사라는 얘기를 하려는 게 아니다. 분명 커뮤니티에 엄청난 피해를 주는 이웃도 있고, 두려움을 조장하는 사람도 있으며, 자신이 지닌 막강한 권력을 부당하게 휘두르는 사람도 있다. 인터넷을 하나의 거대한 대중으로 보는 시적인 판타지만 믿고 스스로를 위험에 빠트려서는 안 될 일이지만, 그래도 나는 진짜 위험한 사람과 직접적인 연락 — 의도적인 요청이든, 손편지든, 사적인 대화든 — 이 통할 사람을 구분하는 게 중요하다고 생각한다. 사라 슐먼$^{Sarah\ Schulman}$은 저서 《갈등은 학대가 아니다》(Conflict Is Not Abuse)의 결론에서 "의식적이고 책임감 있고 회복력 있는 문화로 탈바꿈하기 위해서는 진짜 위험과 투사된 위험을 구분할 줄 아는 열린 마음이 있어야 한다"고 주장했다.

나는 이 구분을 스스로 해야 했다. '나를 혐오한 사람들과의 대화'를 진행하는 내내 나는 게스트들을 이웃으로 봤다. 내 디지털 창문에 짱돌을 던진 이웃이긴 하지만 어쨌든 이웃은 이웃인 거다. 로레타 J. 로스의 말처럼 나는 그들을 그들이 한때 돌팔매질한 집 안으로 '초대(call-in)'했다. 그리고 그들은 자기들이 던진 돌이 어떤 자국을 남겼는지 자세히 보게 됐다. 이건 절대 그들을 벌주기 위해서가 아니라 그들이 공격한 디지털 집 안에 '사람'이 살고 있었음을 보여주기 위함이었다. 그리고 그들을 초대함으로써 나 역시 그들이 인간임을 볼 수 있었다. 하지만 내가 악플 폴더에 있는 **모든 사람**을 내 디지털 집으로 초대한 건 아니라는 사실을 언급해야 할 것 같다. 내가 안전하다고 느끼지 못하는 사람은 확실히 배제했다. "너한테 살인청부업자 보낼 거임"이라고 말한 남성은 초대장을 받지 못했다. 장기간 다수의 채널을 통해 나를 지속적으로 괴롭힌 사람도 마찬가지였다. "내 좆을 이 새끼 입에 처넣어서 입을 다물게 하고 싶은 생각을 떨칠 수가 없군"이라는 댓글을 단 남성 역시 초대 명단에서 제외되었다. 물론 이들 역시 이웃이긴 하다. 다만 나는 이들과 대화할 에너지가 없었다. 누군가 사랑의 마음으로 그들을 초대하길 바라지만, 내가 그 일을 해야 한다고는 생각하지 않는다.

    이웃끼리는 서로의 다양한 모습, 즉 좋을 때나 나쁠 때, 그리고 그 사이의 모든 모습을 자세히 보게 마련이다. 옆집 사는 사람이 기분이 안 좋은 걸 알아차리기도 하고 벽 너머로 유독 크게 싸우는 소리를 듣기도 한다. 아침 등교 시간, 근처에 사는 아이가 부모 손에 이끌려 가며 온갖 짜증을 내는 소리도 들린다. 아파트 아래층 남자가 5년 전에 했던 그 이상한 짓을 아직 기억하고 있을 수도 있다.

 물론 그 사람들의 최고로 좋은 면모도 보게 된다. 동네 파티에서 활짝 웃는 모습, 근처 공원에서 느긋하게 산책할 때 짓는 편안한 미소. 가끔은 그들이 최애 곡에 맞춰 흥얼거리는 소리가 벽을 타고 희미하게 들리기도 한다. 물리적으로 가까운 곳에 살고 있는 덕에 우리는 같은 이웃의 여러 면면을 목격하게 되고, 그들이 좋은 행동과 나쁜 행동을 모두 하는 인간임을 이해하면서 그 사람의 인간성을 더 잘 받아들이게 된다.

 인터넷을 복잡다단한 3차원 인간들이 가득 모여 있는 공유 공간으로 보면 곁을 지나가는 많은 낯선 이들에게 더욱 기꺼이 친절을 베풀 수 있다. 조리돌림 군인과 그들이 표적으로 삼는 규칙 위반자 모두에게. 그러니까 나의 용기를 칭찬한 사람과 그 용기가 왜 사치재인지를 알려준 사람, 성폭행 생존자를 구라쟁이라고 부른 남성과 그가 들개한테 산 채로 잡아먹히길 바란다고 말한 여성, 무슨 짓을 해도 인터넷의 사랑을 받는 것 같은 불가침의 반신반인과 툭하면 조리돌림 군대의 표적이 되는 사람, 재활용 종이 쓰레기를 어떻게 버려야 하는지 모르는 이웃과 처음에는 이웃의 실수에 벌을 주고 싶어했던 사람 모두에게 말이다.

 이웃에게 편지를 남긴 다음 날 나는 산책을 나갔다가 가로등 밑에 쓰레기가 쌓여 있지 않은 것을 보고 기분 좋게 놀랐다. 그러다가 돌아오는 길에 그들 문에 붙어 있는 메모지를 보고 발길을 멈췄다. 나는 가까이 다가가 쪽지를 읽었다.

"재활용 배출을 도와주신 이웃님께, 정말 감사합니다! 도움 주신 것에 감사드리며 앞으로는 더 신경 쓰겠습니다."

수치 문화 혹은 저격 문화가 규칙 위반자를 '쓰레기'로 낙인찍는다면, 대화는 모든 사람을 재활용품, 즉 계속 둘 가치가 있고 변화가 가능한 존재로 본다. 대화를 하면 자신의 가장 좋은 자질은 유지하고 나머지는 버릴 수 있게 된다. 모두 더 나은 세상을 위한 일이다.

>>> 12장 <<<

유일무이한 눈송이들

나는 이 책 마지막에 내 모든 게스트를 하나로 꿰뚫을 수 있는 확실한 공통점 하나를 '짠' 하고 밝히고 싶었다. 그래서 몇 달간 메시지를 샅샅이 훑어보고, 대화 녹취록을 뚫어지게 쳐다보고, 모든 단어, 모든 '음…' 소리, 모든 한숨, 모든 웃음, 모든 긴장의 순간과 모든 훈훈한 순간들을 자세히 분석하면서 이들 모두를 잇는 단 하나, 내가 팟캐스트에서 통화했던 모든 악플러에게서 확실하게 포착되는 어떤 심오한 진실을 찾아보려고 했다. 나는 어쩌면 이 모든 사람의 말하기 패턴에 숨어 있는 언어적 틱^{tic} 같은 걸 우연히 발견하게 될 수도 있다고 생각했던 것 같다. 알고 보니 이 틱은 지금까지 발견되지 않은 어떤 심리적 상태의 징후였던 것이고, 그 결과 이 심리 상태는 후세의 정신질환 진단 매뉴얼에 내 이름을 따서 등재되는 거다.

모든 게스트는 출신이 다르고, 따르는 원칙이 다르고, 가치 있게 생각하는 게 달랐다. 원하는 것과 필요로 하는 것, 욕망하는 것과 목표 역시 모두 달랐다. 지금의 삶의 모습이 각기 다른 만큼 그 삶을 만든 경험도 달랐고, 그 경험을 얘기하는 방식 역시 완전히 달랐다. 이 사회적 실험을 위해 내가 대화한 수십 명의 사람을 적절하게 지칭할 만한 단어는 아무래도 전혀 없어 보였다.

앞서 얘기했듯이 **트롤**은 정확한 단어가 아니다. 그들 누구도 외따로 떨어진 다리 밑에 사는, 인간과 거리가 먼 괴물이 아니었다. 게다가 이 단어는 의미가 너무 많다. 이 말은 사이버 불링하는 사람들을 지칭할 때도 있고, 인터넷상에서 자기와 의견이 다른 모든 사람을 뜻하는 단어로 사용될 때도 있다. 조리돌림 군인을 묘사하는 데 쓰이는 경우도 있는 반면, 신중한 태도로 비판하는 사람을 규정하는 단어로 잘못 사용되기도 한다. 그 외에 무해한 장난꾸러기를 지칭할 때도 있다. 이렇듯 서로 모순되는 뜻이 너무 많아서 이 단어는 사실상 아무 의미도 없는 것이나 다름없다.

혐오자 역시 별로 정확하지 않은 단어라는 게 내 생각이다. 내가 아는 한 게스트 중 실제 혐오 단체에 소속된 사람은 아무도 없었다. 그리고 내 생각에 사람들은 '혐오'란 단어를 불만을 좀 과장되게 표현할 때 쓰는 경우가 많았다. 게다가 내 팟캐스트 출현의 전제 조건이었던 악플은 게스트마다 쓰게 된 계기가 모두 달랐다. 말로 다 할 수 없는 고통 때문에 그런 악플을 쓰게 된 사람도 있었고, 뿌리 깊은 두려움이 디지털 공격으로 드러난 경우도 있었다. 종교적 가르침이나 미디어의 설득 때문에 그런 댓글을 쓴 사람도 있었고, 자신이 깎아내리려는 대상이나 사람에 대한 본능적인 혐오 때문에 그렇게 하는 경우도 있었다. 나를 자기가 싫어하는 무언가의 상징으로 본 사람도 있었고, 자기들이 겪는 문제의 구체적인 원인이라고 생각하는 사람도 있었다. 심지어 자기가 절대 부정적인 말을 쓴 게 아니라고 생각하는 사람도 소수지만 있었다.

보수주의자라는 말조차 부정확한 단어다. 내 게스트들은 하나의 정치적 성향으로 분류되지 않았기 때문이다. 내가 대화한 사람들의 정치 스펙트럼은 정말 다양했고, '우파'나 '좌파'로 나뉜다고 할지라도 그 안에서 또 갈라졌다. 내 보수주의 게스트들은 서로 비슷한 구석이 전혀 없었다. 내내 친절하고 점잖은 태도로 우리의 대화를 춤사위로 만드는 사람도 있었지만, 훨씬 공격적이고 전투적으로 나와서 대화 내내 '토론 경기장' 위에서 스파링하는 것 같은 기분이 드는 사람도 있었다. 내가 치를 떠는 이념을 지지하는 사람이 있는가 하면, 어떤 사람이 한 말에는 놀랍게도 동의하는 나를 발견하기도 했다. 내가 팟캐스트 초대장을 보냈을 때 너를 어떻게 믿느냐며 화를 내며 거절한 사람도 있었지만, 생각이 완전히 다른 사람과 얘기하는 게 너무 기대된다며 덥석 받아들인 사람도 있었다. 진보 성향의 게스트들 역시 동기며 신념, 그 신념의 표현 방식은 모두 달랐다.

이렇듯 내 게스트를 통칭할 수 있는 단어도 없고, 공통된 동기도 없고, 그들의 정치적 성향을 정확하게 대변할 만한 공통된 정당도 없었다. 하지만 그들이 서로 아무리 다르다고 해도 나는 여전히 그들 한 명 한 명에게서 나 자신을 봤다. 대화가 진전될 때 툭 터져 나오는 그들의 긴장된 웃음에서, 통화 초반에 내 의도를 의심쩍어하며 마음 여는 것을 주저하는 상대의 모습에서 나를 발견했다. 그들의 이상하고 에둘러가는 사고방식에서 나를 보았고, 새로운 생각에 저항하는 모습 — 처음에는 혼란스러워하다가 방어적으로 나오고 그다음엔 화를 냈다가 결국 어느 정도 시간이 지난 다음에는 마음을 열고 수용하는 일련의 과정 — 에서도 나를 보았다. 나는 보수주의자 아버지에게서, 거침없는 진보 운동가에게서, 정치에 무관심한 대학생에게서, 총기 마니아에게서, 예술가에게서, 신실한 종교 신자에게서, 10대에게서, 중년에게서, 공인에게서, 일반 시민에게서, 심지어 스스로를 '걸레 게이'라고 부르는 사람에게서 나 자신을 발견했다. 설령 우리 사이에 공통적인 게 전혀 없다 쳐도 최소한 나는 우리가 정확히 같은 시간에 같이 전화 통화를 하는 데 동의했다는 사실을 공통점으로 꼽을 수 있었다.

결국 내가 찾은 유일한 진실은 내 게스트들이 공통적으로 갖고 있는 은밀한 특징 같은 건 없고, 그들이 악플을 쓰게 된 단 하나의 원인도 없다는 것이었다. 같은 신념을 공유한 인간 집단의 패턴을 밝힌 유명 연구들이 있기는 하지만, 이 집단의 개인 구성원을 만나게 되면 그들이 고유한 인간임을 바로 알게 된다. 똑같은 게스트는 없었다. 하지만 이렇게 설명하고 나니 그들을 정확하게 묘사할 수 있는 공통 용어가 어쩌면 하나 있겠다는 생각이 들었다.

✦

 위키피디아에 따르면 **눈송이**(Snowflake)는 '자신이 유일무이한 존재라는 비대한 자아를 가진, 자신이 특별한 대우를 받아 마땅하다고 생각하는, 혹은 지나치게 예민하고, 쉽게 마음이 상하고, 자신과 반대되는 의견을 잘 받아들이지 못하는' 사람들을 가리키는 멸칭이다. 정치적 분열이 극에 달한 2016년, 이 용어는 대개 보수주의자들이 나 같은 사람, 즉 정치적 올바름을 추구하고 사회정의를 적극적으로 주장하는 인터넷 사용자를 비꼬기 위해 사용했다. 감정이니 존중이니 안전 공간이니 대명사니 트리거 경고(trigger warning)니 같은 말을 하는 사람들을 조롱하는 말이었다. 하지만 원래 타깃이었던 우리 쪽 사람들에 의해 이 단어는 재전유되기 시작했다. 흐름이 이렇게 뒤집어지면서 친구들과 동지들은 '눈송이'를 특정 명절 인사말을 고집하는 여린 감수성의 보수주의자들, 총 없이는 못 사는 수정헌법 제2조 지지자들, 젠더가 스펙트럼이라는 개념에 혼란스러워하는 사람 등을 조롱하는 용어로 쓰기 시작했다. 결과적으로 이 용어는 너무 많은 사람들이 서로를 **저격**하는 데 쓰여서 어떤 감정을 느끼는 행위 자체를 폄하하는 것처럼 보였다.

 2017년 메모리얼 데이^(Memorial Day)(미국의 현충일) 주말에 나는 다음과 같은 메시지를 받았다. "너 그리고 너랑 비슷한 눈송이들 나온 영상을 좀 봤는데, 결론부터 말해주면 너는 산소만 낭비하는 인간쓰레기임."

당시 나는 '나를 혐오하는 사람들과의 대화'의 첫 번째 에피소드가 될 녹음본을 한창 편집하고 있을 때라, 즉 이미 프로듀서 모드였던 터라, 곧바로 기존의 의식을 실시했다. ─ 메시지를 스크린샷으로 캡쳐해 악플 폴더에 저장한 뒤 메시지 작성자의 프로필 사진과 게시물들을 쭉 훑어봤다.

또 다른 에피소드가 하늘에서 떨어졌다는 생각에 신이 난 나는 즉시 메시지에 답을 보냈다. "하하, 감사합니다! 그런데 왜죠?"

"나는 늑대개고⋯ 당신은 양이죠⋯. 우리가 보는 세상은 다릅니다. 당신은 판타지 세상을 믿고, 나는 악의 본질을 꿰뚫는 사람이죠." 그가 음산하게 답했다.

내 영상 중 특히 거슬렸던 게 있었냐는 질문에 그는 Seriously.TV에서 내가 마지막으로 올린 영상을 언급했다. 내가 진보 성향 친구들을 패널로 불러 보수주의 쪽 주장들을 '격파한' 영상이었다.

"좀더 공정해지세요. 의견이 다른 게스트들을 동수로 채우고요. 다 리버럴/진보주의로 채우지 말고."

"사실 의견이 다른 사람들과 대화하는 작업을 계속 준비해오고 있었어요." 나는 초대를 위한 밑밥을 깔며 대화를 이어 나갔다.

"일이 진행되면 알려주십쇼. 관심 있습니다. 서로 다른 의견은 중요한 겁니다."

"실은 나도 그 말에 동의해요."

몇 번의 메시지를 더 주고받은 후 그가 말했다. "제가 처음에 쓴 메시지는 없던 걸로 하겠습니다. 죄송합니다."

나는 지금이야말로 그를 내 팟캐스트의 게스트로 초대할 절호의 타이밍이라고 생각했다. 그런데 내가 초대를 하자마자 그가 뒷걸음질 치기 시작했다.

"제가 그렇게 말을 조리 있게 잘하지 못해서요."

"지금 굉장히 잘하고 계시는데요!" 나는 진심으로 말했다.

"분명 별종으로 보일 겁니다." 그가 주저했다.

"아니요, 아니에요." 나는 그가 전화상에서 정말 인간적인 사람으로 비칠 것이라고 대답했다.

"저는 생각을 정리하는 데 시간이 꽤 걸립니다."

"걱정하지 마세요. 저는 당신이 게스트로 출연해주셨으면 좋겠습니다." 나 **역시** 생각을 정리하는 데 시간이 꽤 걸리는 사람이었기 때문에 나는 그에게 거듭 요청했다.

나는 그에게 팟캐스트에 나와달라고 요청하고 그는 예의 바르게 거절하는 이 패턴은 이후 채팅 내내 이어졌고, 우리의 실랑이는 그 뒤로도 몇 달 동안 계속됐다. 나는 업로드된 에피소드의 링크와 내 팟캐스트를 다룬 언론 기사들을 그에게 전송하면서 이 사회 실험이 화기애애하고 진정성 있게 진행된다는 사실을 보여주려 애썼다. 하지만 그의 태도는 여전히 애매모호했다.

그다음 해 2월, 그가 첫 메시지를 보낸 지 9개월째 되던 즈음, 나는 마지막으로 한 번 더 요청했다. "저는 여전히 당신을 내 프로그램에 모시고 싶어요. 관심 있으면 연락 주세요."

다음 날 그의 답이 도착했다. "전화 통화가 가능할 만큼 빠른 인터넷을 설치하게 되면 연락드리죠. 지금은 간단한 문자 말고는 너무 불안정해서 안 될 듯합니다." 이후 그의 연락은 없었다. 참 아쉬운 일이었다. '산소만 낭비하는 인간쓰레기' — 에피소드 제목으로 완벽했을 텐데.

실망감이 사그라들자 이 상황의 아이러니함이 고스란히 보였다. 이 남자는 다짜고짜 나한테 DM을 보내 내가 같은 편 사람들하고만 대화한다며 나를 눈송이라고 불러놓고는, 막상 내가 그럼 '의견이 다른 사람과의 대화'를 같이 해보자고 초대하자 유령처럼 사라져버렸다. 나는 속으로 생각했다. **누가 누구더러 눈송이라고 하는 거야?** 이 작은 일화가 꽤 마음에 들었던 나는 2018년 가을 이 책의 기획안을 출판사에서 프레젠테이션할 당시, 책 제목을 **눈송이**로 정할 계획이었다. 한때 나를 괴롭히는 용도로 쓰였던 단어를 재전유하는, 기가 막힌 방법이라고 처음에는 생각했다.

하지만 글 작업이 본격적인 궤도에 오르면서 나는 사람을 '눈송이'라고 부르며 비하하는 게 얼마나 이상한지를 깨닫게 되었다. 결국 이 말은 사람더러 감정을 느낀다고, 개성이 있다고 조롱하는 것이나 다름없는 표현인데, 인간이란 종에 대한 내 이해가 정확하다면 감정이 있고 개성이 있는 존재가 바로 인간의 본질 아니던가. 인간을 움직이는 동력은 감정이다. 이 개념에 동의하지 않는 것조차 하나의 감정이다. 그리고 자기 자신을 유일무이한 존재로 생각한다는 것은 신경학적 기능이 제대로 기능한다는 증거일 뿐이다.

　게다가 내가 전화 통화를 통해 내내 확인한 것은, 모든 게스트가 왜 자신이 그런 메시지를 보내고 그런 댓글을 썼는지 동기를 설명하는 과정에서 단 한 명의 예외도 없이 감정적으로 힘들어했다는 것이다. 그리고 개성과 관련해서는, 그들 모두 자신을 본인만의 방식으로 규정하고 싶어했다. 내가 어림짐작으로 그들에 대해 사실이 아닌 얘기를 하면 그들은 정중하게, 때로는 정중하지 않게, 내 실수를 고쳐주었다.

　그러니 내 게스트들을 하나로 묶을 수 있는 유일한 특성이 '유일무이하고 독특한 개별 인간으로 보이기를 바라는 유일무이하고 독특한 개별 인간'이라면, 그들은 결국 모두 눈송이라는 것이 내 생각이다. 그리고 그들은 인간 별종이 아닌 만큼, 우리 — 우리 **모두** — 역시 다 눈송이들이다. 이 사실을 깨닫자 처음에는 책 제목으로 딱이다 싶었던 '눈송이'가 이 책의 결론을 장식할 강력한 은유로 보이기 시작했다.

　잠시 진짜 눈송이를 생각해보자. 멀리서 보면 하나의 작은 점에 불과한 이것은 자세히 보면 모양 하나하나가 독특하고 아름답다. 자연의 위엄을 다시 한번 떠올리게 하는 굉장한 예다. 그리고 그런 '눈송이'는 내가 악플러들과 대화했던 경험을 한마디로 표현하는 은유로서 더할 나위 없이 완벽하다.

눈송이들이 저 멀리서 보일 때는 두렵고 무력감을 느끼게 하는 것과 마찬가지로, 내 게스트들 역시 한때는 내게 두려움과 무력감을 느끼게 하는 존재였다. 처음 악플을 받기 시작했을 때는 무자비한 군대가 내 받은메시지함과 댓글창으로 끊임없이 돌격하는 것 같은 기분이었다. 악플러의 프로필을 클릭했는데 별다른 정보를 찾을 수 없었을 때는 제일 위험한 상황을 머릿속에서 그리며 두려움에 떨었다. 수천 킬로미터 떨어진 곳에 사는 얼굴 없는 낯선 사람으로부터 죽어버렸으면 좋겠다는 메시지를 받은 날에는 혹시나 이 사람이 이미 나를 죽일 계획을 세우고 있는 게 아닌가 하는 의심이 들기도 했다.

하지만 눈송이가 자세히 들여다보면 숨이 턱 막힐 만큼 아름다운 것과 마찬가지로, 내 게스트들 역시 숨이 턱 막힐 만큼 아름다웠다. 그들이 "여보세요"라고 첫 운을 뗀 순간부터 나는 그들을 한 인간으로 바라볼 수 있었고, 목소리 대 목소리라는 이 근접 거리에서는 그들이 절대 내 적이 아니라는 사실이 한층 명확해졌다. 우리가 서로의 의견에 치를 떨며 반대하는 입장이라는 사실은 여기서 어떠한 의미도 갖지 못했다. 조쉬의 웃음소리를 들은 순간, 프랭크의 악센트를 알아챈 순간, 혹은 우리가 통화할 즈음 E가 구직 중이었다는 사소한 정보를 알게 된 순간, 나는 그들을 인간으로 보게 됐고, 이것은 공감으로 향하는 문을 활짝 열어주었다. 그리고 그 문을 통과하자 내 두려움은 흔적도 없이 사라졌다.

하지만 눈송이의 모양이 아무리 아름다운들 눈송이가 일으킬 수 있는 해악이 없어지지는 않는다. 한데 모인 눈송이들은 혼란과 피해를 야기한다. 도로는 빙판길이 되고, 사망 사고가 일어날 수 있는 위험한 상황이 연출되기도 하며, 그저 성가신 불편 정도로 그치게 되는 경우도 있다. 누군가 눈보라 때문에 차 사고를 당했는데, 그 사람에게 밝은 면을 보라고, 눈이 내리는 이 아름다운 경치를 감상해보라고 권유할 사람은 없을 것이다. 구급차와 견인차를 부르고 도와줄 사람이 도착할 때까지 그 사람 곁을 지키는 게 상황에 맞는 처세일 것이다. 이와 마찬가지로 누군가 사이버 불링 — 악플 세례나 선을 넘은 조리돌림 군대들의 공격 — 의 피해자가 됐다면 그의 소셜미디어 경험은 학대와 조롱이 들이치는 눈보라나 다름없어진다. 그저 살아남기 위해 안간힘을 쓰는 이런 사람들을 대상으로 악플러들과 대화하면 깨닫는 게 많다는 생각을 설득하기가 어려운 건 어쩌면 너무나 당연하다.

존 론스는 개인이 조리돌림에 가담할 때 집단으로서의 위력을 어떻게 인식하는지 혹은 인식하지 **못하는지**를 설명하는 데도 바로 이 이미지를 사용했다. 그는 "눈송이는 눈사태에 대한 책임을 느낄 필요가 없다"라고 썼다. 누군가가 아름답게 복잡한 존재라고 해서 그가 저지른 잘못이 용인되는 것도 아니고, 그가 집단으로서 저지른 결과가 없던 일이 되는 것도 아니지만, 눈사태 전체의 책임을 하나의 눈송이에 뒤집어씌우는 일 역시 정당화될 수 없다.

인터넷에서 만난 생판 남과 대화를 나누는 일은 손에 떨어진 눈송이를 가까이 가져와 자세히 들여다보는 순간에 비견할 만하다. 나는 이것이 눈의 아주 작은 일부에 불과하다는 사실을 잘 안다. 그것이 '동료 눈송이'들과 힘을 합하면 굉장한 파괴력을 가질 수 있음을 안다. 하지만 동시에 그 섬세한 모양을 들여다보고 그 복잡성을 관찰하다 보면 내가 지금 우주의 한 단면을 보고 있는 것 같은 기분이 드는 동시에, 더 높은 차원의 진리를 맛보고 있는 것 같다. 나는 작은 것과 큰 것을, 눈송이와 눈보라를, 미시와 거시를 모두 보고 있는 것이다. 또한 나는 벅참과 겸손을 동시에 느낀다. 이 유일무이한 개별의 눈송이를 창조한 바로 그 세상이 나 또한 창조했다는 사실에서 벅참을 느끼고, 나와 이 눈송이 모두 해도 해도 너무 많은 사람과 눈송이들 중 하나에 불과하다는 앎에서 겸손을 느낀다. 그리고 이 모든 생각과 감정은 눈송이가 녹아 공기 중으로 되돌아가기 전, 아주 잠깐만 지속될 뿐이다.

물론 눈송이를 자세히 들여다보는 건 시적으로 아름다운 행위이기는 해도 현실적이지 않은 것도 사실이고, 우리가 실제로 눈송이를 경험하는 방식도 아니다. 눈이 내릴 때 운이 좋으면 눈송이 하나 두 개 정도는 자세히 볼 수 있겠지만 그 작디작은 눈송이 '전부'의 섬세한 복잡성을 감상하기란 불가능한 일이다. 같은 의미로 온라인에서 마주치는 모든 사람이 각자만의 사연을 지닌 살아 있고 숨 쉬는 3차원의 인간임을 상기하는 건 낭만적인 일이지만, 실제 그들 모두와 대화를 나누는 건 불가능한 일이다. 그 누구도 그럴 시간이나 에너지가 없다. 게다가 사람들 눈에 띄는 것을 꺼리는 눈송이도 있다. 그럼에도 나는 대화가 시민으로서 실천해야 하는 중요한 참여 행위라고 생각한다.

이 글을 쓰고 있는 지금, 수없이 많은 '큰일'들이 벌어지고 있다. 당신은 이 책을 미래에 읽고 있을 테니 지금으로부터 많은 나날이 지난 '당신'의 오늘에 정확히 어떤 일이 일어나고 있을지는 나로서는 알 수 없다. 하지만 분명 '나'의 오늘에 벌어지고 있는 사건과 꽤 비슷할 것이다. — 불의가 발생하고, 사람들은 그 불의의 원인 및 해결 방안을 두고 갑론을박하고, 유명인은 마음에 쏙 드는 일을 하거나 짜증 날 정도로 이해할 수 없는 일을 하고, 사람들은 이 두 상황 모두 자기만의 시선으로 해석한다. 누군가는 권력을 남용하고, 우리의 미래는 정치적 분열에 의해 좌우되며, 인도주의적 위기가 동시다발적으로 여기저기서 전개된다. 그리고 이 모든 '큰일'은 당연하게도 혼란과 고통을 야기한다.

우리가 이 혼란과 고통을 소화하고 해결하고 싶어하는 건 자연스러운 수순이다. 하지만 이 일은 유독 쉽지 않다. 많은 사람들이 이 '큰일'에 대해 정보를 얻고, 얘기를 하고, 그 일로 인한 모든 혼란과 고통을 소화하기 위해 달려가는 것이 바로 인터넷이기 때문이다. 한편으로 인터넷은 그 전에 비할 바 없이 더 많은 사람들과 연결될 수 있는 공간, 전에는 상상도 할 수 없었던 세상과 가능성을 보여주는 공간이지만, 다른 한편으로는 자신과 다른 의견을 가진 사람을 보란 듯이 극적으로 물리쳤을 때 주변에서 환호하는 분위기로 인해 분열이 증폭되는 공간이기도 하다. 그렇기 때문에 인터넷에서는 나와 의견이 적당히 안 맞는 사람은 악당으로, 하나도 안 맞는 사람은 인간이 아닌 괴물로 보이기 쉽다. 그리고 이 모든 과정에서 우리는 옳은 정보와 허위 정보가 도저히 알아볼 수 없게 뒤죽박죽 섞여버린 허리케인에 발이 묶이고, 시간만 잡아먹는 토끼 굴에 빠져 헤어 나오질 못한다.

이 인터넷이라는 게임의 해독제가 대화다. 또한 대화는 '오만 가지 태풍'으로부터 젖지 않게 막아주는 우산이고, '토론 경기장'과 여론 법정의 취조실에서 빠져나올 수 있는 직선 통로다. 생판 남끼리 어우러져 추는 춤이다.

하지만 안타깝게도 요즘 플랫폼에서는 대화하는 것이, 특히 의견이 대립하는 사람들끼리 대화하는 것이 점점 더 어려워지고 있다. 원래 플랫폼의 목적이 사람들을 서로 연결하는 것임을 상기할 때 이는 아이러니한 일이다. 그래도 다행히 이 대화의 결핍을 간단하게 해결하는 방법이 있다. 그냥 대화를 해보는 것이다. 그리고 내 안전과 에너지를 확실히 지키면서 편하게 얘기할 수 있는 사람의 범위가 어느 정도까지인지를 시험해보는 것이다. 나와 생각이 '완전히' 다른 사람이나 나에게 '제일 심한' 악플을 단 사람에게 다가갈 필요는 없다. 그저 내 시간을 투자해도 괜찮겠다고 느끼는 상대, 그러면서도 같이 대화하려면 내 안전지대에서 한 발짝 벗어나야 할 만큼 도전적인 상대면 충분하다.

이 책에서 나는 나를 '혐오하는' 악플러들과 대화한 경험 — 그리고 서로를 '혐오하는' 사람들끼리의 대화를 주선하는 경험 — 에서 얻은 깨달음을 통해 사람들이 자신만의 어려운 대화를 할 수 있도록 일종의 로드맵을 제시하고자 했다. 이 로드맵은 내 구체적인 경험에 바탕을 두고 있지만 사실상 어떤 종류의 대화든 시도해보고자 하는 사람 누구나 사용할 수 있다. 이 여정을 시작할 때 내가 했던 말처럼, "본인한테 맞는 건 취하고 맞지 않는 건 버리면 된다." 이 책의 모든 가이드라인은 가족, 파트너, 직장 동료, 이웃, 심지어 인터넷에서 만난 숙적 등 누구와 대화를 하든, 그리고 사상, 정치, 디지털, 지리, 세대 등 어떤 주제의 거리를 좁히려 하든 언제 어디서나 유효할 것이다.

한 번의 대화로 세계가 치유되지는 않는다. 공감만으로 우리를 병들게 하는 문제가 치료되지는 않는다. 감동적인 말이 우리를 위험으로부터 보호해주지는 않는다. 하지만 점점 더 깊은 고립감을 느끼는 사람들이 많아지는 이 시대에, 연결보다는 경쟁을 독려하며 사람들을 분열시키는 플랫폼에서 우리가 서로에게 말을 걸 때, 대화는 사소한 동시에 엄청나고, 일상적인 동시에 장엄하고, 지루한 동시에 흥미진진하고, 단순한 동시에 복잡한 반항이자 이전에는 없었던 다리를 세우는 행위가 된다.

감사의 말

누군가 이런 말을 해준 적이 있습니다. **이런 프로젝트를 하려면 너를 사랑하는 사람이 네 인생에 아주 많아야 해.**

절대적으로 옳은 말이라고 생각합니다.

이 책 쓰는 걸 얼마나 많이 포기하려 했는지 모릅니다. 그런 제가 어떻게든 글을 놓지 않고 계속 써 나간 건 환상적인 에이전트 로런 아브라모[Lauren Abramo]의 끈기와 지지 덕분이라 해도 과언이 아닙니다. 로런, 나도 보지 못했던 가능성을 봐줘서 고마워요. 그리고 DGB의 로런 팀 팀원인 앤드루 두건[Andrew Dugan], 마리아 에스테베즈[Maria Estevez], 에이미 비숍[Amy Bishop]에게도 감사의 말을 전합니다.

편집자인 로안 리[Loan Le], 당신의 성자와 같은 인내심은 이 책이 지금과 같은 형태를 갖추는 데 꼭 필요한 숨 쉴 틈을 주었지요. 나를 이끌어주고 믿어주셔서 감사드립니다. 우리가 해냈어요! 그리고 아트리아 출판사의 모든 직원 여러분, 소냐 싱글턴Sonja Singleton, 리비 맥과이어Libby McGuire, 린지 사그넷Lindsay Sagnette, 데이나 트록커Dana Trocker, 카를린 힉손Karlyn Hixson, 아리엘 프레드먼Ariele Fredman에게도 감사의 마음을 전합니다. 이 책의 아름다운 커버를 디자인해준 레이완 콴Laywan Kwan과 내가 평생 꿈꿔온 북디자인을 현실로 구현해준 그레그 코자텍Greg Kozatek에게도 깊은 감사를 전합니다.

내 책의 팩트 체크를 담당해준 리사 두센베리Lisa Dusenbery는 영리함과 엄청난 꼼꼼함으로 어떤 팩트도 그냥 넘어가는 법이 없었습니다. 이 책은 그녀의 도움 덕분에 더 좋은 책이 되었습니다. 진실을 향한 그녀의 집념과 헌신에 영원히 감사드립니다.

변호사 세스 호로위츠Seth Horwitz는 이 프로젝트에 굉장한 열정을 보여준 보석 같은 사람입니다. 내 팟캐스트가 이루고자 했던 모든 것을 그가 깊이 이해해준 덕에 건조한 업무 관계가 될 수도 있었던 우리 사이는 우정이 될 수 있었습니다.

제게 문을 열어준 케이틀린 플린Kaitlyn Flynn, 감사합니다. 마이클 그린스펀Michael Grinspan, 제니 처치-쿠퍼Jennie Church-Cooper, 아얄라 코헨Ayala Cohen, 브리타니 펄뮤터Brittany Perlmuter, 아리엘 레버Arielle Lever, 마이클 차니Michael Charny, 아이라 슈렉Ira Schreck을 비롯한 ICM, Haven, SRDA의 모든 직

원분들, 이 프로젝트가 진행되는 내내 제게 보내주신 지원에 감사드립니다. 스콧 란데스만Scott Landesman, 제시카 샤키Jessica Sharqi, 린지 라이언Lindsay Ryan, 당신들 덕분에 제 인생이 더욱 질서정연해졌습니다.

이선 벌린Ethan Berlin, 더스틴 플래너리-맥코이Dustin Flannery-McCoy, 데니스 드노빌Dennis DeNobile, 앨런 라히믹Alen Rahimic, 앨리슨 골드버거Alison Goldberger, 코리 돔Corey Dome, 제니 모리시Jenny Morrissey, 마크 멀로니Mark Maloney, 알리 리베라Ali Rivera, 알렉스 피셔Alex Fischer, 댄 고시-로이Dan Ghosh-Roy, 사치 에즈라Sachi Ezura, 니콜라이 바자리치Nikolai Basarich를 비롯한 Seriously.TV의 모든 직원분들, 제가 목소리를 날카롭게 만들어가는 과정에서 보여준 여러분의 전폭적인 지지에 감사드립니다. 당신들과 함께 일할 수 있어 영광이었어요.

이 책은 이 팟캐스트가 없었다면 존재하지 않았을 것이고, 이 팟캐스트는 조지프 핑크와 제프리 크레이너가 처음 제게 손을 내밀지 않았더라면 존재하지 않았을 겁니다. 2013년 두 사람이 '나이트 베일 마을에 오신 것을 환영합니다'에 저를 캐스팅했을 때 저는 완전히 새로운 세상에 눈을 떴고 새로운 미래를 꿈꿀 수 있게 되었죠. 그들이 본인들 프로젝트를 계속 키워나가는 걸 보는 것만으로 내게는 선물이었습니다. 그래서 2017년, 조지프가 혹시 팟캐스트 아이디어가 있냐고 물었을 때 나는 즉시 '나를 혐오하는 사람들과의 대화'의 콘셉트를 설명했고, 그는 자기네 새 팟캐스트 네트워크와 함께 이 프로그램을 진행해보지 않겠느냐고 제안했죠. 저는 제가 이 제안을 받아들인 게 너무나 기쁩니다. 이들의 지원 덕분에 함께 일하게 된 이 쇼의 총괄 프로듀서 크리스티 그레스만$^{Christy\ Gressman}$은 '나를 혐오하는 사람들과의 대화'가 지금의 팟캐스트가 되는 데 혁혁한 공을 세운 핵심 멤버입니다. 또한 모든 에피소드의 오디오 믹싱을 담당해준 빈센트 카치오네$^{Vincent\ Cacchione}$와 특유의 지성과 우정으로 내게 감동을 준 애덤 세실$^{Adam\ Cecil}$과도 이 팟캐스트의 성공을 함께 나누고 싶습니다. 홍보를 담당해준 크리스틴 라가사$^{Christine\ Ragasa}$와 메건 라슨$^{Megan\ Larson}$, 꼭 필요할 때 밝은 에너지와 재능으로 도움을 준 마크 스톨$^{Mark\ Stoll}$과 에밀리 뉴먼$^{Emily\ Newman}$에게도 감사드립니다.

이 프로젝트가 수백만 명의 청취자에게 가 닿을 수 있었던 건 코리 하짐$^{Corey\ Hajim}$을 비롯한 TED의 큐레이터, 관리자, 행사 담당자 그리고 위대한 사상가들 덕분이었습니다. 누군가를 만난 계기로 삶이 송두리째 뒤바뀌었는데 거기서 그치지 않고 그와 친구까지 되는 일은 흔치 않지요. 코리가 저에게 그런 사람이라는 게 얼마나 행운인지 모릅니다.

이 팟캐스트를 더욱 크게 확장해보라고 독려해준 케이티 그레이$^{Caity\ Gray}$, 존 스튜어트$^{Jon\ Stewart}$, 크리스 맥셰인$^{Ch\text{-}}$

ris McShane, 고맙습니다.

제이슨 수데이키스Jason Sudeikis, 저와 이 프로젝트에 대한 그의 믿음은 가장 필요한 때 가장 필요한 자신감을 제게 불어넣어 주었습니다.

광장에 공감과 연민과 뉘앙스의 개념을 심어준 위대한 사상가 로레타 J. 로스Loretta J. Ross, 존 론슨Jon Ronson, 콘트라포인츠Contrapoints, 사라 슐먼Sarah Schulman, 모니카 르윈스키Monica Lewinsky, 그리고 어서 빨리 만나보고 싶은 다른 이론가들에게도 감사의 말을 전합니다.

'초대(calling-in)'라는 개념을 만든 응옥 론 쩐Ngọc Loan Trần, 이런 멋진 대안을 주셔서 감사합니다.

대화를 '재활용'에 비유하여 수치 문화의 '쓰레기' 은유를 확장해보자는 아이디어가 생각났을 때 저는 스스로가 꽤 자랑스러웠습니다.

나 좀 대단한데! 속으로 잘난 체를 했죠.

하지만 그런 생각을 한 게 제가 처음이 아니라는 것을 알고 겸손해졌습니다. 2019년 2월에 발표된 에세이 〈#캔슬: 책임, 일회용, 왜 우리는 모두 쓰레기인가〉(#Canceled: Accountability, Disposability, and Why We're All Trash)에서 키라 존스Kyra Jones는 "우리 모두는 한때 쓰레기였으나 그중 일부는 재활용될 기회를 얻었다. 생수병을 버리는 것도 한 번 더 생각하는 마당에 사람도 똑같이 대해야 하는 게 맞지 않을까? 취소 문화(cancel culture)에서 책임지는 문화로 전환되기까지는 분명 긴 과정을 거쳐야 할 것이다. 하지만 재활용은 환경에만 좋은 것이 아니다. 그것은 사회 정의를 위해서도 바람직하다"라고 말했습니다.

유사한 발상에 인정을 표하는 공식적인 방법이 있는 건 아니지만, 이 지면을 통해 다른 작가에게 스포트라이트를 비춰줄 수 있다면 멋진 일일 겁니다. 키라 존스는 시나리오 작가이자 영화감독이자 배우입니다. 트위터 @blkassfeminist에서 그녀의 소식을 확인해보세요.

앤 라모트^{Anne Lamott}, 나탈리 골드버그^{Natalie Goldberg}, 제이미 아텐버그^{Jami Attenberg}, 이분들의 글쓰기에 관한 책은 제게 어둡고 구불구불한 길을 비춰주는 등불과도 같았습니다.

브루클린 작가 공간(Brooklyn Writers Space)에 저를 초대해준 스콧 애드킨스^{Scott Adkins}, 덕분에 이 책의 초고를 붙들고 씨름할 수 있었습니다. 그리고 이곳에 대해 알려준 마누쉬 조모로디^{Manoush Zomorodi}에게도 감사의 말을 전합니다.

내 첫 번째 예술적 고향인 뉴욕 네오 퓨처리스트 팀, 제 작업의 근간이 되어온 예술적 언어를 가르쳐주신 점 진심으로 감사드려요. 이런 멋진 팀의 일원이었다는 사실이 저는 자랑스럽습니다.

내 아이디어가 중요하다고 느끼게 해주신 선생님, 멘토, 교수님들 — 제니퍼 펠 헤이스^{Jennifer Fell Hayes}, 클리퍼드

체이스Clifford Chase, 롭 닐Rob Neill, 조너선 커틀러Jonathan Cutler, 다이앤 모로프Diane Morof, 도너번 혼Donovan Hohn, 유리 코르돈스키Yuriy Kordonskiy께도 감사드립니다.

내 작가 친구들인 크리스 더피Chris Duffy, 조 파이어스톤Jo Firestone, 아파르타 난체를라Aparna Nancherla, 조니 선Jonny Sun, 프란체스카 램지Franchesca Ramsey, 노라 맥이너니Nora McInerny, 수자타 발리가sujatha baliga, 보언 양Bowen Yang, 애슐리 C. 포드Ashley C. Ford, 이들은 이 여정 내내 저에게 깊은 영감과 한결같은 지지를 보내주었습니다.

이 책을 쓸 때 저는 작은 카드 여러 장에 친구들의 이름을 써서 컴퓨터 뒤쪽 벽에 붙여놓았습니다. 힘이 필요할 때마다 이 핑크색 인덱스 카드를 자주 들여다보곤 했죠. 이 친구들은 제가 누굴 말하는지 다 압니다. 제가 그들 모두를 사랑한다는 사실도요.

지난 10년간 제가 불안 발작과 공황, 일상의 고민들을 잘 이겨낼 수 있도록 언제나 곁에서 도움을 주었던 상담 치료사 폴Paul에게도 감사드립니다.

이 팟캐스트를 위해 저와 대화를 나눈 모든 분들, 저는 당신들이 생각하는 것 이상으로 당신들을 통해 배운 것이 훨씬 많습니다. 제가 초대했지만 제 초대를 거절하신 모든 분들, 당신의 거절조차 저에게는 값진 깨달음을 얻을 수 있는 기회였습니다. 이 대화가 본인들의 삶을 얼마나 잘 반영하고 있는지 자주 의견을 남겨주신 청취자 여러분들께도 감사드립니다.

저의 첫 번째 통화 상대였던 조쉬, 덕분에 새로운 가능성의 세계를 볼 수 있었습니다. 제 인생에서 가장 뜻밖이지만 소중한 우정을 나눌 수 있게 해줘서 고마워요.

양쪽 해안에 살고 있는 친척들, 애넷^{Annette}, 카를라^{Karla}, 에릭^{Erik}, 빈^{Vin}, 아나^{Ana}, 레이든^{Raiden}, 해나^{Hannah}, 로만^{Roman}, 마이카^{Micah}, 케일라^{Kayla}, 어밀리아^{Amelia}, 엠마^{Emma}에게도 감사를 전합니다. 당신들을 향한 내 사랑을 표현하려면 수백 번의 포옹으로도 모자랄 거예요.

남편 토드의 아버지 짐 클레이턴$^{Jim\ Clayton}$, 당신의 군건한 지지와 사랑은 언제나 제게 믿는 구석이에요. 그리고 어머니 낸시 클레이턴$^{Nancy\ Clayton}$, 이 책을 쓰는 내내 당신의 밝은 미소와 단단한 포옹이 얼마나 그리웠는지 모릅니다. 이 책을 당신께 보여드릴 수 있다면 얼마나 좋을까요.

제가 생각과 경험의 지평을 넓힐 수 있게, 새로운 사람을 만날 수 있게 언제나 독려해주는 멋진 아버지에게도 깊은 감사를 전합니다. 어릴 적 아버지는 언제나 "아들, 내가 오늘 말했나?"라고 물어보시고 저는 "아니요!"라고 대답했지요. 그럼 아버지는 "아빠가 사랑한다고"라고 말씀하셨어요. 아빠, 제가 오늘 말했나요? 아빠를 사랑한다고요.

엄청나게 현명한 우리 엄마도 빼놓을 수 없겠죠. 엄마가 사람들과 얘기하는 능력, 그들이 아주 조금의 수치심도 느끼지 않고 자신의 가장 깊은 비밀과 불안과 두려움을 털어놓을 수 있게 배려하고 그들의 말을 경청하는 엄마의 능력은 제가 평생토록 연마하고 싶은 솜씨입니다. 엄마, 하늘만큼 땅만큼 사랑해요.

그리고 마지막으로 남편 토드에게. 이 모든 과정 내내 당신이 보여준 지지와 지원에 대한 나의 고마움은 그 어떠한 말로도 다 표현되지 않을 겁니다. 당신은 내게 크게 도약하라고 응원하는 머릿속 목소리이자 내가 떨어졌을 때 언제든 받아주리라 확신한 그물 같은 존재였습니다. 당신은 내 인생 최고의 행운이에요. 당신을 그저 아는 것만으로도 영광이었을 텐데, 그런 당신을 사랑하고 당신으로부터 사랑받게 되다니. 저는 인생이 주는 최고의 선물을 이미 받았습니다.